Comprendre
et gérer les risques

Éditions d'Organisation
1, rue Thénard
75240 Paris Cedex 05
Consultez notre site :
www.editions-organisation.com

CHEZ LE MÊME ÉDITEUR

Les meilleures pratiques de management, J. BRILMAN
L'analyse stratégique, G. GARIBALDI
Le tableau de bord prospectif, R. S. KAPLAN
Le 360° : outil de développement personnel, C. LÉVY-LEBOYER
Le One to One en pratique, D. PEPPERS et M. ROGERS
Mesurer et développer la satisfaction clients, D. RAY
Les systèmes de mesure de la performance, HARVARD BUSINESS REVIEW
Le knowledge management, HARVARD BUSINESS REVIEW
Le leadership, HARVARD BUSINESS REVIEW
Les opportunités de croissance, HARVARD BUSINESS REVIEW
Le changement, HARVARD BUSINESS REVIEW
Les stratégies de l'incertain, HARVARD BUSINESS REVIEW
La chaîne de valeur, HARVARD BUSINESS REVIEW

© Éditions d'Organisation, 2002
ISBN : 978-2-7081-2748-5

**Ouvrage collectif coordonné
par Franck Moreau**

Comprendre
et gérer les risques

AFPLANE

**Ernst & Young
Ceram Sophia Antipolis**

Éditions
d'Organisation

Sommaire

© Éditions d'Organisation

Remerciements

Nous tenons à remercier les 35 personnes qui ont directement contribué à cet ouvrage. À ce titre, nous remercions les membres de l'Afplane, les associés et consultants du Cabinet Ernst & Young, les professeurs du groupe CERAM Sophia Antipolis et tous les professionnels qui ont accepté de partager leur vécu et l'expérience de leurs entreprises.

Nous remercions également tous les membres et invités des réunions et du colloque Afplane qui, même s'ils ne figurent pas tous dans cet ouvrage, ont alimenté la réflexion et contribué au débat. Leurs apports sont systématiquement édités dans la *Lettre mensuelle* de l'Afplane.

Un des avantages de la coordination d'un ouvrage résidant dans la capacité personnelle du coordinateur à s'exprimer, je tiens à remercier vivement le président de l'Afplane, Marc Spielrein et son vice-président Michel Berger, pour la confiance qu'ils ont su m'accorder, en me proposant la coordination de l'ouvrage, pour leur soutien permanent, leur contribution et l'organisation des réunions et du colloque qui ont facilité l'aboutissement du projet.

Je remercie aussi chaleureusement Fabienne Degouy qui, au-delà de ses prérogatives, a facilité grandement le travail d'élaboration de cet ouvrage au sein de l'Afplane.

Je tiens à souligner l'aide immense apportée par Louis Tuvée, par le remarquable travail d'analyse, d'enquêtes et de rédaction du chapitre sur la Culture du risque, dont il est intégralement l'auteur.

Je remercie Muriel Fontugne, associée chez Ernst & Young et Constance de Neuville pour leur contribution, et le travail de coordination interne effectué au sein d'Ernst & Young pour le colloque et l'ouvrage.

Je remercie chaleureusement Jacques Perrin, directeur du groupe CERAM Sophia Antipolis, et Alice Guilhon, doyen de la Recherche du CERAM Sophia Antipolis pour leur soutien.

Je remercie profondément mon directeur de thèse, le professeur Jean-Claude Tarondeau, pour son soutien, sa confiance et la liberté qu'il m'accorde.

Je remercie sincèrement MM. Noury et Pouliquen, respectivement dirigeant-fondateur des entreprises Europe Technologies et Realviz, pour avoir accepté de communiquer sur leurs expériences vécues.

À tous les contributeurs et acteurs impliqués, directement ou indirectement, dans ce projet collectif : « Cet ouvrage est le nôtre. »

Liste des contributeurs

Cécile ANDRÉ est rédactrice en chef du pôle « Finance d'entreprise » de l'Agefi, et l'auteur de deux ouvrages sur les start-up.

Jacques ARCADE est directeur de Proactivité Conseil et membre de l'Afplane.

Christophe AUBIN est manager en *risk management* chez Ernst & Young.

Pascal BELLO est directeur général d'Arese.

Jean-Louis BERCHET est président du groupe Berchet, président de la FJP (Fédération française des industries du jouet et de la puériculture), et vice-président du MEDEF.

Michel BERGER est consultant en management stratégique et développement des organisations et vice-président de l'Afplane.

Michel BERNASCONI est professeur de stratégie et d'entrepreneuriat, responsable de la chaire Entrepreneuriat High-Tech du CERAM Sophia Antipolis et coauteur de l'ouvrage *Start-up high-tech* (Dunod, 2000).

Michel-Henri BOUCHET est professeur de finance et responsable de la chaire Global Finance au CERAM Sophia Antipolis. Ses recherches portent notamment sur le risque-pays.

Mats CARDUNER est directeur général de Monster France.

Marc CHAMBAULT est directeur de l'Audit et du Contrôle des risques de France Télécom et membre de l'Afplane.

Guy-Alain CUVÈCLE est consultant et membre de l'Afplane.

Jean-François CUVIER est directeur de l'emploi et du contrôle de gestion à la Direction des ressources humaines de France Télécom.

Gérard DEGONSE est *Chief financial officer* chez Jean-Claude Decaux.

Bruno DRIPAUX est manager en *risk management* chez Ernst & Young.

François EWALD est professeur au Conservatoire national des arts et métiers.

Muriel FONTUGNE est associée et responsable du *risk management* chez Ernst & Young et membre de l'Afplane.

Octave GÉLINIER est président d'honneur de la Cegos et membre de l'Afplane.

Bertrand GROSLAMBERT est professeur de finance au sein de la chaire Global Finance au CERAM Sophia Antipolis. Ses recherches portent notamment sur la finance de marché et le risque-pays.

Jean-Louis JOYEUX est responsable du marketing amont et du contrôle industriel de Schneider Electric.

Mark HUNTER est docteur en Sciences de l'Information de l'Université de Paris, et *Senior Research Felow* à l'INSEAD.

Georges-Yves KERVERN est professeur à la Sorbonne et auteur d'un ouvrage intitulé *Éléments fondamentaux des cindyniques* (Éditions Economica).

Denis LAROCHE est *Chairman of the Risk Assessment Committee* chez Alcatel.

Jacques LESOURNE est président de Futuribles International et professeur honoraire au Conservatoire national des arts et métiers.

Danielle LEVI-FEUNTEUN est directeur des Opérations internationales, Interior Systems Business Group de Faurecia.

Michel MERCADIER est responsable de la Mission prospective de la SNCF et membre de l'Afplane.

Franck MOREAU est professeur de management et stratégie au sein de la chaire Entrepreneuriat High-Tech du CERAM Sophia Antipolis et membre de l'Afplane. Il réalise actuellement une thèse de doctorat sur les modes de développement des jeunes entreprises innovantes au Programme doctoral Essec et à l'université Paris X-Nanterre.

Éric MOREL est directeur de l'innovation chez Schneider Electric.

Cédric ORBAN est directeur de la Stratégie du groupe Usinor et membre de l'Afplane.

Jean-Michel PARIS est directeur de mission chez Ernst & Young.

Pascal PERIN est responsable des Études et de la Prospective à la Direction du Plan et de la stratégie de France Télécom et membre de l'Afplane.

Jean-René RAMES est responsable du département « Gouvernance et management du système d'information » au sein des fonctions supports centrales du Groupe AXA.

Jean-Michel ROLLAND est professeur affilié au CERAM Sophia Antipolis et consultant en développement des ressources humaines et conduite du changement.

Florian SALA est professeur de management et ressources humaines et doyen du corps professoral du CERAM Sophia Antipolis.

Raoul de SAINT VENANT est Président directeur général de modelEdition.

Louis TUVÉE est consultant et membre de l'Afplane.

Pascal VIDAL est professeur en management des systèmes d'information au CERAM Sophia Antipolis.

Préface

Qui ne tente rien n'a rien. Ce vieux proverbe français illustre bien la principale caractéristique de l'entreprise. Le risque de l'entreprise fait l'objet d'un étrange paradoxe dans notre société contemporaine : bien que considéré comme la source légitime du profit, il a bien mauvaise presse.

Si on admet que le retour sur investissement du placement en actions doit être supérieur à celui des obligations, on constate que de nombreux analystes financiers conseillent des placements « sans risques ». Si on souhaite associer les salariés aux profits de l'entreprise, on refuse volontiers la perspective d'inévitables licenciements. Les compagnies d'assurances elles-mêmes refusent, depuis le 11 septembre 2001, d'assurer certains risques. Les banques préfèrent souvent le métier de prestataires de service, réputé moins risqué, à celui de prêteur d'argent malgré la prime de risque incorporée aux intérêts demandés. Tout se passe comme si le progrès technologique et l'État-providence avaient mis le risque hors la loi dans l'esprit de nos contemporains.

La vocation de l'Afplane[1] est de contribuer à la réflexion sur l'élaboration et la mise en œuvre de la stratégie des entreprises. C'est naturellement qu'elle a choisi comme thème, pour prolonger ses travaux de l'année 2001, la gestion du risque stratégique de l'entreprise.

L'objectif de cette démarche consiste, notamment, à mieux faire comprendre la nature et la diversité des risques inhérents à l'activité même de l'entreprise et surtout les moyens et les méthodes utilisés pour détecter ces risques et en limiter les effets. Nous pensons que le génie propre de l'entreprise n'est pas de nier les risques ou de les transférer à d'autres mais de les « apprivoiser » en les reconnaissant et en choisissant à la fois une approche stratégique et une organisation de l'entreprise adaptées à l'existence des risques.

Le remarquable travail de Franck Moreau, les contributions des équipes d'Ernst & Young et du CERAM, les apports des membres de l'Afplane parmi lesquels je voudrais particu-

---

1. Association française de stratégie et développement d'entreprise.

lièrement citer Michel Berger et Louis Tuvée, ont permis, à partir des réunions de l'année 2001 et du 14ᵉ colloque de l'Afplane, de réaliser le présent ouvrage. Qu'ils en soient tous sincèrement et chaleureusement remerciés.

Marc SPIELREIN,
Président-directeur général de la Semmaris,
président de l'Afplane

Préambule

Comprendre et gérer les risques a comme volonté originelle de capitaliser les connaissances acquises par l'Afplane et de les partager avec le plus grand nombre. Chaque année, l'Afplane fait l'effort de transcrire et diffuser à ses membres un volume et une qualité de savoirs et savoir-faire considérables, issus du colloque annuel et des réunions organisées régulièrement par l'Association. Cette année, l'Association a décidé d'aller au-delà et de proposer à tous certaines de ces connaissances, structurées sous forme d'ouvrage.

Ayant pour objectif de faire un état des lieux complet sur la thématique du risque et du management du risque, cet ouvrage s'intéresse à tous les types d'entreprises et aux différentes fonctions dont, plus particulièrement, le management stratégique. Il vise donc un large public : managers et dirigeants, enseignants chercheurs et étudiants ainsi que toute personne intéressée par le management des organisations.

Cet ouvrage est volontairement innovant et original de par la diversité des auteurs et la pluralité des apports. Les auteurs sont tous des experts, de par leur expérience ou leurs savoirs académiques, soit en *risk management* soit dans des métiers ou disciplines de plus en plus concernés par la gestion des risques. Cette diversité des contributions engendre ainsi un balayage très vaste du thème et des regards différents : conceptuels, réflexifs, méthodologiques, et pratiques.

Ce livre doit donc être compris comme un *patchwork*, avec comme articulations principales la volonté d'améliorer les connaissances en matière de management global du risque et la volonté de respecter les différentes manières d'appréhender le management du risque en fonction des disciplines, des expériences et des sensibilités. Il ne s'agit donc pas uniquement d'un ouvrage normatif ou prescriptif mais également d'un ouvrage descriptif et réflexif permettant à chacun de s'approprier les concepts et outils présentés et se construire sa propre représentation de ce qu'est le risque et de ce que peut être une manière efficace de le gérer.

Dans l'esprit de l'Afplane, tous les contributeurs, membres ou non de l'Association, ont émis la volonté de partager leur retour d'expérience et mis l'accent sur l'opérationnalisation.

Comprendre et gérer les risques peut donc être perçu comme un ouvrage nécessaire venant compléter les travaux antérieurs traitant du risque et de sa gestion. Nous pouvons citer, à titre d'exemple, les ouvrages de Patrick Lagadec, *Ruptures créatrices*, et de Georges-Yves Kervern, *Éléments fondamentaux des cindyniques*.

THÈMES ABORDÉS

Les thèmes traités autour de la gestion du risque ont été choisis en concertation avec les membres de l'Afplane, par le conseil d'administration de l'Association et les partenaires du colloque et de l'ouvrage. Afin de dresser un état des lieux le plus complet possible, l'ouvrage traite de dix thèmes majeurs. Toutefois, l'ouvrage ne prétend pas à l'exhaustivité. Ainsi, certaines thématiques ont été volontairement écartées car elles ne rentraient pas directement dans le champ d'investigation de l'Afplane, comme par exemple celle de l'assurance (même si elle s'inscrit en plein dans la réflexion de François Ewald sur la distinction entre risques ou menaces) ou parce que leur intérêt apparaissait aujourd'hui comme moins significatif.

Sont traités, dans cet ouvrage, les thèmes suivants : les risques liés à la création et au développement d'entreprise innovante à forte croissance, les risques-pays et les risques politiques, les risques dans la gestion des ressources humaines, la gestion de crise, et plus particulièrement de crise éthique et la relation avec les médias, l'essor du gouvernement d'entreprise, de l'éthique et du développement durable, la gestion des risques dans la gestion de projets, les risques liés aux systèmes d'information, l'organisation de l'identification, de l'évaluation et de la gestion des risques au sein de l'entreprise, la culture des risques dans l'entreprise et le risque du stratège.

DESCRIPTIF DES CHAPITRES

Chaque chapitre fait l'objet d'une brève introduction et se compose de trois parties distinctes afin d'éclairer chaque facette du management du risque.

- La première partie des chapitres est davantage conceptuelle et réflexive. Elle a pour objet d'exposer les principaux éléments théoriques ou méthodologiques propres au sujet traité. La présentation des concepts ou méthodes est formelle mais peut faire l'objet d'un échange dynamique entre professionnels comme par exemple le chapitre sur la gestion de crise.
- La seconde partie repose sur l'application de ces concepts, en proposant des études de cas et/ou leurs méthodologies sous-jacentes, des retours d'expérience vécus par les membres de l'Afplane ou, comme c'est le cas pour le chapitre sur la culture du risque, des interviews menées par un membre de l'Afplane auprès de professionnels.

• La troisième partie des chapitres reprend exclusivement des interventions de membres de l'Afplane ou d'invités. Ces interventions ont eu lieu soit au cours des réunions mensuelles de l'association soit au cours du colloque annuel qui a clos la réflexion sur le thème.

« COMPRENDRE ET GÉRER LES RISQUES »

Un livre est un concentré de risques. Risques pratiques liés à la rédaction, la coordination et l'édition de l'ouvrage, « projet long et complexe ». Risques liés à la diversité des apports et au nombre d'intervenants. Risques liés au traitement de la thématique en elle-même. Et surtout, risques de ne pas répondre aux attentes et·besoins de connaissances de lecteurs ! La parution de cet ouvrage est une preuve quant à notre capacité collective à en réduire un grand nombre. Votre lecture en sera une autre, que chaque contributeur appréciera à sa juste valeur.

Franck MOREAU

Risques ou menaces[1]

Quels sont les risques encourus par mon entreprise ? Quels sont ceux à traiter en priorité ? Quels sont les risques inacceptables, relatifs à mes salariés, à mes clients ou mes actionnaires ? Comment mettre en place une organisation capable de gérer efficacement les risques ? Comment établir concrètement une cartographie des risques ? Faut-il créer la fonction de *risk manager* ? Etc. De plus en plus, tout dirigeant ou professionnel de l'entreprise doit être en mesure d'apporter des réponses à ces questions et à bien d'autres, relatives aux manières de gérer les risques. Pour ce faire, il est essentiel de bien connaître les différents concepts, outils et méthodes disponibles pour identifier, analyser et traiter les risques.

L'ENTREPRISE : UN UNIVERS DE RISQUES

> L'entreprise évolue en permanence dans un univers, le plus souvent complexe, dynamique et hostile.

Mais force est de constater un paradoxe. Le risque est, par définition, au cœur de l'entreprise : celle-ci évolue en permanence dans un univers de risques, le plus souvent complexe, dynamique et hostile. Pendant longtemps, la gestion du risque n'a pas fait l'objet d'une grande attention de la part du monde de l'entreprise (dirigeants, managers, consultants, enseignant-chercheurs). Exprimée autrement, la gestion des risques dans l'entreprise – dans une perspective globale et complexe – a été longtemps traitée marginalement, voire ignorée et, concrètement, la majeure partie des professionnels n'ont eu à leur disposition qu'un éventail limité d'outils et d'options.

Par conséquent, les dirigeants et managers, se sentant de plus en plus concernés par cette thématique, se trouvent encore hésitants sur la démarche à suivre : que faire pour gérer les risques ? Pourquoi le faire ? Comment le

---

1. Partie rédigée par Franck Moreau.

faire ? Des entreprises pionnières et les cabinets de conseil ont ouvert la voie, mais les retours d'expérience et la formalisation des concepts et méthodes utilisés font encore défaut. Le monde de l'assurance a développé, certes, un grand nombre d'outils pour évaluer les risques et en faciliter la couverture mais il ne s'agit finalement que d'une solution *ex post* et d'une option parmi d'autres. Pour prendre un dernier exemple, l'analyse stratégique classique recommandait de croiser les forces et faiblesses de l'entreprise avec les opportunités ou *menaces* de l'environnement pour améliorer la recommandation stratégique. Comme pour d'autres outils d'analyse stratégique ou opérationnelle, le risque n'était qu'une variable parmi d'autres, très rarement une variable clé ou au cœur de l'analyse (à l'exception des travaux cindyniques).

Alors que d'autres concepts, comme la maîtrise de la qualité ou la recherche de la création de valeur, ont, quant à eux, déjà été soigneusement étudiés et mis en pratique, une approche globale de gestion des risques, mettant en perspective les choix en terme de management, de stratégie, d'organisation, ou encore de culture, n'a pas encore complètement émergé. Ayant pour ambition de contribuer à l'émergence de cette approche, cet ouvrage repose sur l'idée fondamentale de considérer les risques comme une variable centrale de la réflexion et de l'action stratégique et opérationnelle. Dans cette optique, la formalisation des premiers retours d'expérience et la description d'un vaste panorama de choix possibles en matière de gestion des risques permettront à chaque professionnel de l'entreprise, spécialisé ou non dans le *risk management,* d'approfondir ses connaissances, de faciliter la prise de décision et, surtout, de mettre en œuvre des réponses proportionnées et pertinentes.

Les dirigeants d'entreprise sont en effet confrontés à des situations différentes dues à la multitude de risques de nature, d'ampleur et d'incidences diverses. De par la convergence de phénomènes tels que l'essor du gouvernement d'entreprise ou l'émergence du développement durable, la responsabilité de l'entreprise et de ses dirigeants – envers ses salariés, ses clients, ses actionnaires, la société et l'opinion locale, nationale ou internationale – est de plus en plus engagée. Cette diversité des risques entraîne une pluralité de solutions, tant individuelles que collectives, et les dirigeants avouent être démunis de réponses circonstanciées, efficaces, efficientes, ou innovantes lorsqu'ils doivent faire face à des risques nouveaux. Deux exemples opposés illustrent notre propos : un banal accident industriel entraînant de faibles retards de livraison n'exige pas la même réponse – avant, pendant et après l'événement – qu'une crise majeure relayée par les médias qui affecte la réputation de l'entreprise.

Sensibles à cette problématique, un nombre croissant d'entreprises ont développé, avec ou sans l'aide de cabinets de conseil, leurs propres outils et concepts de lecture et de traitement des risques. Certaines ont pris le parti d'intégrer la gestion des risques à une fonction existante (exemple : les ressources humaines ou l'audit), d'autres ont créé une fonction spécifique, privilégiant, soit des interfaces et des relais dans les directions fonctionnelles, soit une approche plus transversale (conduite de projets). Certaines entreprises ont privilégié une formalisation de la gestion des risques et une représentation sous forme de tableau de bord sous le contrôle de la direction générale et du conseil d'administration alors que d'autres travaillent à la construction d'une culture des risques, diffuse dans l'organisation. Des organisations ont préféré mettre davantage l'accent sur les risques stratégiques et d'autres l'accent sur les risques opérationnels. La grande diversité des approches présentées et développées dans cet ouvrage témoigne de la richesse des réponses et élargit, par conséquent, le champ des possibles pour le manager soucieux de gérer les risques et d'améliorer la performance de son entreprise.

LA GESTION DES RISQUES : DÉFINITIONS ET PRATIQUES

Avant même de présenter ces approches, et afin de faciliter la lecture et la compréhension de cet ouvrage, il est important de lever le flou définitionnel existant dans la pratique autour du terme « risque » et de proposer des définitions simples et précises des termes principaux qui lui sont associés : menaces[1], dangers, aléas, crises, etc.

Un risque d'entreprise peut être défini comme « *la menace qu'un événement, une action ou une inaction affecte la capacité de l'entreprise à atteindre ses objectifs stratégiques et compromette la création de valeur* »[2].

> La notion de risque comporte trois dimensions : le péril ou le danger, ce que touchent les périls et la mesure de vulnérabilité.

La notion de risque comporte trois dimensions : *le péril ou le danger* (la source de risque) identifié, diffus ou non identifié (l'aléa), *ce que touchent les périls* (les objectifs ou les processus de l'entreprise au travers de ses effectifs, ses actifs matériels et immatériels, ses tiers et parties prenantes, sa capacité à générer du cash et lever des fonds), et *la mesure de vulnérabilité* dépendant de la probabilité de survenance (ou d'occurrence) et de la mesure d'impact. On peut distinguer le risque inhérent (avant l'exercice du contrôle interne) du risque résiduel (après le contrôle interne et les mesures prises par l'entreprise). Une crise est « *un événement déclenchant une réaction en chaîne dont les conséquences vont affecter l'entreprise (les salariés, la réputation, la confiance) de manière significative et menacer sa survie* ».

Le *risk management* couvre les différentes activités et s'adresse aux acteurs internes et aux différentes parties prenantes de l'entreprise. Le *risk management* intervient de « *manière prospective à court et moyen terme et de manière préventive ou curative dans le présent* ». Il vise « *à identifier et anticiper les*

---

1. Cf. l'encadré suivant : « Risques ou menaces » de François Ewald.
2. Nous reprenons principalement ici les définitions conçues et admises au sein du cabinet Ernst & Young.

événements, actions ou inactions susceptibles d'impacter la mise en œuvre de la stratégie dans un horizon donné, définir les options de traitement et s'assurer qu'une option optimale est choisie, mettre en œuvre cette option et contrôler l'efficacité de la solution retenue par rapport aux attentes ».

Comme pour les autres concepts déjà mentionnés (qualité, création de valeur...) et au vu du degré variable de sophistication des réponses fournies par les entreprises traduisant la plus ou moins grande importance accordée par celles-ci à la gestion des risques, la question traditionnelle de l'intérêt de la démarche se pose légitimement : la gestion des risques est-elle une préoccupation passagère et une simple mode managériale de plus ou, au contraire, peut-elle conduire à redéfinir l'entreprise, faire le lien entre ses différentes fonctions et processus voire même devenir le pivot intégrateur du système complexe qu'est l'entreprise ? Ce livre apporte un grand nombre de réponses à cette interrogation, à partir desquelles chacun pourra construire sa propre opinion. Indépendamment de la réponse – mode ou « révolution » – il est clair que toute entreprise qui ne saura pas mettre en place une organisation apte à gérer les risques, « risque » à tout instant de perdre le bénéfice de son avantage concurrentiel, de limiter son niveau de performance, voire de disparaître.

Écrire que la politique de l'autruche en matière de risques est « suicidaire » semble une banalité. Mais, par arrogance, manque de temps ou suite à l'établissement de « priorités », combien d'entreprises n'ont pas survécu au sentiment du « ça n'arrive qu'aux autres » ? Combien d'entreprises n'ont pas formalisé tout ou partie de leurs procédures en matière de gestion de risques ? Combien d'entreprises prennent systématiquement en compte la variable risque dans leur processus de décision ? Etc.

Aujourd'hui, toute entreprise – quelle que soit sa taille, son âge, son secteur, sa situation concurrentielle – se doit d'intégrer, à des degrés divers, le *risk management* dans sa réflexion stratégique, organisationnelle ou opérationnelle, voire même de construire ces réflexions autour de sa gestion des risques. S'il n'existe pas de solution toute faite, les approches présentées dans cet ouvrage permettront à chaque dirigeant de concevoir la démarche de gestion des risques adaptée à son entreprise et son contexte.

Risques ou menaces[1]

Parmi les conséquences des terribles événements du 11 septembre 2001, certaines concernent l'univers des risques et sa transformation. Cela tient d'abord au désastre extrême des Twin Towers. Si, jusqu'alors, pareille catastrophe ne semblait pouvoir relever que d'un imaginaire hollywoodien débridé, elle est devenue la plus sinistre réalité de l'histoire de l'assurance. Elle fait malheureusement partie d'un réel avec lequel il faut désormais compter. Entrée dans la statistique, elle infléchit les courbes de probabilité. Et conduit à déplacer la limite du pire.

Le terrorisme, qui s'annonce comme le nouveau visage de la guerre mondialisée au xxıᵉ siècle, déstabilise profondément l'univers des risques qui se trouve, en quelque sorte, dédoublé par celui de la menace. Les deux notions de risque et de menace sont, de fait, exclusives : autant la menace est diffuse, sournoise, indéfinie, indiscernable, présente et absente à la fois, autant le risque, à l'inverse, se doit d'être identifié, délimité, calibré, évalué. Ce qui fait que si la menace intimide, pétrifie, conduit à la rétraction des activités, sa mise en risque au contraire rassure, stabilise, permet le calcul et la décision. Le terrorisme cherche à nous faire revenir de l'univers du risque, dont la naissance accompagne la sortie du Moyen Âge et sa diffusion au cours des Lumières, vers un monde où nous ne pourrions plus savoir quelle valeur lui donner. Il introduit de l'incertitude dans le risque. Par quel facteur multiplier l'évaluation actuelle des risques, en particulier pour ceux qui semblent les plus exposés : compagnies aériennes, aéroports, coupe du monde de football ? Comment probabiliser la menace d'une attaque aérienne sur une centrale nucléaire ?

Ainsi, l'assurance, dont la fonction sociale est d'apprécier les risques, se trouve particulièrement affectée par les événements du 11 septembre dans les deux dimensions de l'appréhension du risque : sa face objective et statistique – les mutualités assurancielles doivent intégrer la probabilité de risques toujours plus intenses – et sa face subjective d'aversion au risque, qui augmente d'autant plus que le risque se rapproche de la menace.

Si les événements du 11 septembre ont tant d'effets sur notre appréhension des risques, conduisant, partout dans le monde, les assureurs à réexaminer les conditions dans lesquelles ils pourront désormais proposer leurs garanties, c'est aussi que ces événements se situent dans un contexte de crise sur les risques qui ne date pas d'aujourd'hui. Rappelons-en quelques-unes des caractéristiques. Aux risques accidentels classiques sont d'abord venus s'ajouter, dans les années soixante-dix et quatre-vingt, les « risques technologiques majeurs » des grands accidents industriels (Bhopal) ou des grandes pollutions (*Amoco Cadiz*), puis les risques catastrophiques de plus grande ampleur affectant le secteur de la santé (sang contaminé, amiante) ou celui de l'alimentaire (vache folle) : un événement, un produit, une transformation technologique se révélaient susceptibles d'affecter des populations entières. La protection de l'environnement a conduit aussi à s'interroger sur la réparation de dommages de plus en plus diffus, étendus dans le temps, irréversibles, comme le risque « écologique ». Et le réchauffement climatique est présenté comme devant s'accompagner d'une recrudescence d'événements extrêmes, comme les tempêtes Lothar et Martin de fin 1999.

Ces nouveaux risques ne sont pas seulement constatés ; ils sont en même temps produits dans un contexte où certains semblent s'intéresser à les rendre indécidables : on les utilise pour mettre en échec les savoirs constitués ; ils alimentent des controverses et favorisent un contexte d'incertitude scientifique qui a précisément pour effet de rabattre l'univers maîtrisé des risques sur celui de menaces diffuses. Ainsi la notion de risque est-elle devenue profondément ambiguë : le risque de l'assureur, qui se définit par un prix, se trouve dédoublé, concurrencé, contourné par un usage où il sert à désigner son contraire : ce qu'on ne sait pas évaluer. Cette mutation des risques en

---

1. Partie rédigée par François Ewald.

menaces s'accompagne d'une profonde modification de leur perception par le public où domine la peur, et cette angoisse diffuse qui motive l'attitude de défiance que l'on constate par exemple en matière d'OGM. Exemplaire de cette mutation l'idée que le principe de précaution s'appliquerait à des risques « potentiels » plus ou moins avérés ou la description par le sociologue allemand Ulrich Beck de notre société comme une « société du risque » où, nous dit-il, « *se forge une solidarité dans la peur* ». Mais, précisément, le risque, parce qu'il est connu, à la différence de la menace, ne fait pas peur.

Ce retour des menaces, dans un univers qui s'était progressivement converti au risque, peut, au regard de l'histoire de la civilisation occidentale, être considéré comme une régression. Si, en effet, on peut penser que le lot commun des hommes est d'avoir à affronter l'incertitude, et qu'à cette fin ils ont pu solliciter les ressources de la philosophie (dont la morale enseigne « à se vaincre plutôt que la fortune »), de la religion (qui demande la foi dans l'incompréhensible), de la science (toujours limitée) ou de la politique (qui vise à faire partager à tous la menace permanente d'une souveraine punition), l'invention du risque à la fin du Moyen Âge, dans le sillage du grand commerce maritime, a constitué un progrès majeur qui a permis que l'homme affronte l'aléa comme une entreprise.

On comprend dès lors l'importance qu'il peut y avoir à ne laisser proliférer aucun romantisme de l'incertitude, et à rabattre à nouveau l'univers des menaces sur celui du risque. C'est, dans ce cadre qu'il convient, en particulier, de replacer les discussions actuelles entre États et assureurs afin de redéfinir, dans le nouveau contexte, les conditions et les techniques d'une meilleure assurabilité. La question n'est pas de savoir qui devra finalement l'emporter du marché ou de l'État, mais de définir les conditions de leur composition qui donne, avec la maîtrise des risques, la victoire à l'esprit d'entreprise.

Les risques liés à la création
d'entreprise innovante à forte croissance

Ce chapitre a pour objet les risques associés à la création d'entreprise et en particulier la création et le développement des jeunes entreprises innovantes à fort potentiel – pour ne pas écrire « start-up ». Ce choix se justifie par le fait que cet échantillon d'entreprises est *a priori* davantage concerné par la gestion des risques qu'une entreprise « traditionnelle ».

En première partie, Franck Moreau et Michel Bernasconi examinent les risques majeurs associés au projet d'entreprise technologique innovante à forte croissance. Ils traitent notamment des problématiques liées à l'innovation en insistant sur les choix technologiques et sur l'acceptation ou non de l'innovation par le marché ainsi que sur les particularités de la gestion d'une entreprise à forte croissance. Les auteurs proposent également un modèle d'analyse couplant la gestion des risques aux modes de développement choisis par l'équipe dirigeante. Franck Moreau et Michel Bernasconi établissent à ce titre une distinction entre un mode de développement séquentiel et un mode de développement simultané et une différence entre les risques « opérationnels » et le risque global.

La seconde partie est composée de deux études de cas, effectuées par Franck Moreau et Michel Bernasconi. Ces études de cas présentent deux jeunes entreprises créées dans la technopole de Sophia Antipolis qui illustrent parfaitement le modèle proposé dans la première partie.

La troisième partie est constituée d'une intervention de Cécile André lors d'une réunion Afplane. Celle-ci présente le rôle du manager dans une start-up Internet. L'intérêt de cette intervention réside d'une part dans l'examen des particularités de management d'une jeune entreprise à forte croissance exploitant la technologie de l'Internet et d'autre part dans leur mise en adéquation avec des caractéristiques entrepreneuriales ou managériales. Par ailleurs, pour chaque étape de financement d'une start-up, Cécile André présente les comportements adaptés, les interlocuteurs privilégiés et les aptitudes à avoir de la part du ou des créateur(s) pour limiter les risques associés à la création et au développement d'une start-up Internet.

GESTION DES RISQUES ET MODES DE DÉVELOPPEMENT[1]

La création d'entreprise supporte et génère davantage d'incertitudes que la gestion d'une entreprise mature. Les ressources sont limitées, la viabilité du projet n'est pas assurée, la légitimité est quasi inexistante hormis la réputation et l'expérience du ou des créateurs. Les conditions facilitant ou menaçant des projets – causes de succès ou d'échecs – de création d'entreprise traditionnelle et suivant un rythme de développement « normal » sont connues et il convient de dépasser ici ces constats évidents. Notre intention est donc d'examiner les risques majeurs associés au projet d'entreprise, et ce, dans le cadre d'entreprises technologiques innovantes à forte croissance[2]. Ce choix se justifie par le fait que cet échantillon d'entreprises est *a priori* davantage concerné par la gestion des risques qu'une entreprise « traditionnelle ». Le caractère risqué de ce genre de projet se matérialise facilement au vu du taux de mortalité des *start-up* ou des montants d'investissements perdus[3].

Les choix technologiques, l'acceptation de l'innovation par le marché, les choix de développement organisationnel d'un point de vue pratique et les choix de développement d'un point de vue conceptuel, telles sont les quatre problématiques clés auxquelles sont confrontées tant les entreprises innovantes à forte croissance que leurs entrepreneurs. Ce texte apporte un éclairage conceptuel sur ces questions et également un modèle d'analyse couplant la gestion des risques aux modes de développement choisis. Nous établissons, à ce titre, une distinction entre un mode de développement séquentiel et un mode de développement simultané, et une différence entre les risques « opérationnels » et le risque global.

Quels sont les principaux risques associés au projet d'entreprise innovante à forte croissance ?

▷ **Les risques stratégiques liés à l'innovation sont relatifs aux décisions qui sont clairement à l'origine de la création de valeur pour l'entreprise.**

Le projet d'entreprise définit l'entreprise en terme de mission, but, stratégies, organisation et mise en œuvre et performances. Pour faire écho au paradigme dominant dans la Silicon Valley, selon lequel les conditions initiales sont déterminantes, les premières décisions sont les plus risquées non pas tant en terme de conséquences immédiates qu'en terme de potentialités à moyen terme. Parmi ces décisions, le choix du marché, de la technologie, de l'ambition, ou encore de la constitution de l'équipe, est crucial. Nous allons traiter

---

1. Cette partie a été rédigée par Franck Moreau et Michel Bernasconi.
2. Par entreprise innovante, nous entendons toute entreprise apportant de manière incrémentale ou radicale une innovation technique, commerciale ou organisationnelle en terme de produits, de services ou de processus. Par entreprise à forte croissance, nous entendons une entreprise dont le taux de croissance du chiffre d'affaires et/ou de l'effectif sont très largement supérieurs à la norme sectorielle.
3. Depuis 1995, 63 milliards de dollars se seraient « évaporés » dans les NTIC. Source : Forrester Research, 2001.

ici essentiellement deux types de risques, issus de la définition même de notre échantillon : les risques stratégiques propres à l'innovation et les risques opérationnels propres à la gestion d'une entreprise à forte croissance.

L'innovation est souvent à l'origine et au cœur du projet d'entreprise ; elle a animé l'entrepreneur individuel ou le groupe d'entrepreneurs. Les typologies classiques permettant de définir la teneur de l'innovation (offre/processus), sa nature (technique, commerciale et/ou organisationnelle) et son ampleur (incrémentale ou rupture) sont établies. Les risques stratégiques liés à l'innovation sont relatifs aux décisions qui sont clairement à l'origine de la création de valeur pour l'entreprise et contraignent l'entreprise par leur caractère quasi irréversible. En ce sens, il existe deux incertitudes principales. La première a trait aux choix technologiques et la seconde est relative à l'acceptation ou non de l'innovation par le marché.

Quelle technologie utiliser ?

Parmi les choix technologiques auxquels sont confrontés les entrepreneurs, la décision d'utiliser ou non une technologie, et le fait de tenter ou non d'imposer son offre comme standard technologique, sont des problématiques importantes.

Traitons d'abord le cas de l'entreprise devant *utiliser une technologie* sur laquelle elle pourra développer son propre projet (exemple : choix d'un processeur, d'un système d'exploitation, d'un support de stockage de données). On pourrait croire que cette problématique peut se résoudre aisément et que, « rapidement », la « bonne » technologie s'impose comme une « évidence ». C'est illusoire pour différentes raisons : l'environnement est rarement figé et la concurrence existante ou nouvelle n'a de cesse que de faire bouger des situations trop profitables à un acteur donné ; le rythme de renouvellement ou de remplacement de la technologie de référence, provoqué par les entreprises ou demandé par le marché, est rapide ; plusieurs « standards » peuvent coexister au sein d'un secteur, etc.

Bon nombre d'entreprises voient ainsi leur développement réduit ou remis en cause par une sélection inopportune de la technologie à utiliser. Chaque dirigeant est confronté aux questions suivantes : comment limiter les risques associés au choix d'une technologie ? Peut-on identifier le(s) futur(s) standard(s) ? Sur quels critères peut-on fonder sa décision ? Comment influer – au sens noble du terme – sur le devenir d'une technologie lorsqu'on est une entreprise en démarrage, sans lisibilité ni notoriété ? Comment avoir la bonne lecture du rythme de renouvellement et d'introduction d'une technologie ?

Quel standard technologique adopter ?

Une autre problématique pour la jeune entreprise est de déterminer clairement si son ambition est – ou n'est pas – *d'essayer de créer et imposer un standard technologique*. Ce questionnement peut sembler peu fréquent car, au final, très peu de projets parviennent à s'imposer comme un standard industriel. Mais il s'agit de ne pas confondre ambition et résultats. Le standard résulte d'un processus d'émergence plus ou moins rapide qui a vu, de par la concurrence et la sélection des clients, un grand nombre d'acteurs disparaître ou se repositionner dans une niche. De plus, la décision d'imposer un standard ne concerne pas uniquement des leaders établis ou des consortiums composés d'acteurs majeurs intra ou interindustriels. Elle concerne également un grand nombre d'acteurs entrants et ambitieux qui cherchent à redistribuer la donne concurrentielle en modifiant l'offre de référence sous l'angle de la technologie. Pour ceux-ci, les risques ne résident pas uniquement dans l'obtention ou non d'une technologie à la « qualité objective » (fiabilité, coûts, gain de temps, usage...) mais sont également liés à la capacité d'imposer leur offre comme standard. Cette capacité sera fonction de :

- la rapidité de diffusion de l'offre à l'échelle internationale ou mondiale ;
- la facilité d'accès à l'offre qui dépend en grande partie du positionnement marketing (gratuité, services, etc.) ;
- la constitution et l'animation d'un réseau de partenaires motivés par la réussite du projet[1] ;
- des pratiques coopératives comme les alliances, adaptées aux petites entités ;
- la taille – réelle ou « virtuelle » par le management en réseau – qui permet de lutter contre les réactions concurrentes.

Les jeunes entreprises désireuses de se positionner clairement comme la référence de leur secteur sont donc amenées, notamment à concevoir et mettre en place de nouvelles formes d'organisation efficientes, conçues dès le départ pour diffuser une offre internationale, construire et animer un réseau de partenaires, acteurs et parties prenantes et décider d'un positionnement marketing qui conditionne la vitesse de diffusion du standard. Cela revient à rappeler la nécessité d'une équipe managériale forte en compétences relationnelles (externe à l'entreprise) et organisationnelles (à l'interface interne-externe), compétences émanant avant tout des expériences accumulées.

L'acceptation de l'innovation par le marché

L'acceptation de l'innovation par le marché est une composante clé du développement de l'entreprise. Elle confirme l'appréhension par les clients de la valeur de l'offre. Le risque majeur est en effet la non-acceptation de l'offre. Son degré d'occurrence est d'autant plus fort que la valeur créée perçue par

---

1. À ce sujet, la réflexion doit être tant quantitative que qualitative afin de déterminer toutes les incidences positives et négatives de l'appartenance à ce réseau.

le client a été surestimée ou que le rythme d'acceptation de l'innovation a été mal évalué.

La *surestimation de la valeur de l'offre* a des origines bien connues : tendance naturelle à trop exagérer les qualités de son offre, sous-estimation des réponses apportées par les concurrents, etc. Face à ce risque, il s'agit de combler les lacunes et manques de connaissances du marché, aller au-delà des caractères intrinsèques de la technologie, et surtout éviter les erreurs d'arbitrage lors de prises de décisions effectuées aux interfaces tant internes qu'externes entre les différentes parties prenantes du projet d'innovation. Il s'agit surtout de traduire concrètement l'offre technologique en bénéfices pour le client.

> **Il s'agit surtout de traduire concrètement l'offre technologique en bénéfices pour le client.**

Le *risque d'une erreur de « timing »* est plus complexe. Si le cycle de vie des technologies est théorisé depuis longtemps, son application reste aléatoire. Les travaux de recherche ont porté tout d'abord sur le « bon » moment de lancement en examinant les effets consécutifs à un retard de lancement ou un lancement trop précoce. Les effets en termes commercial, financier ou d'image sont connus. Une relecture de cette problématique en terme de management des risques est possible. Comment estimer le différentiel entre les effets de l'action et de la non-action en terme d'image, de marché, de concurrence, d'organisation ? Comment pondérer l'impact de chaque élément par rapport à la stratégie globale, la mission et l'identité de l'entreprise ? Comment rendre, à l'avenir, cette procédure systématique afin de cibler rapidement le ou les quelques projets parmi tous ceux qui émergent d'une organisation remplie d'individus « surmotivés » ? Comment lutter contre la fascination aveuglante de l'avantage du pionnier et des « trois premiers » qui incitent à pénétrer massivement et rapidement les marchés ?

L'incertitude majeure réside donc, selon nous, dans la lecture du rythme d'introduction des innovations sur un secteur donné. Les différentes « phases » d'innovations ont pourtant été identifiées (une phase convergente d'uniformisation des caractéristiques de l'offre et une phase divergente de différenciation tout azimut) et l'alternance entre ces phases peut être observée (ex. : l'alternance systématique entre phases d'innovations convergentes et phases d'innovations divergentes dans le secteur informatique). Mais il reste beaucoup de recherches à mener sur la prédiction du rythme de séquence d'innovations. Il est d'autant plus difficile pour un secteur donné d'établir une « loi » semblable à celle de Moore pour l'industrie des microprocesseurs que les barrières à l'entrée sont faibles et que les comportements de tous les acteurs sont susceptibles d'évoluer très rapidement : clients enclins ou non à un renouvellement, concurrents soucieux ou non de modifier la donne, partenaires ayant ou non rentabilisé leurs investissements, etc.

Il s'agit, par conséquent, d'avoir une meilleure compréhension des rythmes propres aux différentes parties prenantes tant internes qu'externes : fonctions internes opérationnelles ou de support, actionnaires, partenaires, clients, concurrents, etc. Par la suite, la prise de risque réside dans l'introduction volontaire non seulement d'une innovation mais surtout d'une rupture dans la vague d'innovations que connaît le secteur. Si l'asynchronie avec les concurrents est souhaitée (comme source d'avantage concurrentiel décisif et durable), l'asynchronie avec les partenaires et clients est beaucoup plus problématique et constitue le risque majeur. Pour réduire cette asynchronie, il est nécessaire de préciser et mieux connaître les différentes perceptions du temps (en relation avec l'innovation) qu'ont les clients et les partenaires, accepter et respecter leurs différentes perceptions, prendre en compte réellement celles-ci « dans le rythme de l'organisation ».

Concrètement, cela se traduit par une ouverture accrue de l'organisation sur l'extérieur, une conception de l'entreprise comme combinaison de processus, par une plus forte coopération avec tous les acteurs clés et par une meilleure intégration stratégique des différentes analyses (de marché, concurrentielle, technologique et organisationnelle).

Entreprises jeunes à forte croissance : quels risques ?

Quels sont les risques liés à la gestion d'une entreprise à forte croissance ? La France a connu, entre 1999 et 2000, une flambée de créations d'entreprises. Outre l'aspect quantitatif du phénomène, la rapidité de croissance de certaines entreprises est remarquable. Nous ne reviendrons pas sur des raisons maintes fois évoquées : mondialisation, « avantage » du pionnier et nécessité de leadership. Cependant, le retournement récent caractérisé par les échecs ou quasi-échecs (rachats et reprises de l'expérience accumulée bien loin de l'ambition des *business plans* initiaux) rappelle que le fait de créer et gérer une entreprise à forte croissance est risqué et nécessite des connaissances et des expériences individuelles et collectives tant en interne qu'au sein d'un réseau. Ces échecs mettent en exergue le besoin d'une meilleure compréhension de la spécificité de la gestion des entreprises à forte croissance ou croissance rapide (*fast-lane*, « gazelle », etc.).

▷ Créer et gérer une entreprise à forte croissance est risqué et nécessite des connaissances et des expériences individuelles et collectives tant en interne qu'au sein d'un réseau.

La forte croissance d'une organisation fait coexister de manière interdépendante deux thématiques de risque d'ordre organisationnel et conceptuel. Parmi les principaux risques d'ordre organisationnel affectant une jeune organisation à forte croissance, on peut citer notamment :

— le foisonnement et la multiplicité des projets qui nécessitent des arbitrages constants entre diversité et complexité, capacité d'apprentissage et efficience, et intérêt individuel et apport au collectif ;
— le processus de « managérialisation » qui nécessite des arbitrages constants entre créativité entrepreneuriale et rigueur managériale, poursuite d'opportunités et structuration, et « découvertes » et procédures ;
— l'interdépendance des trois principaux processus porteurs du développement de l'entreprise (le développement technologique, le financement, et

la commercialisation) qui requiert une cohérence et une convergence satisfaisantes ;

– la dépendance vis-à-vis des partenaires qui rend nécessaire des arbitrages entre choix individuels et demandes collectives, entres dépendance et progression de l'ensemble du réseau, entre diffusion et conservation des savoirs.

Ces risques identifiés sont d'autant plus importants que l'entreprise est dans un cadre temporel contraignant, étant donné que sa performance dépend en grande partie de sa vitesse de développement. Au-delà de l'interdépendance stratégie-structure – les choix organisationnels conditionnent les choix stratégiques et réciproquement – la question de fond repose dans la capacité et la manière de coordonner l'ensemble en ajustant dans des délais très courts des paramètres aussi essentiels que l'identité, les jeux de pouvoir, ou encore les processus décisionnels. Au-delà de la cohérence du « puzzle organisationnel », c'est la rapidité de son assemblage et de ses réassemblages successifs qui seront, au final, garants de la viabilité du projet d'entreprise. De ce fait, les capacités d'anticipation et de réaction de l'équipe dirigeante apparaissent comme des compétences décisives.

▷ **Les choix organisationnels conditionnent les choix stratégiques et réciproquement.** D'un point de vue plus conceptuel, les premières phases de la jeune entreprise sont, d'ordinaire, conçues en terme de définition, puis d'accumulation de ressources et construction de compétences et enfin de valorisation de ces ressources et compétences. La volonté d'une forte croissance en temps limité accentue l'ampleur de chaque phase et, notamment, celle d'accumulation de ressources et de construction de compétences.

Selon ce schéma *linéaire et séquentiel*, les « risques » sont particuliers à chaque période et nécessitent des réponses différentes. La définition des ressources et compétences est principalement liée à l'intention stratégique du projet d'entreprise. L'accumulation est principalement liée à la problématique d'acquisition de ressources (technologiques, humaines, matérielles, etc.) et la construction est liée à la problématique de l'apprentissage organisationnel. La valorisation est dépendante de l'acceptation par le marché de l'offre et de l'obtention d'un avantage concurrentiel.

▷ **Dans le mode simultané, il s'agit, pour l'équipe dirigeante, de construire de nouvelles compétences tout en les valorisant grâce à des clients ou tiers partenaires qui contribuent à la définition et à la construction des compétences de l'entreprise.** La faiblesse conceptuelle majeure de ce mode de développement linéaire réside dans le fait que l'accent mis sur la construction au détriment de la valorisation conduit à déconnecter l'entreprise de la réalité et accroître un déficit entre ressources consommées et valorisées qui conduit inexorablement à la cessation d'activités. Combien de start-up ont-elles connu un développement remarquable avant de se poser les questions, une fois les ressources consommées : qu'allons-nous vendre et d'où viendra notre chiffre d'affaires ?

Par conséquent, certaines jeunes entreprises innovantes à forte croissance ne suivent pas forcément ce schéma linéaire, séduisant mais réducteur et optent pour un mode de développement beaucoup plus complexe. Le développement linéaire et séquentiel n'est plus de mise. Il s'agit, au contraire, pour l'équipe dirigeante, de construire de nouvelles compétences *tout en* les valorisant grâce à des clients ou tiers partenaires qui contribuent à la définition et la construction des compétences de l'entreprise. Les interactions incessantes entre construction et valorisation rendent le développement *simultané et complexe*.

Le risque majeur ne réside donc pas dans les réponses successives apportées aux problèmes de gestion des ressources et compétences mais dans l'incapacité de l'entreprise dans son ensemble à gérer efficacement et de manière vertueuse la simultanéité du processus de définition/accumulation/construction et celui d'exploitation/valorisation.

Le modèle d'analyse ci-après permet une lecture stratégique des risques du projet en fonction du mode de développement effectif de l'entreprise.

Quel mode de développement pour quelle gestion des risques ?

Au-delà de la réflexion conceptuelle effectuée précédemment, on peut réellement observer ces deux modes de développement : linéaire et séquentiel pour le premier, simultané et complexe pour le second.

Deux modes de développement distincts

Le mode séquentiel comporte des étapes ou passages obligés. En faisant simplement référence au processus classique couplant étapes et besoins de financement, on peut distinguer plusieurs étapes : conception de la technologie, développement et prototype, test marché, mise en place du modèle économique et mise en œuvre organisationnelle. Chaque étape nécessite un « round » de financement ou de refinancement. On peut considérer que ce *round* a deux particularités : il « sanctionne » la performance passée et « évalue » le potentiel de performance.

Le mode simultané consiste à effectuer les mêmes opérations que précédemment mais en gérant en parallèle toutes ces opérations. L'entreprise gère simultanément le développement de la technologie, sa déclinaison en offre et l'accès au marché, la mise en place d'une organisation tout en validant son modèle économique. Pour utiliser une métaphore, l'entreprise définit toutes les pièces d'un puzzle en même temps qu'elle définit l'image de ce puzzle. Cela va plus loin que le classique « stratégie chemin faisant » puisqu'il ne s'agit pas de définir sa stratégie *en fonction des* réalisations de l'entreprise mais de définir l'entreprise *et* ses réalisations.

On peut *a priori* concevoir que le mode de développement séquentiel comporte *moins de risques* que le mode simultané de par la complexité que ce dernier engendre. Pour preuve, le modèle séquentiel s'est imposé comme standard – notamment par et pour les sociétés d'investissement – pour faciliter la lisibilité du développement de l'entreprise. Le domaine des biotechnologies est à ce sujet exemplaire au vu du processus de conception, développement et lancement d'un nouveau médicament.

Cette approche repose sur l'idée que le mode de développement simultané est *générateur* de risques de par sa complexité. Il s'agit de codéfinir plusieurs éléments fondamentaux du projet : la technologie appliquée au produit, l'offre, le marché, etc. Mais le caractère « générateur » de risques peut être remis en cause et on peut argumenter de son aspect « réducteur » de risques :

- conformément à ce qui a été écrit précédemment, la simultanéité permet de gérer la cohérence *globale* et la convergence de la technologie, le marché, le modèle économique et l'organisation ;
- l'implication des partenaires (distributeurs, techniques, clients, financiers) consolide la valeur *globale* du projet tout en le rendant encore plus légitime ;
- le risque d'un déséquilibre *ultime* en terme de ressources est moins fort puisqu'une condition clé de la simultanéité est de savoir générer des ressources financières via des offres intermédiaires au marché ;
- la pertinence du *projet dans son ensemble* n'est pas remise en cause brutalement lors de chaque étape et donc le risque majeur de cessation du projet alors que l'investissement conséquent est écarté ;
- les apprentissages sont plus rapides et le degré de réactivité est supérieur ;
- la capacité de l'entreprise à apprendre collectivement en situation complexe est sans nul doute un bénéfice dont elle saura tirer profit à plus *long terme*.

Deux types de risques

Sur la base de ces arguments, il apparaît alors intéressant de distinguer deux types de risques : les risques « opérationnels » et le risque global. Les *risques opérationnels* ont trait à chaque opération (ou étape). On peut citer par exemple le risque que des barrières technologiques surviennent lors du développement, que l'innovation ne soit pas acceptée par le marché ou encore que le modèle économique ne soit pas validé. Le *risque global* est défini comme l'échec final du projet. Par échec, nous entendons le fait que la sortie du projet soit différente et/ou moins avantageuse que celle imaginée à l'origine du projet par l'équipe dirigeante. On peut citer par exemple un dépôt de bilan mais aussi une sortie industrielle à la place d'une introduction en Bourse, générant une plus-value inférieure à celle prévue initialement.

> **Dans le mode séquentiel, le succès du projet réside dans la capacité de l'entreprise à lever, à chaque étape, de nouveaux fonds.**

En fonction de cette caractérisation des risques, les modes séquentiel et simultané auront à la fois un caractère réducteur et générateur de risques. Le développement séquentiel nous apparaît parfaitement adapté pour une gestion des risques opérationnels, étape par étape. Mais chaque étape franchie ne garantit en rien le franchissement de l'étape suivante et le succès final du projet n'est pas assuré. Il l'est d'autant moins que le besoin et la consommation de ressources augmentent à chaque étape et que l'absence de revenus – différés dans le temps – augmente le déficit et le risque de faillite. Le succès du projet réside dans la capacité de l'entreprise à lever, à chaque étape, de nouveaux fonds. Capacité d'autant plus aléatoire que les organismes financiers sont réceptifs aux « effets de mode ».

À l'opposé, le mode simultané ne contribue pas – *a priori* – à la réduction des risques individuels au vu de la complexité engendrée mais, sur la base des arguments précédents, devrait permettre de réduire le niveau de risque global du projet (voir figure 1).

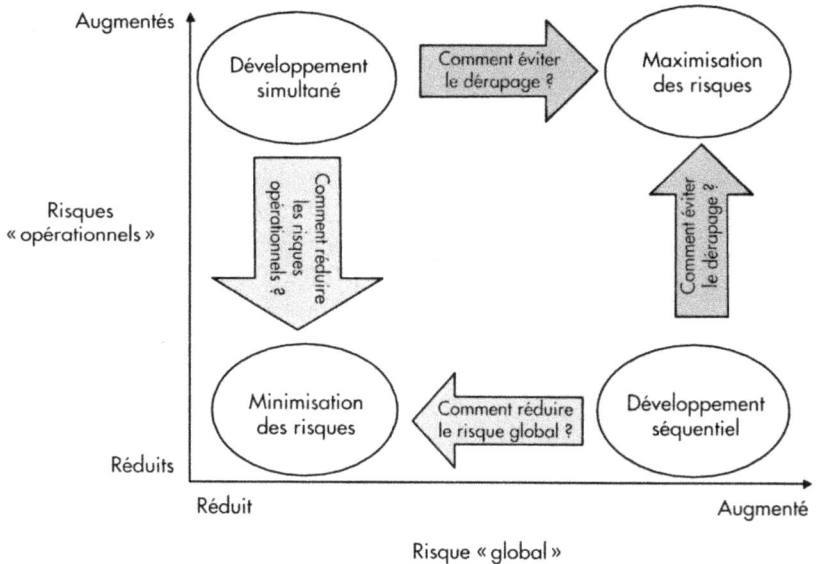

Figure 1. Mode de développement du projet et gestion des risques

Ce modèle résume nos principales propositions :

- le développement simultané aura plutôt tendance à réduire le risque global mais augmenter les risques propres à chaque opération ;
- le développement séquentiel aura plutôt tendance à réduire les risques opérationnels mais augmenter le risque global.

Deux questions se posent alors : comment éviter le dérapage qui tendrait, pour chaque mode de développement, à augmenter les risques qu'il est censé réduire et menacer définitivement le projet ? En fonction du mode de développement effectué, comment réduire, soit les risques opérationnels soit le risque global ?

Sans « prendre de risques », on peut affirmer que, face à ces questions, l'entrepreneur, en tant qu'acteur majeur du développement de son entreprise, jouera un rôle clé. En terme de gestion des risques, le mode de développement retenu aura une incidence.

L'existence d'un autre mode de développement sécurisant tant les différentes parties du projet que son ensemble est également à prendre en compte. D'un côté, on peut estimer que cette situation est par trop idéale, voire utopiste et trop éloignée d'un projet d'entreprise innovante à forte croissance, valorisée par le risque inhérent à son activité. De l'autre, on peut imaginer un mode de développement que nous pourrions qualifier de « juxtaposé », développant de manière anticipée les opérations suivantes et combinant les avantages des modes séquentiels et simultanés en terme de réduction des risques.

Les problématiques des jeunes entreprises à forte croissance

Le contexte dans lequel naissent et se développent les jeunes entreprises innovantes à forte croissance est incertain : les marchés sont peu et mal connus, voire à créer, la gestion du temps est primordiale de par la dimension de la fenêtre d'opportunités et la dynamique concurrentielle, la constitution d'un réseau de partenaires peut simultanément jouer un rôle moteur et freiner le projet. Ces entreprises sont confrontées à des problématiques bien particulières : choix technologiques, choix en terme d'innovation, modalités de pénétration de marché, création d'une légitimité, gestion de la forte croissance, gestion des ressources et compétences, etc. Le choix du mode de développement, qui reste du domaine de décision de l'entrepreneur, n'est pas neutre en matière de gestion des risques. Notre proposition conceptuelle doit évidemment faire l'objet d'une modélisation plus approfondie et d'études quantitatives pour examiner, par exemple, la relation unissant mode de développement, gestion des risques et performance. Autant de nouvelles investigations pour les chercheurs et de nouveaux défis pour les entrepreneurs.

L'EXEMPLE D'EUROPE TECHNOLOGIES ET DE REALVIZ[1]

Europe Technologies et Realviz sont deux entreprises réellement innovantes de l'industrie des logiciels et de la microélectronique et ayant connu une croissance rapide. Les deux études de cas présentées ci-dessous permettent d'illustrer[2] les éléments exposés dans la partie précédente et de décrire les

---

1. Partie rédigée par Franck Moreau et Michel Bernasconi.
2. Il ne s'agit en aucun cas de porter de jugement de valeur sur le niveau de performance atteint par chaque entreprise ou de les comparer d'autant plus que les métiers, les objectifs initiaux, ou encore l'ambition de ces deux projets sont différents.

réponses des entreprises en terme de gestion de risques, reliées au mode de développement choisi. Nous avons opté pour une présentation thématique de ces entreprises et non chronologique afin d'en faciliter la lecture. Ces études de cas ont été réalisées après l'obtention d'informations et la conduite d'entretiens avec les fondateurs-dirigeants des entreprises.

Europe Technologies et le choix d'un mode de développement simultané

Europe Technologies, créée par quatre anciens experts d'une grande entreprise électronique en 1996, est une entreprise spécialisée dans les systèmes embarqués (sur-puces). Europe Technologies a réalisé une plate-forme de développement de systèmes embarqués qui permet un gain de temps substantiel de conception et des coûts moindres. L'effectif compte une centaine de salariés à la fin 2001.

Les choix technologiques d'Europe Technologies

En terme d'innovation, le premier « risque » pris par Europe Technologies était basé sur l'hypothèse que le marché de la microélectronique allait passer de la production de produits standards et l'assemblage de composants existants à des systèmes-sur-puce faits sur mesure. Cette hypothèse a été confirmée : une nouvelle *vague* d'innovations a transformé le marché de la microélectronique et a généré une croissance forte.

Le second pari d'Europe Technologies concernait le choix du processeur qui allait s'imposer comme le standard de la profession pour construire sa plate-forme de développement. Le processeur ARM a été retenu malgré des offres d'acteurs reconnus et une part de marché très faible. Les risques inhérents à ce choix ont été limités, selon l'équipe dirigeante, grâce à une juste analyse de la stratégie d'ARM[1]. Par ailleurs, la plate-forme d'Europe Technologies pouvait être adaptée à un autre processeur en six mois. Selon l'équipe dirigeante, la justesse de l'analyse de marché et des choix technologiques « *n'est pas due à des capacités de visionnaire mais à une connaissance juste de l'industrie* ».

---

1. Notamment le fait d'octroyer des licences à de nombreux constructeurs, de l'utilisation possible du processeur pour le GSM, de ne pas se lancer dans la construction de ces processeurs et d'en faciliter la diffusion.

Les options de développement d'Europe Technologies

> La justesse de l'analyse de marché et des choix technologiques n'est pas due à des capacités de visionnaire mais à une connaissance juste de l'industrie.

D'un point de vue stratégique et organisationnel, Europe Technologies a opté pour différents modes de développement (expansion aux USA pour attirer des compétences et ressources financières, financement par des clients, etc.). Parmi celles-ci, notons la croissance initiale supportée par une activité alimentaire de formation à des logiciels de CAO dont l'entreprise avait obtenu la licence et dont elle se servait également pour développer sa plate-forme. L'entreprise a su éviter la surabondance de projets, consommateurs de temps et de ressources, pour se consacrer à la construction de la plate-forme technologique.

Si la « *stratégie de marchés est celle qui a été la plus sensible aux aléas* », l'entreprise a couvert différents segments de marché (contrôle de l'énergie et d'accès, télétexte, voiture communicante) en fonction des opportunités et de l'expérience de son équipe. Cela a permis de répondre parfaitement aux exigences des marchés : davantage de performances, d'intégration et de diminution des coûts de 30 %, et réduction des temps de développement. Europe Technologies répond ainsi à ces exigences en réduisant de moitié le temps de développement par rapport à la concurrence mondiale.

D'un point de vue conceptuel, le caractère simultané et complexe du développement de l'entreprise se justifie par l'interdépendance et le parallélisme des processus de financement, de construction de compétences technologiques et de commercialisation de produits intermédiaires. Cette interdépendance se matérialise jusqu'aux partenariats techniques, financiers ou commerciaux impliqués au-delà de leurs compétences initiales. Les clients ont, par exemple, contribué au développement de la plate-forme et/ou au financement, les partenaires financiers ont apporté une expérience en management, etc.

Cette capacité à construire un réseau de partenaires et exploiter au mieux les ressources et compétences offertes a non seulement permis à Europe Technologies de se consacrer à son *core business* mais aussi de retarder l'appel aux capital-risqueurs et conserver ainsi le contrôle de l'entreprise et s'affranchir des contraintes de court terme liées. Les capital-risqueurs ont été mobilisés tardivement au moment exact où le développement de l'entreprise l'exigeait. Par ailleurs, l'adéquation du couple projet d'entreprise-projet des entrepreneurs n'a jamais été remise en cause.

En quoi le modèle de développement choisi par Europe Technologies a-t-il permis de réduire le niveau de risque global du projet ? Si le niveau de complexité à gérer a pu être préjudiciable et engendrer un délai de développement supérieur aux prévisions, l'équipe dirigeante estime avoir optimisé l'utilisation des ressources internes et évité ainsi un déficit de ressources qui aurait été très dommageable. Elle a également su gérer au mieux les interfaces technologie-marché-organisation pérennisant ainsi le développement de l'entreprise en ne créant pas de décalage par rapport au marché. Au final, le mode de développement mis en œuvre a conforté le projet tel qu'il était initialement formulé : « *devenir une société industrielle durable, indépendante, de niveau mondial dans le domaine du système sur puce* ».

Realviz et le choix d'un mode de développement séquentiel

Realviz est une entreprise d'édition de logiciels de création et transformation d'images. Créée en 1998, par un transfert technologique d'un institut de recherche, l'entreprise a connu une forte croissance de ses effectifs pour atteindre près de 100 salariés en juin 2001.

Les choix technologiques de Realviz

En ce qui concerne l'innovation, les choix technologiques sont d'une importance capitale car ils sont à l'origine même du projet. La technologie s'avère source d'avantage concurrentiel de par son avancée, ses multiples applications potentielles et son utilisation concernant tant les professionnels que le grand public. Sans parler de standard, l'ambition du projet est de délivrer une offre référence grâce à un format d'échanges de données commun aux différents usages de traitement des images et reliant les différents produits entre eux.

Conformément au risque classique d'une approche *technology push*, l'acceptation de l'innovation par le marché s'est avérée plus délicate que prévu. Certains produits et leur séquence de déploiement ont fait l'objet d'ajustements par rapport aux prévisions initiales (abandon de produit, création, modification, etc.). Ces ajustements sont la conséquence de l'apparition de barrières technologiques qui ont limité le nombre de produits complètement automatisables, permettant de cibler les particuliers et de la technologie même de Realviz, qui implique un changement de méthodes de travail pour les utilisateurs de produits existants.

Ainsi, un produit de composition d'image panoramique n'a pas rencontré le marché professionnel escompté. Mais l'entreprise a su réagir en repositionnant ce produit à la fois sur une cible très précise (visite virtuelle pour agences immobilières) et pour le grand public. De plus, l'entreprise a modifié sa logique en privilégiant une approche *market pull* et en développant de nouveaux produits pour répondre à des attentes initialement non identifiées (exemple : un produit de ralentissement de vitesse d'images).

Parallèlement à la vente sous marque propre de ses logiciels, l'entreprise a surtout développé une activité de vente de technologies sous licences OEM à des éditeurs, ceux-ci intégrant des composants technologiques de Realviz dans leurs logiciels de traitement d'images existant. L'entreprise a perçu moyennement l'intérêt de la formule[1] qui engendre le versement de royalties. Cela a engendré une évolution du *business model*, passant du métier exclusif d'éditeur de logiciels de traitement d'images aux activités distinctes d'édition, de cession de licence OEM et d'e-commerce.

Le développement séquentiel de Realviz

> L'équipe dirigeante a su mettre en place, par étapes successives, une organisation capable de réagir rapidement et de modifier ses choix initiaux.

D'un point de vue organisationnel, le choix des projets, le processus de structuration de l'organisation et la gestion séquentielle du développement n'ont pas occasionné de difficultés majeures. L'équipe dirigeante a su mettre en place, par étapes successives[2], une organisation capable de réagir rapidement et de modifier ses choix initiaux. Par exemple, l'entreprise a fait récemment le choix de délocaliser sa fonction marketing aux États-Unis pour être davantage présente sur la zone principale de l'industrie des logiciels, pour répondre au mieux au marché et pour attirer les compétences humaines adéquates. En conservant la compétence technologique en France, l'entreprise est consciente du besoin de mise en place d'une structure de dialogue entre les fonctions R&D et marketing.

Ce développement séquentiel et surtout le fait que l'entreprise n'ait pas opté pour une valorisation partielle de ses efforts, a obligé celle-ci à consacrer du temps à l'obtention de nouvelles ressources financières pour accompagner sa construction de compétences. Le besoin en financement a été renforcé par le fait que l'intention initiale de l'équipe dirigeante[3] a été revue à la hausse et le souhait de réaliser une introduction en Bourse nécessite d'atteindre une taille supérieure.

Si cette révision à la hausse a fait l'objet de questionnement au sein de l'équipe dirigeante, la dialectique projet d'entreprise-projets d'entrepreneur a été bénéfique pour les différentes parties prenantes. Il est important de noter que, malgré les financements externes successifs, l'équipe dirigeante a réussi à gérer le développement de son organisation en conservant à la fois le contrôle actionnarial et le contrôle managérial de l'entreprise.

Realviz illustre le fait qu'un développement séquentiel exige une parfaite

---

1. L'intérêt de la formule réside dans le volume des postes installés à couvrir (nombre d'acteurs limités mais bases installées énormes), la durée des contrats qui offrent une visibilité financière. Le « risque » concerne la cannibalisation éventuelle des produits et une perte de visibilité « marque ». Mais l'équipe dirigeante compense cette perte de visibilité par la vente d'un package de ses produits en direct qui assurent la renommée de la marque.
2. Suite à l'organisation initiale, le passage de 20 salariés à 40-50 a imposé la création de départements fonctionnels. Puis le passage de 50 à 100 a imposé la création de *business unit*s et de postes fonctionnels clés (DAF et DRH). Aujourd'hui le renforcement de la branche américaine et sa spécialisation en marketing marque le passage d'une entreprise disposant d'une culture « techno » à une entreprise orientée marché.
3. L'intention initiale était de positionner l'entreprise dans un secteur intéressant et réaliser une plus-value importante via une sortie industrielle.

maîtrise de chaque étape, non seulement pour le développement intrinsèque de l'entreprise mais aussi pour « légitimer » celui-ci et maintenir la confiance des investisseurs dans le projet. La concentration des efforts sur chaque séquence permet indubitablement de réduire les risques opérationnels.

La réduction du risque global nécessite d'être prudent dans les conclusions. Ce mode séquentiel exige cependant énormément de temps[1] et de compétences managériales de négociation et de communication pour assurer à chaque séquence – indépendamment de la performance réelle de l'entreprise et de son potentiel – une continuité en terme de ressources financières. À ce titre, on peut écrire que le mode séquentiel n'a pas « réduit » le risque global du projet. Le choix de ce mode de développement est fortement contraint par les milieux financiers mais aussi par l'intention initiale du projet et la nature de l'activité. Ainsi, la volonté de Realviz de tirer profit d'une technologie avancée exige un développement rapide – rendu possible par une gestion plus simple et plus sûre du processus – pour atteindre une forte visibilité commerciale. Sans cette forte lisibilité, la rentabilité est menacée à court terme. À ce titre, on peut écrire que le mode séquentiel a contribué à « réduire » le risque global du projet.

LE RÔLE DU MANAGER DANS UNE START-UP INTERNET. DIFFÉRENCES ET SIMILITUDES AVEC L'ÉCONOMIE TRADITIONNELLE[2]

Le rôle du manager dans une start-up Internet est différent de celui d'une entreprise traditionnelle. Cécile André examine les particularités de management d'une jeune entreprise à forte croissance exploitant la technologie de l'Internet et les met en adéquation avec des caractéristiques entrepreneuriales ou managériales. Par ailleurs, elle distingue les différentes étapes du cheminement d'une start-up, en prenant comme repères temporels les différentes levées de fonds qui alimenteront sa croissance. Pour chaque période, les comportements adaptés, les interlocuteurs privilégiés et les aptitudes à avoir de la part du ou des créateur(s) sont clarifiés. Cécile André présente également les points clés qui valorisent une start-up et « favorisent » son développement.

---

1. La direction générale estime avoir passé la moitié de son temps en préparation et négociation de levée de fonds.
2. Intervention de Cécile André lors de la réunion Afplane du 9 octobre 2000.

« Le » manager de start-up ou le e-manager

Quelles sont les principales caractéristiques d'une start-up ? Il s'agit, par définition, d'une société jeune, innovante, avec comme préoccupations constantes de gérer une consommation importante de trésorerie et de réaliser ses objectifs dans des délais très courts. En rapport avec ces caractéristiques, leurs fondateurs sont souvent jeunes (24-30 ans), possèdent des compétences techniques en marketing ou informatique et ont rarement une expérience de gestion et de management. Pour répondre à ces particularités, les investisseurs (entreprises, capital-risqueurs,...) font fréquemment appel à des managers expérimentés pour « accompagner » le développement de ces entreprises.

Absence de procédure d'accueil : risque d'écueil

Les investisseurs affrontent donc un contexte particulier qui se concrétise, par exemple, dès leur arrivée dans l'entreprise par un processus d'intégration en complet décalage avec une entreprise traditionnelle (non formalisé, voire non prévu...). Cette absence de procédure d'accueil est le premier symbole d'une absence totale d'organisation et de formalisation des pratiques en politiques ou procédures. Face à une organisation « en construction » et un effectif jeune composé « à l'opportunité », le manager doit faire un effort de structuration : mise en place d'une stratégie à court et moyen terme, mise en place d'un plan de recrutement et d'une politique salariale, organisation de réunions et de comités décisionnels.

Ancrage de la start-up dans l'économie réelle

> Sachant qu'une start-up consomme énormément de trésorerie, le manager doit faire de la gestion de trésorerie sa priorité absolue.

Le potentiel innovant sur le plan technologique nécessite, de la part du manager, de posséder ou d'acquérir rapidement le langage « technico-marketo-branché » réservé aux « initiés ». Il s'agit également, pour lui, d'accroître encore plus son rythme de travail et gagner en rapidité et réactivité. Sachant qu'une start-up consomme énormément de trésorerie, le manager doit faire de la gestion de trésorerie sa priorité absolue et concevoir des outils prévisionnels et de reporting simples et permettant un suivi en temps quasi réel. La réalisation – à la date prévue – des objectifs est d'autant plus cruciale qu'elle conditionne souvent le refinancement de la start-up. À ce titre, la mise en place d'une gestion par projets sur le plan comptable et financier ainsi qu'une comptabilité analytique performante sous-tendent la capacité de l'entreprise à contrôler l'avancement des réalisations.

Face à ces défis, « le » manager de start-up peut être qualifié d'« entrepreneur chef d'orchestre ». Son portefeuille d'activités va de la gestion quotidienne d'équipes et de projets, à la préparation de l'introduction en Bourse ou aux opérations de fusion-acquisition, en passant par la décision de l'allocation des ressources, la mise en place de procédures et d'outils de contrôle, à la relation et la communication auprès des investisseurs potentiels, etc.

L'objectif étant, selon Cécile André, « *d'ancrer la start-up dans l'économie réelle* », le manager porteur de cette mission doit disposer de compétences managériales certaines, de connaissances juridiques (droit des affaires, droit social, droit contractuel, etc.), d'une grande aptitude à la communication interne et externe, d'une sensibilité à la prise de décision stratégique et d'expérience quant à la conception et l'utilisation d'outils de gestion permettant d'appréhender l'entreprise dans sa globalité. Il doit faire preuve de davantage de souplesse, rapidité et adaptabilité que dans une entreprise « traditionnelle ».

Le cheminement d'une start-up

La vie d'une start-up passe par différentes étapes qui correspondent au calendrier d'ouverture du capital. Les particularités de chacune de ces périodes en distinguant les problématiques de financement, les types d'investisseurs, les qualités du créateur et le montant « moyen » de capitaux levés sont synthétisés dans la figure 2.

Le développement de l'entreprise passe par une période d'amorçage ou *seed-capital*, puis d'*early stage*, d'une période tournée vers le « capital-risque » et enfin de « capital développement » où l'entreprise commence à s'autofinancer. La phase de *seed-capital* correspond à la recherche de financement destiné au développement du projet avant même la constitution de la société. L'*early stage* correspond à la période où la jeune entreprise est en phase de création ou au tout début de son activité. Elle n'a pas encore commercialisé son produit. Le financement est destiné au développement du produit et à sa première commercialisation. La période de « capital-risque » commence lorsque l'entreprise génère un chiffre d'affaires récurrent ; le concept et les premiers produits ont été validés sur au moins un marché pertinent. Le financement est destiné à professionnaliser tous les domaines de la société en commençant par le management.

La dernière phase est celle du « capital développement » lorsque l'entreprise a atteint son seuil de rentabilité. Les fonds sont employés pour augmenter la force de vente, développer de nouveaux produits, financer des acquisitions, etc.

	Seed-Capital	Early-Stage	Capital-Risque	Capital Développement
Financement	– dépôt de brevets – création du site – études de faisabilité	– marketing – enrichissement du site – R&D	– marketing – recrutement – expansion à l'international	– communication – acquisition – expansion à l'international
Investisseurs	– le fondateur – *love money* – *business-angels*	– *business-angels* – financement de l'innovation	– sociétés de capital-risque – institutionnels (banques, SSII...)	– sociétés de capital-risque – institutionnels (banques, SSII...)
Qualités du créateur	– convaincre – vendre le projet – évaluer son développement	– persuader – superviser – établir et suivre une stratégie	– recruter – déléguer – communiquer sur la société	– manager – gérer la croissance – rassurer
Montant des capitaux levés	de 500 KF à 2 ou 3 MF	de 3 à 10 MF	de 10 MF à 20 ou 30 MF	< 30 MF

Source : A. André, 2000.

Figure 2. Les différentes étapes du financement

La valorisation d'une start-up

> La valorisation d'une start-up repose principalement sur les compétences complémentaires de la direction.

Le questionnement majeur d'aujourd'hui consiste à savoir comment valoriser une start-up. Cécile André confirme la tendance existante qui privilégie trois aspects principaux : le management, la relation au marché et le financement (les « 3M » : management, market et money). La valorisation d'une start-up repose donc principalement, sur les compétences complémentaires de la direction et notamment sur l'expérience managériale et entrepreneuriale du dirigeant. Elle repose également sur la visibilité de l'entreprise et sa position de premier entrant ou d'acteur principal et, de manière classique, sur la viabilité de son modèle économique. D'autre part, bien plus que sur le volume des capitaux levés, la jeune entreprise sera évaluée sur la qualité et la notoriété des actionnaires de quelque nature qu'ils soient et sur la façon qu'elle aura d'utiliser ses capitaux.

Il est important d'ancrer la start-up dans la réalité de la vie économique et de bousculer certains comportements trop éloignés du monde des affaires. Il s'agit, par exemple, de sensibiliser les équipes à l'importance de la génération de chiffre d'affaires et de ses modalités, de commencer à introduire des procédures (recrutement, gestion des dépenses...), ou d'établir un timing officiel (calendrier de recrutement, de lancement à l'international, d'ouverture au capital...).

En conclusion, Cécile André propose des pistes de réflexion quant à la mutation possible de l'entreprise traditionnelle vers l'entreprise « virtuelle ». Cette
transformation du « *Brick and mortar* » vers le « *Click and mortar* » déjà
matérialisée par une croissance affirmée du commerce électronique, nécessite
en effet de s'interroger sur les ressources à acquérir et les compétences à
construire : quel personnel (équipes en place formées à l'Internet ou recrutement de professionnels du web) doit-on consacrer à cette nouvelle activité ?
Quelle architecture organisationnelle et juridique (essaimage, département,
filiale) doit-on privilégier ? Quelle sera la création de valeur réelle pour
l'entreprise traditionnelle ?

Risque-pays et risques politiques

Un ouvrage consacré au management des risques se devait de consacrer une part importante au risque-pays auxquels sont confrontées toutes les entreprises internationales, multinationales, voire « globales » mais aussi toutes les entreprises décidant d'exporter ou de délocaliser une partie de leur production.

La première partie consiste en un rappel précis de ce qu'est le risque-pays et de ses différentes méthodes d'évaluation. Les auteurs, Michel-Henri Bouchet et Bertrand Groslambert, de par leur métier d'enseignant-chercheur et leur expérience de praticien de l'analyse du risque-pays, insistent notamment sur l'aspect polymorphe du risque-pays. En effet, on peut distinguer : le risque économique, le risque politique, le risque juridico-légal ou encore le risque régional. De plus, les effets de la mondialisation ont accentué l'importance de la prise en compte de risque systémique. L'article présente de manière synthétique un certain nombre des principales approches d'évaluation les plus opérationnelles comme l'approche qualitative multicritère, l'approche du risque par le classement (ou *rating*), ou encore l'analyse de l'endettement extérieur (liquidité et solvabilité).

La seconde partie présente une étude de cas illustrant les propos exprimés dans la première partie. L'étude de cas réalisée par Bertrand Groslambert et Michel-Henri Bouchet traite de la crise du Sud-Est asiatique et propose une nouvelle méthode d'analyse du risque-pays. Cette approche a pour originalité de ne se concentrer que sur des facteurs objectifs et quantifiables, dont les données sont directement issues des marchés eux-mêmes.

La troisième contribution, d'ordre managérial, est l'œuvre de Danielle Levi-Feunteun. Lors d'une réunion Afplane, celle-ci a en effet présenté son expérience de manager au sein du groupe industriel international Faurecia. Après avoir rappelé la nécessité d'une gestion des risques, Danielle Levi-Feunteun présente les modalités de mise en œuvre d'une politique de traitement des risques et les particularités de gestion des risques-pays et des projets internationaux.

LE RISQUE-PAYS : COMPLEXE, MULTICRITÈRE, ET VOLATILE[1]

Peter Bernstein a montré que le concept de risque émerge au XVIIᵉ siècle quand les travaux mathématiques de Pascal, Fermat et Méré permettent de prendre la mesure des probabilités[2]. Le risque-pays, lui, est une catégorie spécifique de la prise en compte de l'incertitude, elle-même liée à l'information et au temps. Il est défini comme l'incidence de la volatilité constatée ou latente des conditions d'affaires dans un pays sur le revenu attendu d'un investissement. Il regroupe des éléments à la fois économiques et financiers, mais aussi socio-politiques, idéologiques, et même régionaux, liés à tout type de transaction (investissement, flux financiers et commerciaux, contrats...) avec un pays donné. Le risque-pays concerne aussi bien les investissements directs (création d'une filiale, prise de participation, etc.) que les investissements dits de portefeuilles (achats de titres étrangers). On le retrouve au niveau des transactions financières (prêts, dividendes et capital investi), des relations juridiques (contrats, garanties), et des transactions commerciales (ventes et fournitures – importations de biens et services, aussi bien qu'achats – exportations de biens et services).

Le risque-pays est polymorphe

> ▷ **Le risque-pays a ceci de particulier qu'il est polymorphe.**

Le risque-pays a ceci de particulier qu'il est polymorphe. En effet, on peut distinguer sous cette acception :

- *Le risque économique.* Il provient de la volatilité des agrégats économiques et financiers. Il est analysé et anticipé par la prise en compte des principaux déterminants de la croissance macroéconomique (balance des paiements, prix, investissement, politique monétaire et budgétaire...). L'étude de la compétitivité interne et externe de l'économie, y compris à travers l'observation de la qualité de l'infrastructure et des institutions, permet de dresser la carte des forces et faiblesses, conjoncturelles et structurelles, du pays.
- *Le risque politique.* Il recouvre la menace de déstabilisation et la soumission à l'arbitraire et au mépris de l'état de droit dans le pays étranger. Les risques de volatilité, interne (coup d'État, guerre civile) et externe (terrorisme, conflit régional) sont analysés selon leur probabilité d'impact à court et moyen termes sur la volatilité du retour sur l'investissement. ·
- *Le risque juridico-légal.* Il affecte la stabilité et la transparence du cadre réglementaire, et donc l'environnement des affaires.
- *Le risque régional.* La globalisation des marchés implique une interdépendance de l'économie des différents blocs régionaux, avec des risques accrus

---

1. Partie rédigée par Michel-Henri Bouchet et Bertrand Groslambert.
2. *Against the Gods*, Peter L. Bernstein, Wiley, 1998.

de contamination des crises financières. Celles-ci sont liées à l'instinct grégaire des investisseurs privés qui considèrent les marchés émergents comme une seule classe d'actifs dans leurs portefeuilles.

– *Le risque devient systémique* lors d'une crise monétaire ou financière internationale, ou d'une récession mondiale, lorsque l'ensemble des marchés de capitaux, de biens et services est affecté. Ce risque n'est pas diversifiable, ni « couvrable » par des instruments classiques (crise de 1929, crise de la dette d'août 1982, crise d'octobre 1987, crise des marchés émergents de l'automne 1997 et de l'été 1998, et la menace d'une crise systémique à l'automne 2001).

Les différentes approches du risque-pays

Les analystes du risque-pays ont élaboré et développé depuis environ trente ans une gamme d'approches méthodologiques du risque. Cet article n'a pas pour objet ni pour ambition d'être exhaustif mais simplement de présenter de manière synthétique un certain nombre des principales approches les plus opérationnelles.

L'évaluation du risque

L'évaluation du risque politique se concentre sur les causes d'instabilité sociopolitique qui portera préjudice aux perspectives de rentabilité d'un investissement. Cette instabilité est le fait de décisions arbitraires, soit que la violence vienne « d'en haut », c'est-à-dire d'origine publique et gouvernementale (coup d'État, loi martiale, réquisition, nationalisation), soit qu'elle vienne « d'en bas » et donc d'origine privée (grèves, révolution, séquestration, attentat, etc.). La méthode d'évaluation la plus simple est la grille d'analyse. Celle-ci permet de relever de manière systématique les éléments positifs et négatifs et leur impact sur la stratégie de décision dans un horizon de court et moyen termes. Elle permet de mettre en exergue le contexte culturel, religieux et historique, la forme de gouvernement, le rôle des partis politiques et des médiations institutionnelles et de conclure sur les risques d'instabilité liés à un conflit interne ou externe, d'origine militaire, politique, économique, racial ou frontalier. Cette évaluation est qualitative et sa valeur repose sur celle de l'analyste et sur la qualité des informations collectées. Des sociétés telles que BERI et Frost & Sullivan se concentrent sur les facteurs d'instabilité institutionnelle potentielle à travers le rôle des élites, de l'armée, des syndicats, des minorités, etc. La représentation graphique des risques d'instabilité recense les principaux acteurs de changement et les classe selon leur capacité à affecter le système politique de façon négative par rapport aux intérêts économiques et financiers dans le pays. Ce « modèle du Prince » est un cadre analytique utile qui permet des projections à court, moyen et long termes selon l'évolution de chacun des groupes influents. Un classement des

▷ **La meilleure couverture des risques politiques demeure l'information et l'analyse.**

pays est aussi établi par Transparency International selon un indice de la corruption qui est largement utilisé depuis 1997 comme mesure du risque politique.

La meilleure couverture des risques politiques demeure l'information et l'analyse. Toutefois, des agences privées et d'autres officielles telles que l'OPIC aux États-Unis, l'Export Development Corporation du Canada et la filiale de la Banque mondiale MIGA (Agence multilatérale de garantie des investissements) couvrent le risque politique moyennant le paiement d'une prime.

L'approche qualitative

L'approche qualitative ou multicritère s'attache à analyser l'ensemble des conditions d'investissement ou de crédit dans un pays, en reliant les éléments économiques et financiers aux éléments structurels, politiques et sociaux. Cette approche est privilégiée par des institutions telles que la Coface, la Banque mondiale, la BNP-Paribas, l'Institut de finance internationale à Washington, ou *l'Economist Intelligence Unit* à Londres. Elle se traduit par la compilation d'informations sous la forme d'une note de synthèse sur le risque-pays. Dans sa version quantitative, elle peut donner lieu à une démarche économétrique. Un effort de modélisation du risque-pays est apparu dans les années 80 dans plusieurs banques internationales. L'objectif est d'obtenir à la fois une analyse dynamique et donc prédictive, mais aussi des indicateurs d'interactions entre plusieurs éléments de risques, internes et externes. Ces relations permettent ensuite d'évaluer les risques de contamination. Ces modèles sont tous basés sur des calculs plus ou moins sophistiqués de corrélation.

L'approche par le classement

L'approche du risque par le classement (*rating*) revient simplement à classer des pays selon des indicateurs agrégés de risque. Chaque pays est assorti d'une note pouvant ensuite déterminer un plafond d'encours de risque ou un horizon d'investissement. Les principaux indices de risque macroéconomique sont ceux de BERI, de Euromoney, de Dun & Bradstreet, de la Coface, de Credit Risk International, de Moody's, Ficht IBCA, et Standard & Poor's, etc.

Classer un risque selon une échelle a plusieurs mérites : simple et synthétique, cela permet des comparaisons entre pays et à travers le temps, et enfin cela reflète le consensus « ambiant ». Mais les principales faiblesses du *rating* tiennent à son caractère réducteur et simpliste, à la moyenne pondérée qui supprime les « écarts » de jugements d'experts, à la pondération souvent arbitraire et, enfin, au risque de prophétie autoréalisante dans le cas d'une chute brutale des indices. Au total, la méthode du classement ne reflète que le consensus à un moment donné, et elle « écrase » les spécificités d'un pays.

Elle ne peut mettre en garde contre une rupture de tendance brutale (crise iranienne sous le Shah, récession en Turquie en 2001, coup d'État en Côte-d'Ivoire, contagion de la crise asiatique à la Corée...). De plus, à classement identique, le *rating* est de peu d'utilité pour mettre en valeur les faiblesses et opportunités spécifiques d'un pays eu égard à un projet d'investissement. Enfin, le problème est la capacité de prédiction des crises par les méthodes de classement des emprunteurs souverains.

Relation entre variation du *rating* et instabilité financière

Plusieurs travaux ont été effectués pour observer la relation entre variation du *rating* et instabilité financière, et pour évaluer l'ordre de causalité[1]. L'analyse de Goldstein et Kaminsky conclut au faible pouvoir d'anticipation des crises par les *ratings* comparés à une batterie d'indicateurs macroéconomiques qui identifie les facteurs sous-jacents de l'instabilité[2]. La conclusion est que les *ratings* génèrent beaucoup de « bruits » parasites (et donc de fausses alarmes), alors même qu'ils préviennent mal de l'émergence d'une crise réelle. Une autre explication à la performance médiocre des *ratings* pour annoncer une crise est que leur construction vise à identifier les risques de défaut, et donc de suspension totale du service de la dette, cas extrême qui ne recouvre qu'une seule catégorie de crise financière. De nombreux pays, développés ou non, associent des crises de taux de change et des crises de système financier sans pour autant renier leurs obligations financières. Il en fut ainsi dans la crise financière de l'Asie du Sud-Est en 1997-1998 et dans les crises argentine et turque de 2001.

> Les *ratings* génèrent beaucoup de « bruits » parasites, alors même qu'ils préviennent mal de l'émergence d'une crise réelle.

L'approche par la typologie des crises est une approche originale qui part de l'hypothèse que l'on peut caractériser un certain nombre de crises « typiques ». Ce classement par une analyse en composante principale est utile pour : 1) rassembler des pays très différents selon leur système sociopolitique ou leur position géographique, et 2) prévoir des évolutions de crise selon le parcours d'un pays le long d'une trajectoire normalisée.

---

1. G. Larrain, H. Reisen, J. von Maltzan, « Emerging Market Risk and Sovereign Credit ratings », OECD, *Technical Papers*, n° 124, 1997.
2. M. Goldstein, Kaminsky et Reinhart, *Assessing Financial Vulnerability*, *op. cit.*, chap. 4. p. 45 et *sq*.

L'analyse de l'appréciation du risque

L'analyse en logique conditionnelle non linéaire appliquée par un cabinet d'analyse français[1] a pour objectif de retracer les liens entre les principales variables macroéconomiques et financières, et le degré et la nature du risque. L'appréciation du risque est la résultante d'une combinaison de facteurs économiques, financiers et structurels, chacun pris isolément ne pouvant suffire à déterminer le risque et sa couverture optimale. La méthode repose sur la recherche de relations non linéaires entre variables. Selon cette méthode originale de « logique conditionnelle non linéaire », il s'agit de reconstituer les phénomènes de ruptures de seuils : l'évolution du risque ne résulte pas seulement de la variation de certains paramètres et de leurs interactions, mais aussi du degré et de la nature du risque encouru par l'investisseur selon sa stratégie à court et moyen terme. Ce sont les combinaisons ou la simultanéité d'évolutions spécifiques qui créent les situations de risque. Ainsi, un pays à dette extérieure très élevée (Mexique, USA) présente un risque moindre qu'un pays peu endetté à sources de financement réduites et instables (Algérie).

L'analyse de l'endettement extérieur (liquidité et solvabilité) s'effectue au travers de différents indicateurs.

• Les indicateurs de surendettement. La crise d'endettement via un déséquilibre de balance des paiements est le symptôme le plus familier d'une crise financière. On peut distinguer trois types d'indicateurs. Le premier illustre l'endettement accumulé et mesure la solvabilité du débiteur en comparant la dette aux revenus d'exportations (Dette/Exports) ou à la richesse nationale (Dette/PIB). Le second s'attache à mesurer la liquidité en comparant deux flux : les paiements de service de la dette et les revenus d'exportations annuels (Service de la dette/Exports, Paiements d'intérêt/Exports)[2]. Si les seconds sont inférieurs aux premiers, le pays s'appauvrit en s'endettant. Le dernier type d'indicateur a pour objet de mesurer la qualité de l'endettement dont la raison d'être est de procurer au débiteur un supplément net de devises, à des conditions favorables par rapport au taux de rentabilité de l'investissement qu'il finance. En d'autres termes, le transfert net doit être positif dans la balance des paiements, et le taux d'intérêt doit être inférieur au rendement marginal de l'investissement, sinon le pays débiteur s'appauvrit au fur et à mesure qu'il s'endette. La combinaison de ces trois types de ratios donnera les conditions de capacité d'emprunt du pays à long terme et donc celles d'équilibre de la croissance avec endettement.
• Le marché secondaire des créances du Club de Londres. L'analyste peut

---

1. TAC Consultant, Études économiques et financières.
2. Voir parmi beaucoup d'autres contributions, celle de Pierre Dhonte : « External Debt : A Roll-Over Approach », *in* IMF, *Staff papers,* mars 1975. – Michel H. Bouchet : « Crise de défaut et défaut d'analyse », revue *Banque*, septembre 1982. – Daniel Cohen et Jeff Sachs ont aussi travaillé sur le problème du risque de défaut du point de vue de l'emprunteur.

aussi se tourner vers le prix de la dette du pays sur le marché secondaire des créances souveraines du Club de Londres. Depuis 1985, ce marché a connu une expansion rapide et il atteint environ 3 000 milliards US$ avec une liquidité élevée. Le prix reflète la valeur actualisée de la dette compte tenu de la probabilité de défaut du pays débiteur. La dette « exotique », peu liquide, est soumise à de fortes variations de décote du fait de son caractère spéculatif (Soudan, Cuba, Corée du Nord...)

- La marge de risque au-dessus des taux des emprunts du Trésor américain. Les marchés financiers considèrent que la marge qu'un pays doit payer au-dessus d'une base – celle des emprunts du Trésor américain – représente une « prime » représentative du risque-pays. Ainsi, la prime (c'est-à-dire la pénalité) de l'Argentine a-t-elle augmenté jusqu'à 3 000 points de base (soit près de 30 %) à la fin novembre 2001. Cette marge illustre le prix du risque pour les investisseurs sur le marché obligataire international.

Les approches méthodologiques sont complémentaires

▷ **Ces diverses approches méthodologiques du risque-pays ne sont pas exclusives les unes des autres mais, au contraire, complémentaires.**

En conclusion, ces diverses approches méthodologiques du risque-pays ne sont pas exclusives les unes des autres mais, au contraire, complémentaires. Elles sont toutes, explicitement ou non, adossées à une théorie du processus de développement. La plupart font l'hypothèse que le développement est affaire d'investissement, de libéralisation et d'ouverture extérieure, selon l'hypothèse que les pays « en développement » ne sont qu'en retard par rapport à une trajectoire orientée par les pays de l'OCDE, les USA en tête. Le développement économique se réduit alors à une capacité de rattrapage, supposée soutenue par des apports de capitaux des organismes internationaux. La réalité est que les structures d'un pays diffèrent largement selon sa propre trajectoire historique, ses spécificités institutionnelles, sociopolitiques, idéologiques... et son environnement géographique.

Analyser le risque-pays revient donc pour l'essentiel à :

1. Évaluer les formes et le niveau du risque.
2. Anticiper les évolutions soudaines du risque et les ruptures de tendance.
3. Relier le niveau de risque à ses incidences sur la stratégie d'investissement.

En effet, l'origine des crises réside bien souvent dans une mauvaise appréciation de ces niveaux de risque. À titre d'exemple, il est frappant de voir que c'est à la veille des crises mexicaine (1994-1995) et asiatique (1997) que l'OCDE, organisme censé regrouper les pays les plus avancés dans le domaine économique[1], a intégré respectivement le Mexique (1994) et la Corée du Sud (1996).

---

1. Dans la convention de l'OCDE du 14 décembre 1960 on parle des « nations plus avancées dans le domaine économique ».

Finalement, le problème n'est pas tant de savoir si un pays est de risque faible, moyen ou fort mais plutôt de savoir si la rentabilité attendue de l'investissement dans ce pays correspond au niveau de risque que l'on croit prendre en y investissant. Ainsi, pour reprendre l'exemple de la Corée, même s'il est vrai que ce pays avait connu une éclatante réussite économique sur la période 1960-1990, cette extraordinaire performance ne signifiait pas que le passé se poursuivrait indéfiniment, ni que le niveau de risque de la Corée serait du même ordre que celui des pays développés[1].

LA CRISE FINANCIÈRE EN ASIE DU SUD-EST, VERS UNE NOUVELLE APPROCHE DU RISQUE-PAYS[2]

La crise financière asiatique de la période 1997-1998 va nous permettre d'illustrer les propos exposés dans la première partie du chapitre. Ces événements démontrent parfaitement l'impérieuse nécessité, mais aussi la difficulté, d'avoir une approche pertinente du risque-pays. C'est l'occasion de présenter une nouvelle méthode d'estimation du risque-pays, visant à mieux intégrer les phénomènes de contagion, à travers une prise en compte directe de l'impact des marchés financiers sur le risque-pays.

L'avancée de la crise

Le 2 juillet 1997, après plusieurs semaines de résistance désespérée, la Banque centrale et le gouvernement thaïlandais renonçaient à intervenir, faute de munitions, sur le marché des changes. Dans les heures qui suivirent, le baht s'écroulait de 20 % face au dollar, marquant ainsi le début de la crise asiatique et entraînant avec lui la plupart des devises de la région. En quelques mois, les monnaies asiatiques (Corée, Indonésie, Malaisie, Philippines) allaient perdre près de 80 % de leur valeur vis-à-vis de la monnaie américaine. Alors que ces pays avaient connu en moyenne une croissance annuelle de leur PIB d'environ 7 % de 1990 à 1997, l'année 1998 les vit touchés de plein fouet par la récession avec une chute moyenne de leur PIB de près de 8 %. Cette crise allait ainsi progressivement gagner l'ensemble de la région, puis provoquer un ralentissement de l'économie mondiale.

Hormis quelques voix isolées comme celles d'Alwyn Young ou de Paul Krugman, la plupart des acteurs de l'économie et de la finance internationale semblent avoir été pris au dépourvu. En effet, en dépit de déséquilibres exter-

---

1. Même si la Corée venait d'intégrer l'OCDE et si elle venait d'être incluse par la Banque mondiale dans la catégorie des pays à revenu élevé (son PNB/hab. ayant alors dépassé le seuil des 10,000 $ en 1996).
2. Partie rédigée par Bertrand Groslambert et Michel-Henri Bouchet.

nes importants et malgré le précédent de la crise mexicaine deux ans auparavant, personne n'imaginait que les dragons rugissants des années 80 et 90 se révéleraient des tigres de papier. Que ce soit parmi les institutions financières internationales (Banque mondiale et FMI en tête), les agences de notations (Moody's, Standard & Poor's, Fitch IBCA), les investisseurs privés (banques et sociétés financières étrangères) ou la communauté académique, peu avaient anticipé un tel scénario catastrophe. La Corée venait d'intégrer l'OCDE en 1996. Les notes attribuées à la dette des pays asiatiques par les agences de notations étaient les mêmes en juin 1997 qu'un an plus tôt. La Thaïlande avait pu lever un emprunt sur le marché euro-obligataire quelques mois auparavant au taux très avantageux de seulement 80 points de base au-dessus des Tbills américains. Bref, il semble que l'ensemble des agents économiques et des responsables politiques n'ait pas vu venir la crise asiatique, au moins dans son ampleur et dans ses répercussions.

> Que ce soit parmi les institutions financières internationales, les agences de notations, les investisseurs privés ou la communauté académique, peu avaient anticipé un tel scénario catastrophe.

Les facteurs de la crise : une analyse après coup

Les raisons de cette crise sont évidemment beaucoup plus faciles à analyser *a posteriori*. Parmi ses causes, la principale réside dans une détérioration des termes de l'échange et dans une perte de compétitivité à partir de 1994. En effet, même si la plupart de ces pays connaissaient de forts déficits externes depuis longtemps, c'est au milieu des années 90 avec la dévaluation du renminbi chinois et l'arrivée de ce nouveau concurrent sur les marchés à l'exportation, que les pays du Sud-Est asiatique commencèrent à perdre de leur superbe. En outre, à partir de 1995, la forte appréciation, vis-à-vis du yen et des principales monnaies européennes, du dollar américain, auquel étaient liées par des régimes de changes fixe ou semi-fixe la plupart des monnaies de la zone, ne fit qu'exacerber cette tendance à la perte de compétitivité puisque des pays comme la Thaïlande ou la Malaisie virent leur devise se renchérir d'environ 50 % sur les marchés japonais et européens. Par ailleurs, en 1996, une série de facteurs conjoncturels tels que la baisse de la demande pour les semi-conducteurs[1] et la poursuite de la crise économique au Japon vinrent aggraver cette situation.

Dans ce contexte, la Thaïlande, qui enregistrait à fin 1996 le déficit de la balance des comptes courants le plus élevé de la région (– 9,2 % du PIB), connut alors une crise de confiance de la part des investisseurs et fut obligée de dévaluer en juillet 1997. Parmi les étincelles qui mirent le feu aux poudres, on peut citer les premières faillites depuis une décennie de grands conglomérats coréens, en janvier 1997, le premier défaut de paiement sur une dette externe de la part d'une société thaïlandaise, en février 1997, ou encore la

---

1. La part des exportations en électronique dans les exportations totales représente plus de la moitié pour la Malaisie, Singapour et les Philippines.

crainte d'une augmentation des taux d'intérêt de la part des autorités japonaises, en mai 1997.

Dès lors, l'ajustement de la devise thaïlandaise provoqua une série de réactions en chaîne, un effet domino, qui allait frapper l'ensemble des pays de la zone. En effet, la dévaluation de la Thaïlande provoquait immédiatement une perte de compétitivité chez ses voisins, du fait de l'appréciation en terme réel de leur monnaie par rapport au baht. Ces derniers, voyant leurs difficultés financières s'aggraver, étaient alors obligés de dévaluer eux-mêmes, détériorant un peu plus la compétitivité de ceux qui n'avaient pas encore dévalué, et réduisant en revanche les gains de compétitivité chez les premiers à avoir laissé leur monnaie se déprécier. Cette contamination régionale fut évidemment accélérée par le très fort taux d'ouverture commerciale[1] des pays du Sud-Est asiatique : Hongkong : 415 %, Singapour : 312 %, Malaisie : 222 % ; Thaïlande : 112 %, Philippines : 101 %. De plus, le commerce régional représentant entre un tiers et la moitié des exportations, cette forte intégration fut aussi la source d'une plus grande vulnérabilité. C'est ainsi qu'après le baht thaïlandais, ce fut le tour, en juillet 1997, du peso philippin, du ringitt malais, et du dollar singapourien, de la roupie indonésienne en août 1997, du dollar taiwanais en octobre 1997 et finalement du won coréen en novembre 1997. Cela créa à nouveau des pressions sur les premières devises à avoir dévalué. Elles perdirent donc à nouveau de leur valeur, s'entraînant ainsi, les unes les autres, dans une spirale infernale.

Les facteurs aggravants de la crise

Cependant, l'ampleur de cette crise n'aurait pas été d'une telle violence, si des facteurs aggravants n'étaient venus renforcer et démultiplier ses effets.

> Dès les premières dévaluations, beaucoup de débiteurs furent dans l'incapacité d'honorer leurs obligations et se trouvèrent acculés à la faillite.

• En premier lieu, il convient de souligner le niveau élevé d'endettement en monnaie étrangère que présentaient, au moment de la crise, les banques et les principales sociétés de ces pays. En effet, depuis le début des années 1990, des flux importants de capitaux court terme en provenance des pays développés s'étaient déversés sur le Sud-Est asiatique, en grande partie via les systèmes bancaires locaux. Les banques asiatiques empruntaient donc en devises à l'étranger pour réinvestir sur place en monnaie locale, dans des projets qui, souvent, ne présentaient pas une rentabilité suffisante mais qui nourrissaient des bulles spéculatives, en particulier dans le secteur immobilier et en Bourse. Ainsi, dès les premières dévaluations, beaucoup de débiteurs furent dans l'incapacité d'honorer leurs obligations et se trouvèrent acculés à la faillite, provoquant la banqueroute des systèmes financiers de la zone. Par ailleurs, l'existence de stocks très importants d'actifs financiers, en particulier de la dette à court terme, détenus par des non-

---

1. Caractérisé par le poids des importations et des exportations dans le PIB.

résidents, accentua la pression sur les devises et précipita l'effondrement des bulles spéculatives, lorsque ceux-ci décidèrent de rapatrier leurs avoirs. Enfin, La réaction des banques étrangères décidant de ne pas renouveler les lignes de crédits qu'elles avaient auprès des banques locales, dans la crainte de défauts de paiement, contribua à fragiliser le système et à accentuer la crise de liquidité.

- En second lieu, la mauvaise gouvernance tant au niveau des entreprises que de la part des autorités politiques et monétaires exacerba les problèmes évoqués ci-dessus. Le manque de transparence, la désinformation et parfois la falsification de documents, les défaillances des régulations bancaires, la corruption, tous ces éléments ne facilitèrent pas une juste évaluation de la situation par les acteurs économiques. Les réponses inappropriées des responsables économiques accrurent aussi les difficultés des pays concernés. En effet, dans un premier temps, les banques centrales tardèrent à mettre en place des politiques monétaires restrictives car elles voulaient éviter un ralentissement économique trop important et ne pas mettre en difficulté un système bancaire dont on ne perçut la fragilité qu'*a posteriori*. Malheureusement, cela eut pour effet d'accélérer le rythme des dévaluations et donc d'augmenter les difficultés des entreprises et des banques endettées en devises étrangères, précipitant la faillite du système. Finalement, les déclarations intempestives du Premier ministre malais, les crises politiques en Thaïlande et en Indonésie ainsi que les incertitudes électorales en Corée ajoutèrent au climat de panique.

Les raisons de la faillite : un bilan négatif

Comment expliquer la faillite des institutions financières internationales et des agences de notation dans leurs anticipations ? Parmi les raisons invoquées, sont souvent cités le faible niveau d'endettement de ces pays, au moins pour le secteur public, la surestimation de la qualité de gouvernance des dirigeants asiatiques et de leurs capacités à réagir de manière adéquate en temps de crise, la nature « client-fournisseur » de la relation entre les émetteurs de dette et les agences de notation, ainsi que le comportement « moutonnier » de ces dernières et des investisseurs en général.

Pour notre part, ces explications nous laissent sceptiques dans la mesure où elles tendent à présenter l'ensemble de la communauté internationale comme prise au dépourvu et sans capacité d'anticipation. Même s'il est avéré que les grandes institutions financières furent déficientes, est-ce à dire que tous les acteurs de la région furent frappés de la même myopie ? Pour répondre à ce point, nous avons développé une méthode d'analyse du risque-pays visant à ne se concentrer que sur des facteurs objectifs et quantifiables et dont les données sont directement issues des marchés eux-mêmes.

Cette approche, basée sur les travaux d'Éphraïm Clark, consiste à considérer l'économie d'un pays comme un seul et même actif financier et à se placer dans la perspective d'un agent économique international, étranger au pays étudié. Dans ces conditions, il s'agit d'estimer la capacité du pays à générer suffisamment de devises pour rembourser ses obligations en monnaie étrangère. On peut alors calculer la valeur de marché de cette économie du point de vue d'un investisseur international, de la même manière que l'on pourrait estimer la capitalisation boursière d'une entreprise cotée en Bourse. Le « bilan macroéconomique » d'un pays peut alors être exprimé sous la forme suivante :

Bilan macroéconomique d'un pays (en valeur de marché)

Actif	Passif
• Valeur de marché de l'économie	• Valeur de marché des fonds propres • Valeur de marché de la dette externe

---

Figure 1. Bilan macroéconomique d'un pays

La méthode de la théorie des options

Dans ces conditions, il est alors possible d'appliquer la théorie des options telle qu'elle a été développée par Black et Scholes en 1973, à l'économie du pays étudié. En effet, dès lors qu'une entreprise emprunte des capitaux, elle crée, en quelque sorte, une option puisque les actionnaires ont alors « l'option » de faire défaut : ils peuvent « choisir » de ne pas rembourser les capitaux empruntés, ce qui a pour conséquence de transférer la propriété des actifs de l'entreprise aux mains des créanciers. Par conséquent, on peut assimiler les fonds propres d'une société endettée à des options d'achat. Implicitement, dès qu'une entreprise s'endette, on peut considérer que c'est « comme si » la propriété des actifs était immédiatement transférée aux créanciers et qu'en revanche, les actionnaires détenaient alors l'option de « racheter » ces actifs aux créanciers en remboursant leur dette. En exerçant cette option d'achat (*call*), c'est-à-dire en remboursant les capitaux dus aux créanciers, c'est « comme si » ils redevenaient alors les propriétaires des actifs de l'entreprise. *A contrario*, les actionnaires pourraient décider de ne pas exercer leur option d'achat, si la valeur des actifs de l'entreprise est inférieure au montant de la dette à rembourser, ce qui aurait pour conséquence de laisser la propriété de l'entreprise aux créanciers, et ce qui correspond dans la réalité aux cas de faillite.

▶ **Dès lors qu'une entreprise emprunte des capitaux, elle crée, en quelque sorte, une option puisque les actionnaires ont alors « l'option » de faire défaut.**

Cette méthode d'analyse a connu de grands développements depuis plusieurs années, en particulier pour l'évaluation du risque de défaut d'entreprises privées. En effet, la formule de Black et Scholes permet, en se basant sur des données objectives provenant des valorisations de marché, de calculer le niveau de risque d'une société à travers l'estimation de sa volatilité implicite[1]. Nous avons ainsi repris cette approche en l'appliquant dans un cadre macro-économique, au plan risque-pays. Concrètement, nous avons cherché à mesurer le risque des pays asiatiques, c'est-à-dire le niveau de la volatilité implicite tel qu'il était perçu par les marchés financiers, sur la période 1993-1997.

Volatilité implicite

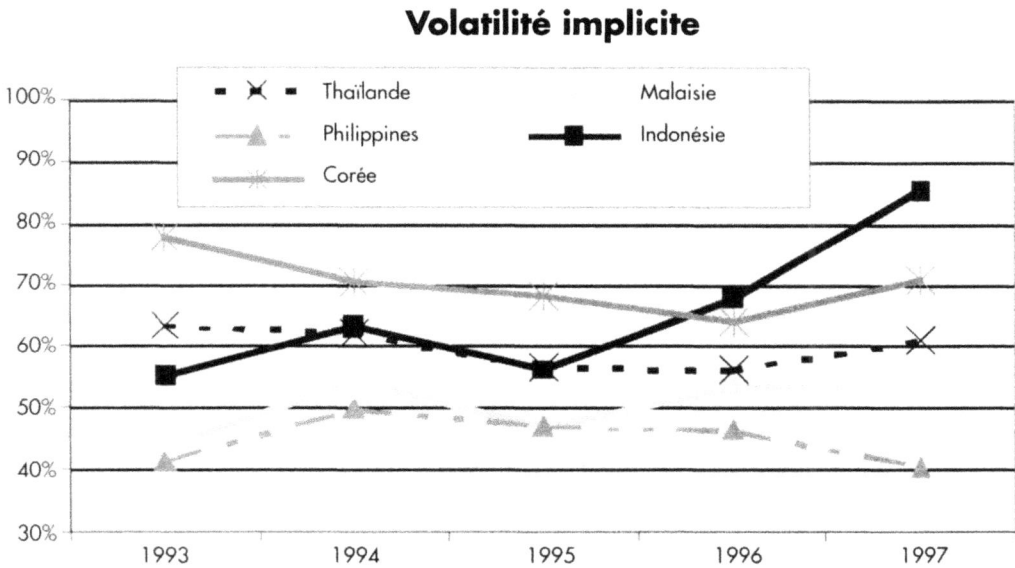

Figure 2. Risque des pays d'Asie du Sud-est – Analyse de la volatilité implicite (1993-1997)

Anticiper la situation de crise

À la lumière de ces résultats, on constate que le marché avait pris en compte depuis plusieurs années la nature extrêmement risquée de ces pays, avec des volatilités implicites s'étendant de 41 % à 78 % entre 1993 et 1996, ce qui les situait sur les mêmes niveaux que le NASDAQ sur la période extrêmement agitée 2000-2001. À titre de comparaison, le Mexique n'avait une volatilité implicite que d'environ 30 % à la veille de la crise de 1994-1995. En outre, il apparaît que, hormis le cas de la Corée, la volatilité implicite en 1996 était supérieure ou égale aux niveaux atteints durant 1995, année de la crise mexicaine avec ses répercussions sur l'ensemble des pays émergents.

---

1. Plus précisément, il s'agit de calculer l'écart type de ses rendements.

Notons également que l'Indonésie, pays qui fut le plus affecté par la crise avec une chute de 13 % de son PIB en 1998, avait la volatilité implicite la plus élevée à la veille de la crise, en 1996[1]. Inversement, les Philippines et la Malaisie, dont les économies furent moins sévèrement touchées, étaient aussi ceux dont la volatilité implicite était la plus faible en 1996.

PIB réel
(base 100 en 1996)

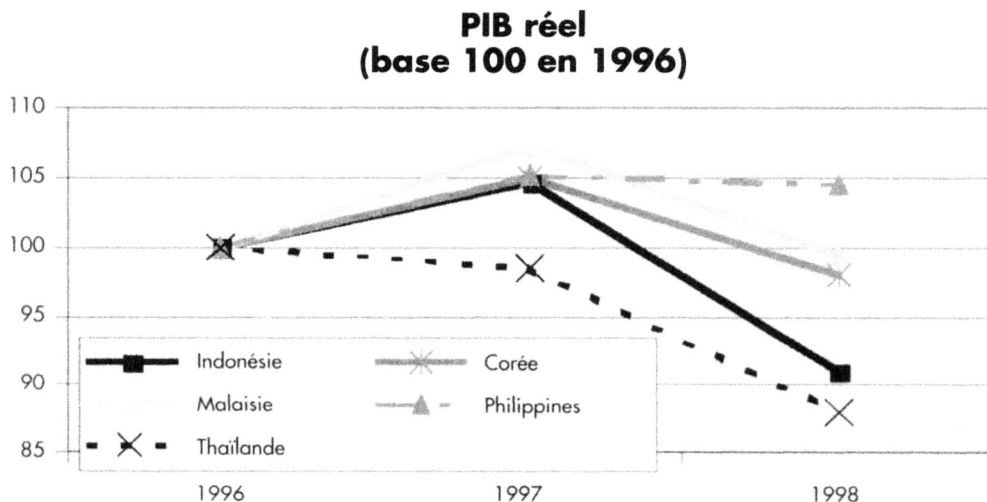

Figure 3 . Risque des pays d'Asie du Sud-est – PIB réel (1996-1998)

> **Contrairement à la plupart des analyses effectuées, les marchés n'ont pas été pris au dépourvu par la crise asiatique, ils ont pu discriminer de manière efficiente entre les différents pays, selon la situation économique et politique de chacun.**

À la lumière des événements de 1997-1998, cette perception par les marchés dès 1996, du moindre risque philippin et malais au sein des pays de la zone, s'est avérée *a posteriori* un jugement tout à fait judicieux et perspicace. En effet, même si les Philippines n'avaient pas connu les précédents succès économiques des dragons asiatiques, ils disposaient, avec la Malaisie, du secteur financier le moins vulnérable, avec en particulier un niveau d'endettement à court terme beaucoup moins élevé que dans le reste de la zone.

Ces résultats semblent indiquer que, contrairement à la plupart des analyses effectuées à ce sujet, les marchés n'ont pas été pris au dépourvu par la crise asiatique et qu'ils ont pu discriminer de manière efficiente entre les différents pays, selon la situation économique et politique de chacun. En outre, il apparaît que les investisseurs s'étaient préparés à l'éventualité de cette crise, en réduisant fortement la maturité moyenne de leurs engagements dès 1996 et en se positionnant sur des produits beaucoup plus court terme. Alors que les

---

1. Alors même que son ouverture commerciale restait relativement faible (60 %) et sa dépendance au marché des semi-conducteurs très limitée (< 10 %).

agences de notation et les institutions financières internationales ont mal évalué la vulnérabilité économique de cette région, les marchés semblent avoir
correctement anticipé la situation de la région en général et des pays en
particulier.

L'EXPÉRIENCE DE FAURECIA[1]

« *Du point de vue industriel, chez Faurecia, la logique est de se comprendre
comme son propre assureur.* » Au-delà de cette réalité, Danielle Levi-Feunteun s'interroge sur le poids croissant représenté par des pays tels que la
Chine ou l'Inde pour des entreprises européennes et les effets induits. Dans
un avenir proche, est-ce qu'il sera suffisant d'être son propre assureur pour
traiter les risques liés au commerce international ? Danielle Levi-Feunteun
traite d'abord de la nécessité d'une gestion des risques puis des modalités de
mise en œuvre d'une politique de traitement des risques et enfin des particularités de gestion des risques-pays et des projets internationaux.

Quelles sont les raisons qui ont incité Danielle Levi-Feunteun à créer la
fonction spécifique de Direction des opérations internationales chez Faurecia ? Il s'agissait de donner à ces projets internationaux davantage de temps,
de mettre en place des ressources spécifiques et expérimentées (l'expérience
nationale est bien supérieure à l'expérience technique car ces marchés font
rarement l'objet d'innovations techniques), d'assurer la nécessaire coordination entre projets, de pouvoir mettre en œuvre les expertises et savoir-faire
spécifiques et enfin, de mieux cerner des risques différents et des mentalités
propres à chaque pays.

Faurecia réalise des pièces plastiques pour l'intérieur des automobiles
(tableau de bord, panneau de porte, etc.) ainsi que des blocs avant et des
systèmes d'échappement. Faurecia est leader européen dans la majeure partie
de ses activités et le 3e équipementier mondial avec 10 milliards d'euros de
CA et 55 000 employés. Les ventes par zone géographique justifient l'importance de la prise en compte des risques-pays et des risques projets internationaux chez Faurecia : en 2000, 42 % du CA était généré en dehors de France
et d'Allemagne (dont 22 % en Europe, 12 % en Amérique du Nord, 3 % en
Amérique du Sud et 5 % pour le reste du monde). De plus, le reste du monde
va croître beaucoup plus vite. En effet, si 50 millions de voitures sont pro-
duites aujourd'hui en Europe, USA et Japon et 17 millions dans les autres
pays, on prévoit un ratio de 50/50 pour 2010. Si « *le risque-pays n'est qu'une
partie du risque en général* », la problématique de gestion des risques-pays
va cependant devenir de plus en plus importante dans les années à venir.

> ▶ **On augmente
> les probabilités de
> succès par une
> analyse préalable
> du risque et par
> un suivi efficace
> permettant de
> fixer les contribu-
> tions de l'organi-
> sation du projet.**

---

1. Intervention de Danielle Levi-Feunteun lors de la réunion Afplane du 2 avril 2001.

Selon Danielle Levi-Feunteun, « *il est évident qu'on est payé pour prendre des risques mais il ne faut pas prendre des risques qui mettent en péril notre entreprise ou mettent le client en difficulté. Un risque peut être source de progrès mais le principal problème provient du fait qu'on ne sait pas tirer les leçons des erreurs commises.* » Il est important de gérer les risques en capitalisant sur les expériences vécues : « *On augmente les probabilités de succès par une analyse préalable du risque et par un suivi efficace permettant de fixer les contributions de l'organisation du projet.* »

Comment identifier et évaluer les risques ?

Il s'agit donc de mettre en place un processus d'identification et d'évaluation des risques. Cette procédure a pour objectif de supprimer les risques insupportables et de gérer les autres. Elle se déroule de manière très simple : il faut d'abord identifier et mesurer les risques par leurs enjeux pour l'entreprise et leur probabilité d'occurrence. Ensuite, une décision doit être prise : arrêter le projet, isoler les risques, éliminer les risques connus (établissement de check-lists), partager les risques, les couvrir ou encore les accepter. La pratique du *benchmarking* peut s'avérer très utile au cours de ce processus. L'objectif est clairement d'éliminer les risques insupportables, ce qui se traduit par « ne pas faire ». « *Il est très difficile d'arrêter un projet qui vient de démarrer et c'est dans cette optique que les directions générales doivent se doter d'un outil synthétique d'évaluation des risques.* »

Concrètement, Danielle Levi-Feunteun utilise la procédure suivante. Dans la phase de préprojet, une analyse des mouvements de la concurrence et du marché pour évaluer le risque pour le projet doit être effectuée. Ensuite, on doit apporter au chef de projet une méthodologie et des outils pour prévenir et maîtriser tous les risques de son projet en identifiant les risques à l'aide de check-lists. Pour chaque projet, il faut veiller à ce que toutes les parties prenantes et les acteurs du projet soient impliqués. Cela nécessite la mise en place des moyens d'interface avec différentes fonctions (ex. : *manufacturing*, *engineering*, achats, etc.) et de s'assurer de la bonne coordination avec les entités du pays ou les autres entités du groupe. Des outils de synthèse de suivi des risques pour la direction générale sont à mettre en pratique.

Les risques sont de différentes natures : technologique (développement, machines, garantie, après-vente), coûts-délais-qualité des produits et outillages, coûts-délais-qualité des investissements, prix de vente, ressources humaines (personnel disponible et expertise nécessaire et disponible), risques liés aux pays (politiques, devises, fiscalité), administratif (logistique, comptabilité et contrôle de gestion) et achats (implication nécessaire dans les décisions techniques et technologiques, mise en évidence des fournisseurs à risque pour un projet donné).

Comment mesurer les risques ?

Suite à l'identification des risques, comment peut-on les mesurer ? La grille d'évaluation est composée de la manière suivante : l'enjeu du risque est défini comme *intolérable*, avec un *coût élevé, moyen* ou *faible*. La probabilité d'occurrence s'exprime en terme de *très probable, peu probable, improbable* ou *statistiquement connue*. L'exemple du projet fictif ci-dessous (figure 4) permet de mieux comprendre la manière de définir et synthétiser les informations ayant trait aux risques d'un projet, facilite *in fine* la prise de décision.

Risque supprimé date	Action entreprise (date début)	Description du risque	Sévérité 0,9 critique 0,6 majeure 0,3 mineure	Probabilité 0,9 haute 0,6 moyenne 0,3 mineure	Coût du risque s'il se produit	Mesures correctrices existent ?	Probabilité de succès des mesures correctrices	Coût de la mesure correctrice
		Ne pas avoir la commande	0,6	0,6	Frais engagés 10 MDM + crédibilité	Baisse de prix		= 42 k × 200 k × 5 véhicules soit 42 M$
		Ne pas se faire payer une partie des frais engagés	0,3	0,9	4$ par véhicule = 4 x 200k x 5 = 4M$	Connaître et gérer l'ensemble de la R&D	99 %	Un chef de projet unique pour l'ensemble
		Usine pas prête pour démarrage	0,3	0,3	6 mois de coûts fixes = 2MDM	Planning Envoi des outillages par avion	95 %	300 KDM ?
		Produit intrinsèquement plus cher que produit conventionnel	0,9	0,3	Perte du client	Arrêt du projet	100 %	S'il y avait un moyen, on a laissé le champ libre à la concurrence

Source : **Faurecia**.

Figure 4 . Exemple fictif de synthèse des risques associés à un projet

Il est important également de classifier les risques et déterminer selon leur nature les risques les plus importants (« top 10 des risques »). On peut relever notamment :

- les risques « produit » en terme d'exigence (stabilité, volume, etc.), de conception (fonctionnalité, style, etc.) ou au niveau des prototypes et tests ;
- les risques « environnement » affectant le processus de développement du produit, le contrôle du produit, le processus de management (planification, organisation, etc.), le contexte (coopération, relations avec les clients, etc.) et le risque-pays (change, etc.) ;
- les risques « contraintes du projet » en terme de ressources (plannings de mise à disposition du personnel, des matériels, des locaux et usines) et de contrats (restrictions, pénalités, etc.).

Les niveaux de responsabilité des acteurs

Le rôle des managers dans la gestion des risques est prépondérant. Partant du principe que des risques existent, les managers doivent effectuer des check-lists et se livrer à une analyse systématique valorisée pour les probabilités d'occurrence et enjeux du risque à chaque niveau décisionnel. Au-delà de la formulation d'un plan d'action, il est important de garantir les meilleures pratiques dans les groupes Projet. Cette transmission des meilleures pratiques peut être effectuée par une cellule de Risk management.

> **Les niveaux de responsabilité impliqués dans la gestion des risques varient en fonction de la sévérité des risques.**

Les niveaux de responsabilité impliqués dans la gestion des risques varient en fonction de la sévérité des risques. Ainsi les risques insupportables – qui se gèrent finalement par la décision d'y aller ou pas (« go/no go ») – relèvent de la direction générale et du chef de projet. Le traitement des risques normaux relève du chef de projet. Celui-ci doit notamment utiliser toutes les compétences nécessaires dans l'entreprise, réduire ou fractionner l'enjeu, réduire la probabilité d'occurrence, transférer les risques vers d'autres et les prévoir financièrement par des provisions.

Les deux principales questions qui s'adressent aux managers sont : que peut-on gérer et que veut-on gérer ? Les risques-pays sont de nature différente : sociopolitique, législation, taux de change, éloignement (problèmes majeurs de logistique et des grèves), etc. Mais surtout les risques « à l'international » sont plus complexes et délicats à traiter que sur le marché domestique : coûts, délais et services du projet, technologies associées aux produits et processus, et logistique.

Au final, la gestion des risques à l'international suppose trois axes d'intervention : gérer les crises majeures (dévaluation, guerre, etc.), assurer la continuité du projet et finalement réaliser la stratégie et « gagner de l'argent » ! Concrètement, il s'agit de mener une analyse habituelle des risques, de rechercher une rentabilité différente, de prendre en compte des volumes faibles et de couvrir les risques politiques, socioculturels, humains, etc. Danielle Levi-Feunteun suggère différents principes de précaution. Il est recommandé de limiter les risques à un montant déterminé (exemple : 10 millions d'euros/an). Cette somme maximale peut être répartie sur plusieurs projets. Exprimer les transactions en euros est une solution pour limiter les dégâts causés par les dévaluations. Il est nécessaire de prévoir une clause de renégociation pour mieux négocier l'évolution des droits de douane. Enfin, le niveau de compétences et d'expériences des chefs de projet doit être bien supérieur au niveau nécessaire pour un projet national.

Danielle Levi-Feunteun conclut en rappelant une idée clé : « *Un "problème" devient un "risque" s'il échappe au contrôle.* » Ainsi, s'il existe des réponses managériales possibles au niveau des risques-pays, il est clair que les managers n'ont aucun poids sur l'occurrence de ces risques. Cependant, il est possible de concevoir et mener une politique managériale efficace par des interventions efficaces tant sur les enjeux que sur les probabilités d'occurrence des risques liés aux projets internationaux.

Les risques dans la gestion
des ressources humaines

En cherchant à identifier l'origine de la création de valeur et les avantages concurrentiels détenus par une entreprise, tout consultant, praticien ou chercheur remontera nécessairement aux équipes et individus qui la composent. Mais l'humain, une des ressources principales de l'entreprise, se révèle simultanément source et cause de risques.

Dans une première partie, les auteurs Florian Sala, enseignant-chercheur, et Jean-Michel Roland, consultant et enseignant, dressent un bilan de la fonction de gestion des ressources humaines au sein des entreprises. Au-delà de leur constat de tous les risques inhérents à cette fonction, ils proposent concrètement une méthode d'évaluation de la gestion des risques dans les ressources humaines et donc un moyen de répondre à la question suivante : comment un responsable des ressources humaines ou tout manager ayant à prendre des décisions et les mettre en œuvre peut évaluer le niveau de risque à prendre ?

La seconde partie consiste en un retour d'expérience de Jean-François Cuvier qui présente un outil de cartographie des risques Ressources Humaines mis en place au niveau du Groupe France Télécom. Il revient notamment sur la volonté de l'entreprise de faire converger l'analyse des risques et la contribution stratégique des Ressources Humaines.

La troisième partie s'intéresse à une composante clé de la gestion des ressources humaines et au développement récent de l'Internet comme outil de recrutement. Mats Carduner, de par son expérience chez Monster, expose les enjeux et risques associés à ce nouvel outil de recrutement, que ce soit au niveau des individus dans l'entreprise ou au niveau de l'entreprise même. En plus de l'analyse précise des bouleversements présents et futurs occasionnés par l'Internet, Mats Carduner recommande d'ores et déjà certaines adaptations pour bien négocier ces bouleversements.

ALÉAS ET VULNÉRABILITÉ EN GESTION DES RESSOURCES HUMAINES[1]

La gestion des ressources humaines (GRH) donne le vertige par le nombre de forces qu'elle combine et par la profusion des discours qui l'enveloppent. La GRH est-elle une science, une pratique, un ensemble de techniques, une boîte à outils, une filière professionnelle, un espoir, une révolution, une subtile manipulation, un réseau d'influence, une formation qualifiante ? Les questions sont nombreuses. Les propositions de réponses le sont tout autant : diverses voire opposées, dans tous les cas systémiques. La publication d'ouvrages scientifiques et professionnels sur ce domaine a été particulièrement prolifique lors de la dernière décennie et s'annonce tout aussi prolixe dans notre nouveau millénaire. Les associations académiques et professionnelles se sont multipliées et elles apportent chaque année une production de savoirs et de pratiques tout à fait considérables et très utiles aux dirigeants et aux syndicalistes.

Il reste cependant que la compréhension contemporaine de la GRH continue à réduire malheureusement celle-ci à un objet instrumental explicite, spectaculaire et social, alors qu'il est en fait diffus, inconscient, dominant et économique. Rechercher les niveaux logiques de la politique des ressources humaines dans les entreprises revient en conséquence à gérer et donc à appréhender une complexité de la connaissance sans cesse croissante. L'enjeu de cette recherche est de taille car l'intelligence humaine et le savoir qu'elle génère seront très probablement la seule et véritable ressource du XXIe siècle. L'homme au travail n'est pas une ressource parmi d'autres. Il a en revanche de nombreuses ressources personnelles, cognitives et affectives à développer sans cesse pour le plus grand avantage des managers d'entreprise et de ses salariés.

La gestion des ressources humaines et ses risques

Parler de la notion de risque est relativement récent en GRH. Peu de professions ont connu autant de changements dans les trois dernières décennies que celle-ci, anciennement nommée la fonction « personnel ». Dans les années 60 et 70, le chef du personnel (titre ô combien significatif de celui qui est appelé à prendre des risques) était un spécialiste des relations industrielles, voué à faire face aux conflits du travail et à négocier des accords souvent tendus avec les partenaires sociaux. Au début des années 80, son principal rôle était d'organiser, de muter, de recycler ou de faire partir les salariés en surnombre au risque parfois de supprimer son propre poste. Les années 90 ont vu une telle crise se développer encore davantage. Les années 2000 semblent plus

---

1. Partie rédigée par Florian Sala et Jean-Michel Roland.

complexes encore car, après un redémarrage de l'activité économique, on assiste de nouveau à des conjonctures plus ou moins difficiles selon les secteurs d'activités. La gestion des risques dans ce domaine commence à se structurer, mais les universités ne fournissent pas encore aujourd'hui de modèles théoriques suffisants pour répondre à la demande de plus en plus forte du monde économique.

Les nouveaux risques sociaux

Toutes les entreprises sont confrontées actuellement à de nouveaux risques sociaux. Le harcèlement moral en fait partie, au même titre que le harcèlement sexuel, la discrimination raciale ou syndicale, les inégalités hommes/femmes dans le travail, l'utilisation détournée des 35 heures au mépris des salariés, la présence à l'étranger de personnel d'encadrement fragile, la perte des hauts potentiels, les erreurs de recrutement et les stratégies à court terme des plans de formation. Les dirigeants en mesurent désormais l'ampleur et souhaitent anticiper les problèmes pour protéger l'entreprise et ses salariés. En somme, les ressources de l'homme se trouvent surtout dans la possibilité qui lui est offerte de construire et reconstruire à tout moment le futur qu'il désire.

Dans l'impossibilité où nous sommes de penser clairement notre devenir, le retour à l'Histoire s'impose. Et, s'il est un domaine où l'avenir est déjà passé et présent, c'est bien celui, croyons-nous, de la GRH. Tant qu'il y aura des hommes en entreprise et que les bénéfices et les pertes engendrés par l'entreprise dépendront principalement d'eux, les DRH ont de belles années à « survivre ». Sauf à se mettre eux-mêmes sur les charrettes qu'ils génèrent, à sous-traiter tout ou partie de la GRH à l'extérieur ou à créer des unités de production et de distribution virtuelles (e-RH, e-learning...).

La GRH moderne est faite de guerres ignorées, d'événements oubliés, de crimes impunis, de déchets résiduels, de restructurations douloureuses, de passions secrètes, de licenciements abusifs tout autant que de réussites reconnues dont la plus significative est à mettre au crédit de ceux qui ont pris le risque de prendre en compte tout simplement les hommes et les femmes de l'entreprise.

> S'il est un domaine où l'avenir est déjà passé et présent, c'est bien celui de la GRH.

L'histoire de la GRH est, pour beaucoup, une histoire de la domination et du contrôle disciplinaire et le fait évolutif de ce domaine ne peut être rendu indépendant du contexte politique des entreprises et de la société à laquelle elles appartiennent. Le DRH a aujourd'hui, malgré la crise, un rôle stratégique et politique. Femme-orchestre, homme à tout faire, les responsables de ce domaine en profonde mutation gèrent et alimentent des flux de mobilité et d'énergie.

L'aventure de la GRH

Les risques d'échecs et de dérives sont nombreux et multiples. Le vertige persiste et s'intensifie car le responsable de la GRH est souvent entraîné et déséquilibré par des mouvements organisationnels rapides et désordonnés. Ces mouvements « browniens » attestent que la GRH dans les entreprises n'est pas un champ de connaissance mathématique, fini, certain, mobilisé par des règles implacables qui l'administrent. Quels risques doit-on prendre avec, par exemple, les personnels âgés, les quinquas, les femmes en âge de faire des enfants, les handicapés compétents, les jeunes sans diplômes ou surdi-plômés ? Sont-ils source de succès ou un coût caché ou encore un poids organisationnel, source de résistance et de conflit face au changement ? La logique inspire-t-elle réellement ces figures consensuelles que l'on appelle, selon les structures, *directeur du personnel*, *directeur des relations sociales*, *directeur des relations humaines* ou, plus souvent de nos jours, *directeur des ressources humaines* ? Par ailleurs, quelle éthique guide effectivement ces personnages mythiques que l'on nomme, selon les types d'intervention, consultants, gourous, auditeurs, professeurs, experts, conseils ?

La GRH n'est-elle pas, en définitive, une aventure ? La gestion du risque prend, dans ce cas, toute son importance. Cette aventure est celle de la culture humaine dans les entreprises ou les organisations, celle que produit l'homme pour se penser et penser l'institution dans laquelle il travaille. Cette idée d'aventure ne s'oppose pas radicalement à celle de système de connaissances (savoir, savoir-faire, savoir faire faire, savoir faire savoir) dans la mesure où elles comprennent toutes les deux un ensemble de croyances, de coutumes, de règles sociales, de langues (parfois de bois), de lois et de techniques. Chacune de ces idées suppose d'admettre que la GRH est une action qui tente, tant bien que mal, d'organiser, de coordonner, de dominer par la for-mation de l'esprit et le raffinement intellectuel et moral la complexité et les incertitudes du monde des affaires. L'aptitude du DRH à gérer le complexe et l'ouverture culturelle ne suffit pas toujours, il doit être un véritable « mou-ton à cinq pattes » capable de toutes les créations.

> L'utilité de la GRH est acceptée par les chefs d'entreprise, mais elle n'en sait pas assez, elle reste perçue comme une fonction administrative.

Cultivons l'euphémisme jusqu'au bout et affirmons que la GRH n'est pas forcément reconnue comme une fonction d'avenir et comme une préoccupa-tion permanente des chefs d'entreprise dans les grands groupes mais aussi de manière plus ténue mais patente dans les PME-PMI. Il en est ainsi, par exemple, dans la présentation des principaux résultats et des conclusions des enquêtes « Emploi » à travers l'Europe en 2001. L'utilité de la GRH est bien sûr acceptée par les chefs d'entreprise, mais elle n'en sait pas assez (optimi-sation fiscale et sociale), elle reste perçue comme une fonction administrative, un centre de coût et elle n'apporte pas de réponse aux problèmes urgents et de plus en plus accrus qui se posent aux managers. Dans la hiérarchie, latente ou affirmée, entre les différents services d'une entreprise, la GRH reste une fonction tolérée, « mineure » et attachée toujours, pour combien d'années encore, à la gestion de la paie et à l'administration du personnel.

Dans le même temps, et de manière paradoxale, les responsables des ressources humaines en savent peut-être un peu trop. Gardien du temple, personnage complexe et secret, le DRH en sait toujours un peu trop sur les hommes, les stratégies, les directions. Son expansion ne plaît pas à tout le monde. L'objet même de son travail, la gestion optimale des hommes et de leurs ressources, est jugé insupportable par certains acteurs. Dans le même temps, il reste une cible privilégiée, en tant que responsable de ces ressources humaines. Ces dernières étant à la fois l'explication facile des échecs et des erreurs, mais aussi la solution toute trouvée pour répondre aux réductions des coûts et satisfaire entre autres les demandes des actionnaires.

Le risque pour la GRH de prendre sa place dans l'entreprise

L'expansion de la GRH s'inscrit dans des rapports de pouvoir et les choses sont loin d'être conviviales. Des conflits, des clivages apparaissent et s'expriment par de nouveaux sigles dont la signification échappe souvent aux employés et aux clients : DRH, DIRCOM, DAF, fonction RH, RRH. Qui va gagner ? Qui va confisquer, à son profit, le droit de parler par et pour l'entreprise ? Les pouvoirs de la GRH sont aujourd'hui encore très faibles, question secondaire pour les dirigeants d'entreprises, mais peut-être que les gestionnaires des ressources humaines pourront confisquer à leur profit le droit de parler et d'agir au nom de l'entreprise, donc de diffuser une idée différente de celle-ci. La GRH doit être une vision élargie de l'homme, dépouillée des illusions glorieuses, des stratégies actuelles de récupération et d'assimilation. Dire que la GRH change ne signifie pas que ce changement soit diffus et collectif. Il y a dans la GRH contemporaine un espace où se rencontrent des volontés humaines et des slogans institutionnels. Cet espace, c'est celui du changement et des pouvoirs qui lui sont afférents.

La chance de la GRH se trouve dans la mise en place d'une véritable multidisciplinarité sans clans ni chapelles. Certes, ce discours n'est pas nouveau, il faut en convenir. Mais une réalité demeure, sur laquelle il convient, aujourd'hui plus que jamais, de s'interroger : certaines disciplines ont fait avancer la théorisation, mais celle-ci demeure encore mal connue et, de fait, ne profite guère « sur le terrain » ; d'autres ont fait progresser les pratiques, mais restent en mal de conceptualisation. Dans les deux cas, les risques de manque de qualité et de coûts cachés sont majeurs.

Les échecs de bon nombre de méthodes de gestion, reposant dans bien des cas sur de mauvaises interprétations de la réalité du travail, ne font que confirmer cet état de fait. C'est en rapprochant les disciplines que l'on peut espérer véritablement développer le savoir sur l'homme au travail et permettre, ainsi, de le diffuser et d'y apporter de véritables réponses qui devraient dépasser les grands poncifs à la mode du management actuel : formation, motivation, communication et conduite du changement.

Le savoir de la GRH est aujourd'hui communicable et communiqué. Empreint de risques et de remaniements, il est traversé par une approche essentiellement cumulative et disparate. L'objet de la GRH est ainsi qualitatif, complexe, bien qu'il ne coïncide pas toujours avec les représentations bien pensantes et rassurantes des praticiens ou avec les discours académiques et souvent réducteurs des chercheurs. En effet, science de l'Action, la GRH repensée, revisitée, est aujourd'hui à resituer dans son contexte socio-historique, celui des changements, celui des bouleversements mondiaux, celui des risques d'isolation psychique. La gestion des risques en GRH doit être préventive, prévisionnelle, pensée, collective, individualisée, sociétale et doit donc prendre le pas sur les pansements de la GRH de l'urgence, de la GRH curative, celle qui élude et masque la nature des relations sociales et des rapports de force. En d'autres termes, la GRH doit être une pratique qui alerte en permanence, l'ensemble des salariés, sur les risques encourus par eux et pour eux.

> **La gestion des risques en GRH doit être préventive, prévisionnelle, pensée, collective, individualisée, sociétale.**

Action collective, activité idéologique, construit social, ses connaissances sont toujours peu validées malgré une reconnaissance plus affirmée que naguère de la part des autres fonctions de l'entreprise. C'est ce qui explique qu'elle soit confrontée à de nombreuses difficultés, internes et externes, inhérentes à un environnement mondial agressif, violent, conflictuel, concurrentiel, mythique, pathologique mais malgré tout elle reste un centre d'intérêt porteur de risques donc d'espoirs à évaluer.

L'évaluation des risques en gestion des ressources humaines

Nous venons de donner un bref aperçu de la problématique que pose le management des risques en GRH. Malgré tout, et avec toutes les incertitudes et approximations que peut poser tout essai de modélisation du risque dans ce domaine, l'entreprise attend des actes de ses « spécialistes » RH.

Les modes de pensée et d'action de la GRH

Comment un responsable des ressources humaines ou tout manager ayant à repérer, comprendre, faire des choix, prendre des décisions et les suivre, va-t-il évaluer à chacune de ces étapes le niveau de risque à prendre ? Le biologiste Henri Laborit, dans son livre *Éloge de la fuite*, précise que, confronté à une épreuve, l'homme ne dispose que de trois choix : 1) combattre ; 2) ne rien faire ; 3) fuir. Tel l'Homme face à un choix, la GRH, s'articule sur ces 3 axes avec pourtant un impératif plus ou moins explicite : « agir sans faire de vagues ». Dans ces conditions parfois ubuesques, comment faire en GRH, quelle que soit la décision à prendre, pour vivre dans le paradoxe d'être amené à prendre des risques, tout en proposant un environnement sécurisant avec des garanties sur le niveau de risque à prendre ? Il existe des DRH qui sont capables de prendre des risques à l'instinct et/ou à l'intuition, alors que d'autres recherchent une régulation scientifique de la mesure du risque.

Pour les premiers, la notion de prise des risques est moins contingentée à une logique mathématique, statistique ou probabiliste. Les thèmes connus, bien que pas toujours explicités dans une démarche de prise de risque en GRH comme la confiance dans les décideurs, les pouvoirs en présence, la culture de communication, les niveaux de compétences et de motivation sont des critères importants de mesure qui sont le plus souvent subjectifs mais qui impactent fortement sur la prise de risque quelle qu'elle soit. Pour les seconds, les outils comme les tableaux de bords, les données présentées dans les bilans sociaux, les rapports chiffrés, les investissements et les budgets définissent prioritairement les niveaux de risque à prendre.

En fait, au regard des spécificités du domaine traité, la première méthode ne peut exclure l'autre. Simplement, les premiers s'attardent sur une explication qui permet d'éviter de comprendre comment l'acte de décision face aux risques s'est construit, les autres se rassurent sur des critères, semble-t-il plus concrets, pour oublier peut-être l'aspect purement subjectif de la décision finale. Nous ne prendrons pas parti dans ce débat et nous intégrerons ces deux logiques, dans notre réflexion, sur le management des risques en GRH. Une réflexion plus systémique s'impose donc, où les paramètres émotionnels vont appuyer des données concrètes informatisées, ces dernières étayant à leur tour les choix liés à la personnalité de celui à qui incombe la prise de risque. N'oublions pas ceux qui sont aussi acteurs à part entière du risque à prendre. Le niveau d'interprétation, de compréhension et donc d'acceptation du risque est souvent différent en fonction de celui qui décide. La pression du changement liée au risque à prendre nous ramène à la base essentielle de survie de l'être humain. L'homme exécutant la prise de risque du manager (par opposition à l'homme autonome) se retrouve avec des questions existentielles telles que : « Ai-je le choix de refuser, quelles sont les conséquences si je refuse, s'il y a échec cela retombera-t-il sur moi, s'il y a succès, qu'ai-je à y gagner, comment faire pour prendre le moins de risques personnels ? »

> **Comment l'individu perçoit-il le risque ? Que nous parlions de recrutement, de formation, de management, de communication, l'Homme décideur se retrouve par nature, « prisonnier » de ses perceptions du risque.**

Ces deux modes de pensée et d'action nous amènent à réfléchir sur un point fondamental de la gestion du risque. Comment l'individu perçoit-il le risque ? Que nous parlions de recrutement, de formation, de management, de communication, l'homme décideur se retrouve, par nature, « prisonnier » de ses perceptions du risque. Comprendre le risque, intégrer la notion de gain ou de perte, y rajouter son niveau d'expériences et, enfin, sa personnalité propre à aimer ou non prendre des risques traduisent le niveau de complexité et de subjectivité dans lequel est l'homme à l'heure du choix.

Les critères subjectifs et objectifs pour gérer les risques

Les tableaux ci-dessous présentent ce mariage souvent réputé comme impossible des critères subjectifs et objectifs. En effet, les deux modalités de réflexions s'avèrent indispensables pour s'essayer à une modélisation du management du risque en GRH.

Cheminement du Responsable RH	Critères subjectifs/objectifs pour gérer les risques en Ressources humaines						
	A Personnalité	B Mission	C Priorité	D Pouvoir	E Expérience	F Réseaux	G Informations
1 Conscientisation							
2 Représentation							
3 Évaluation							
4 Décision							
5 Gestion							
6 Bilan							

Figure 1. Essai de modélisation des risques pour le responsable RH

Analysons la figure 1 et constatons. Quel que soit le type de risque à prendre, le cheminement du responsable RH dans la gestion du risque se déroule principalement sur 6 étapes.

1. Une première étape, la *conscientisation*, est fortement corrélée aux capacités d'anticipation du « preneur de risque ». Gérer un risque, c'est d'abord en prendre conscience, l'expérience, les réseaux d'information, la capacité à écouter et à discerner les prémices d'un changement sont les principaux critères à analyser. C'est peut-être là que le bonjour du matin, la machine à café, les débuts et fins de réunion, véhiculent la substantifique information, initiatrice d'une bonne gestion du risque en GRH.

2. Une deuxième étape est la *représentation* que l'on s'en fait. Nous avons chacun nos propres niveaux d'appréhension des risques. En fonction du niveau de conscience du risque, nos représentations plus ou moins imaginaires ou réelles, subjectives ou objectives, optimistes ou pessimistes, vont influencer la suite de nos actions. L'expérience, le niveau d'imprégnation de notre mission et de nos priorités vont être des facteurs importants à prendre en compte.

3. Une troisième étape consiste à faire une *évaluation* du risque, qui peut se définir en corrélant quatre critères : *l'impact, la faisabilité, l'aléa et la vulnérabilité* (figure 2).

	Critères	Risque n° 1		Risque n° 3		...
		Fort	Faible	Fort	Faible	...
A	Impact					
B	Faisabilité					
C	Aléa					
D	Vulnérabilité					

Figure 2. *Critères pour l'évaluation des risques en Ressources humaines*

A : *Impact :* quelles sont les conséquences et répercussions du risque pour tous les hommes et les femmes de l'entreprise ?

B : *Faisabilité :* sera-t-il facile ou difficile (notions de temps, d'argent, de compétences...) de mener à bien les actions inhérentes au risque ?

C : *Aléa :* quelle est la part prise par le hasard, l'impondérable et l'inconnu dans le risque ?

D : *Vulnérabilité :* quelles sont les faiblesses, « le talon d'Achille », du risque ?

La subtile alchimie des données dites objectives et subjectives est retrouvée grâce à ces quatre critères. Si, à ce moment de gestion des risques, les moyens (les Hommes, l'Argent et le Temps) deviennent souvent, dans une vision à court terme, les critères essentiels de la prise de décision, la personnalité du preneur de risque va prendre à nouveau toute sa force.

4. Après cette évaluation des risques, le moment souvent redouté, parfois reporté, va arriver, il va falloir prendre une *décision*. Décider, faire le deuil d'un choix par rapport à un autre, où attendre et voir venir devient parfois la solution miracle, qui est aussi une prise de risque bien que souvent non considérée comme telle. Si décider c'est bien choisir, choisir c'est toujours renoncer. Cette étape du changement est essentielle et l'ensemble des pouvoirs en présence va prendre toute son importance. Comme le dit le vieil adage, « une décision n'est réellement prise que lorsqu'elle est annoncée », l'aspect communication, en particulier sur la forme, requiert toutes les compétences charismatiques du preneur de risque.

5. Enfin, l'après-décision n'est pas sans risque non plus. L'effort demandé fait oublier qu'une solution prise entraîne la création d'autres problèmes où à nouveau la vigilance face aux nouveaux risques encourus demande de nouveaux investissements. Ainsi le *suivi* souvent délégué, pas toujours caractérisé, est une des principales causes de mortalité d'ambitieux projets. L'exemple le plus fort est la difficulté pour un décideur à revenir sur sa décision, reconnaître son erreur face, d'une part, aux faits révélés et, d'autre part, aux regards des autres. À nouveau les critères, personnalités et pouvoirs, reprennent le dessus entraînant soit la perte de crédibilité du décideur soit le retranchement de ce dernier dans la complexité (parfois voulue) des niveaux de responsabilités au sein des différentes strates hiérarchiques.

6. La dernière étape, essentielle pour tirer profit de l'expérience de la gestion du risque, est le *bilan*, rarement communiqué et valorisé, très souvent traité avec célérité et classé avec d'autres bilans ressemblant étrangement à ses prédécesseurs. En GRH, faire le bilan d'un recrutement réussi, d'un licenciement raté, d'une formation inadaptée, est trop peu reconnu et utilisé pour devenir un réflexe positif dans le management des risques.

Les domaines d'intervention en GRH

▷ **La personnalité du décideur et les informations dont il dispose sont à la source même du risque.**

Chacune de ces étapes nous ramène devant le choix existentiel cité par Henri Laborit : combattre, ne rien faire ou fuir. La personnalité du décideur et les informations dont il dispose sont à la source même du risque : insuffisance de l'information, imprécision des prévisions, manque de fiabilité des anticipations. Les missions et les pouvoirs, plus ou moins clarifiés et définis, où tout peut être étonnamment prioritaire, où l'expérience entraîne ou freine, où les réseaux professionnels et personnels font pression, influencent chaque gestionnaire du risque en son âme et conscience. Le décideur traduit cet ensemble de connaissances en une vérité singulière, logique et évidente pour lui. La figure 1, propre à l'homme décideur face aux risques, était corrélée avec les spécificités de chacune des activités liées à la GRH. Le tableau suivant présente quelques-unes de ces activités représentatives des principaux domaines d'intervention en GRH.

	Exemples de domaines d'intervention en RH (liste non exhaustive)	Questionnaire d'évaluation des risques				
		Quelle importance et pour qui ?	Quelle urgence et pourquoi ?	Quelles conséquences à faire ou ne pas faire ?	Quel investissement court, moyen ou long terme ?	Quels sont les demandeurs, les acteurs et les bénéficiaires ?
1	Recrutement					
2	Communication interne					
3	Formation					
4	Évaluation des performances					
5	Gestion des compétences					
6	Gestion des carrières					
7	Licenciement					
8	Relations sociales					
9	Management des connaissances					

Figure 3. Un modèle d'évaluation des risques par activité en GRH

Chacun des domaines cités pourrait faire l'objet d'une étude particulière de gestion des risques. Et si les questions prioritaires à se poser sont communes, l'échantillon des réponses possibles est spécifique à chaque activité et génère des niveaux de risques plus ou moins importants. Si, par exemple, nous analysons une des facettes de la gestion du risque en recrutement, les demandes qui sont faites par les entreprises sont souvent porteuses de paradoxes. En effet, comment trouver cette perle rare, à la fois unique et apportant une plus-value à l'entreprise mais, si possible, déjà prête à s'intégrer en douceur dans le moule de l'entreprise.

Quels risques choisir : un collaborateur à son image, sans surprise ou un aventurier qui risque de déstabiliser l'équipe, voire de porter atteinte à la toute-puissance du manager ? C'est dans cette activité de GRH que le besoin inconscient de dominer le futur, de s'engager vers le nouveau sans porter atteinte au présent, bref de prendre des risques mesurés, prévisibles et sans surprise, se révèle dans toute sa force. L'utilisation d'outils plus ou moins ésotériques en recrutement permet, pour certains managers, de répondre à cet espoir de prévoir le futur, de diminuer la prise de risque et le degré d'incertitude du succès.

L'activité de formation montre aussi une situation paradoxale au niveau de la gestion des risques. Doit-on prendre le risque d'envoyer des commerciaux en formation lorsque l'activité est forte, mais lorsque le marché est en stagnation ? Peut-on se permettre d'investir sans être sûr d'une amélioration dans le futur ? Doit-on envoyer ses meilleurs éléments pour développer leurs compétences au risque qu'ils aillent se vendre par la suite ailleurs ou vaut-il mieux envoyer les plus mauvais sans forcément être sûr du retour sur investissement, et donc rejeter la responsabilité de l'échec sur les formateurs ?

Prenons comme dernier exemple, le domaine d'activité des GRH, peut-être le plus complexe à gérer en matière de gestion des risques, la communication interne. En effet, quoi de plus risqué que de donner une information trop tôt. Comment vont réagir les salariés si une information présentant une délocalisation, un plan social, le rachat par un groupe étranger de leur entreprise leur est donnée trop tôt ? À l'inverse, quelles réactions peut-on attendre des salariés si ce sont les clients, les fournisseurs, les médias qui les informent de ces mêmes changements ? Les critères présentés dans la figure 2 prennent, dans ce cas de figure, toute leur utilité. Les données servant à gérer les risques en communication interne se révèlent être de nature bien plus subjective qu'ailleurs. L'histoire et l'environnement de l'entreprise, la confiance dans ses dirigeants, le niveau de responsabilisation et d'information des salariés, le charisme du responsable de communication interne entrent dans le cadre des données subjectives à évaluer en termes d'impact, de faisabilité, d'aléa et de vulnérabilité.

Nous pourrions continuer à développer les paradoxes en gestion du risque dans chacun des domaines d'intervention en GRH, où malgré tous les espoirs cartésiens, la nature subjective et objective des choses se mélange en une systémique complexe et passionnante qui ne peut être à ce jour traitée simplement par un programme informatique.

Aux risques d'une conclusion

▷ Peut-on conti-
nuer à gérer les
ressources humai-
nes en traitant
séparément
l'aversion du
risque et l'évalua-
tion psychologi-
que et scien-
tifique des gains
et des pertes ?

Face aux changements de plus en plus rapides de notre environnement, peut-on continuer à gérer les ressources humaines en traitant séparément l'aversion du risque et l'évaluation psychologique et scientifique des gains ou des pertes ? Nous naviguons dans le domaine des ressources humaines entre Charybde et Scylla, entre le risque d'être trop proactifs, de vouloir trop anticiper, et celui, trop souvent vécu dans les entreprises, de n'être que réactifs, d'attendre que la pression externe soit trop forte pour enfin agir avec toutes les difficultés que l'on peut imaginer.

Apprendre à gérer l'incertitude en remettant en cause toutes nos certitudes devient un impératif catégorique. Notre volonté plus ou moins consciente de dominer le futur pour diminuer les risques provoqués par nos décisions n'est-elle pas elle-même le principal risque que nous puissions générer ? Quel choix avons-nous entre la gestion des aléas et notre vulnérabilité ? Dans la culture chinoise, le mot « crise » signifie à la fois danger et une chance à saisir. Cette dualité nous rappelle simplement notre nature humaine, à la fois dominante et dominée, avec à la base nos instincts de survie.

L'impact des risques à prendre

L'aspect philosophique des réflexions provoquées par ce thème qu'est le management des risques en GRH peut surprendre face aux attentes concrètes et opérationnelles des entreprises. Mais le risque n'est-il pas plus grand quand le décideur ne voit qu'une partie du problème ? Notre conclusion, avec notre double approche, de psychologue et de consultant, nous amène à formuler trois pistes de réflexions-actions.

• La première piste, pour paraphraser Thomas Hobbes : « L'homme ne peut survivre aux risques mortels de l'existence sociale sans un minimum de sécurité et de protection. » A. Maslow a développé ce thème en réfléchissant à nos besoins vitaux. Le management des risques en GRH peut intégrer ce paradoxe où justement l'homme doit risquer sa sécurité, ses repères pour survivre. Les réflexions à mener sur les changements à vivre nous font passer par une étape de désordre porteuse d'insécurité. C'est sur cette étape, incontournable, que les responsables des domaines touchant aux ressources humaines doivent porter toute leur attention.

• La deuxième piste est que la gestion des risques, dans sa dimension sociale, nous amène à observer une séparation entre trois populations, ceux qui font, qui créent, qui changent et qui osent, en opposition avec ceux qui résistent, qui freinent, ou qui s'opposent et enfin les plus nombreux, ceux qui regardent, qui subissent, qui critiquent, qui assistent au spectacle. L'appréhension de ces trois populations dans l'entreprise impacte directement sur le niveau de risques à prendre et sur les attitudes de précaution. *« L'attitude de précaution est équivoque : si, d'un côté, elle apparaît comme la marque d'une prudence nécessaire, de l'autre, elle risque de paralyser l'initiative. Car, bien entendu, il y a des risques partout, dans toute activité, dans toute entreprise, là même où cela pourrait sembler impensable »* [Ewald, 1996].

- La dernière piste que nous proposons est en lien avec les changements d'organisation qui se développent dans les entreprises. Les fonctionnements en réseau, en logique matricielle, en conduite de projet, accroissent les niveaux de risque pour l'entreprise. En effet, tout risque pris dans l'une des composantes du système impacte sur l'ensemble de l'entreprise. La notion de gestion des risques, souvent liée à un individu, devient une prise de risque collective. Le réseau crée du collectif de travail alors que la démarche elle-même est une démarche individuelle. Le management des risques en GRH concerne l'ensemble des acteurs de l'entreprise et doit s'intégrer naturellement dans une logique de projet transverse.

Si, comme s'accorde à le reconnaître un certain nombre d'observateurs, les DRH ont de beaux jours devant eux, il n'en reste pas moins que ceux qui vont rester seront plus jeunes, plus diplômés, mieux formés, reconnus et intégrés réellement dans la réflexion stratégique de leur état-major. Les autres, plus traditionnels et plus enfermés dans des conduites dépassées, devraient disparaître rapidement ou rester dans une activité pauvre en valeur ajoutée.

Le challenge de la GRH

> **Une analyse de la littérature scientifique et professionnelle laisse augurer une explosion de la fonction RH.**

La GRH peut-elle rester en dehors du débat, peut-elle enfin se démarquer d'une analyse sérieuse des interdépendances entre les facteurs biologiques, psychologiques, sociaux et économiques ? En effet, une analyse de la littérature scientifique et professionnelle laisse augurer une explosion de la fonction RH, une sensibilisation nouvelle à l'égard de ce domaine, un développement souhaité des hommes, une multiplication des colloques RH, dans le même temps qu'une radicalisation des licenciements, des restructurations et des dégraissages.

La vérification du « modèle », qu'il soit celui de l'instrument, de l'arbitre ou de la mise en œuvre suppose la prévision. L'objet de la GRH n'est pas donné, il est construit par les chercheurs et les professionnels. L'objet de la saisie des données et de leur interprétation n'est jamais indépendant de la forme de la saisie. Celle-ci peut être structurée sur un rapport de violence contre l'objet même de la connaissance, contre les artefacts, contre les sujets. La dépression, la position dépressive du sujet, guette alors le moindre faux pas.

En tout état de cause, les professionnels et les chercheurs de la GRH restent circonspects quant à leurs pulsions et aux destins de celles-ci dans la mesure où ils restent impuissants pour appréhender scientifiquement les décisions des acteurs de l'entreprise. Entre le « discours du maître » et le « discours de l'universitaire » surgit sans cesse et peut-être à notre grande joie le « discours du passage à l'acte ». Mais le challenge qui nous est donné en management des risques en GRH est, quant à lui, à la hauteur des ambitions de l'homme entrepreneur.

LE MANAGEMENT DES RISQUES CHEZ FRANCE TÉLÉCOM : LA CONTRIBUTION STRATÉGIQUE DES RESSOURCES HUMAINES[1]

La mise en place d'une cartographie des risques

Depuis quelques années, le comité exécutif de France Télécom[2] suit les risques de l'entreprise et notamment les risques Ressources humaines (RH) classiques. Parmi ceux-ci figurent le risque de la pyramide des âges et celui des hauts potentiels et l'impact éventuel de leur départ sur le développement de l'entreprise. Mais le Groupe France Télécom est allé plus loin dans la démarche en visant la convergence de l'analyse des risques et la contribution stratégique des RH. Le Groupe a ainsi décidé d'établir une cartographie des risques RH et d'identifier 7 à 8 risques majeurs gérés par le Comité d'audit et 15 à 20 autres risques gérés par la DRH Groupe.

France Télécom a suivi une démarche par entretiens semi-directifs auprès de 25 dirigeants et responsables RH dans le Groupe, pour identifier les risques RH majeurs et les positionner sur une double échelle d'impact et de probabilité. Suite à cet entretien, 130 risques distincts ont été identifiés. Ils ont été réduits à 66 risques regroupés en 12 familles de risques posées sous forme de questions, dont notamment : « Comment la politique d'emploi et des compétences est-elle partagée et traduite en actions ? », « Le recrutement et la gestion des carrières sont-ils adaptés aux enjeux du groupe ? », « France Télécom progresse-t-il vers une culture d'entreprise à dimension internationale ? », etc.

En prenant par exemple la famille de risques « Comment la politique de l'emploi et des compétences est-elle partagée et traduite en actions ? », on constate que celle-ci comprend 10 risques (sur les 66 recensés) dont celui de

---

1. Intervention de Jean-François Cuvier lors du colloque Afplane 2001.
2. France Télécom compte plus de 200 000 personnes dans le monde, moins de 150 000 en France dont 120 000 dans la maison mère France Télécom SA.

l'adéquation dynamique de la pyramide des âges aux besoins présents et futurs, celui de la mobilité entre la maison mère et ses filiales, la capacité à mobiliser les compétences pour les filiales nouvelles (exemple : Wanadoo), etc. Au regard de la pyramide des âges, le risque provenait du vieillissement de la population. Ce risque a été relativement facile à gérer : un accord de négociation des départs anticipés (à 55 ans) a été conclu avec les syndicats après accord de l'actionnaire majoritaire qui est l'État. L'effet de cet accord est visible sur la pyramide (figure 4).

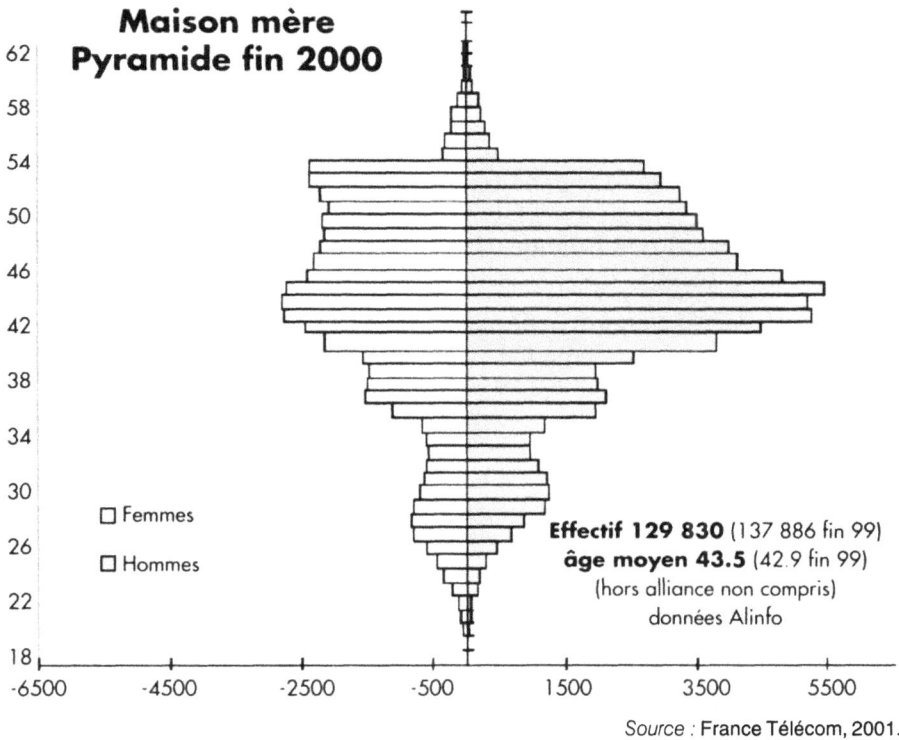

Source : France Télécom, 2001.

Figure 4. La pyramide des âges en 2000

L'adéquation des compétences détenues avec les besoins futurs était une question plus délicate. Si, en 1996, France Télécom possédait 40 % d'ingénieurs ou de techniciens, le pourcentage de 23 % de commerciaux était insuffisant en prévision de l'ouverture à la concurrence de 1998. Un programme de redéploiement massif des salariés a été lancé. Désormais, France Télécom SA compte 32 % de commerciaux. L'augmentation est d'autant plus importante que l'entreprise est passée, dans le même laps de temps, de 140 000 à 120 000 personnes. Concrètement, en 5 ans, 50 000 personnes ont changé de métier (par exemple de techniciens à commerciaux). Sous-jacent à ce redéploiement, un contrat social avait été passé avec les salariés. France Télécom est composé de fonctionnaires, protégés, et de jeunes recrutés sous convention collective depuis 1995. L'enjeu était de passer un *deal* avec les fonctionnaires : « *Vous restez sur place mais vous changez de métier ou vous gardez votre métier mais vous bougez.* »

Quels sont les nouveaux risques auxquels France Télécom doit faire face ?

Le recrutement et la gestion des carrières sont-ils adaptés aux enjeux du Groupe ? Dans cette famille de risques, on compte 10 risques dont notamment le repérage et l'accompagnement des cadres, la différenciation des rémunérations en fonction des compétences, des métiers stratégiques, et de la performance.

Quels sont les nouveaux rôles et responsabilités pour les managers ? Parmi les 5 risques associés à cette famille, on relève le risque de comportements contraires à l'éthique du Groupe, ou la capacité des managers par rapport à la sécurité des personnes, des biens et des informations.

Jean-François Cuvier conclut en identifiant un nouveau risque qui retient de plus en plus l'attention : le risque de ne pas s'ouvrir à des cultures différentes. De plus, la stratégie RH du Groupe est de produire des ruptures – 15 ruptures ont été identifiées – en distinguant différents rythmes et populations. Une rupture consiste par exemple à créer une culture de la rentabilité dans une ancienne administration. Ces 15 ruptures sont déclinées en 100 actions, contrôlées régulièrement. « *Aujourd'hui, la cartographie des risques est portée par les différents responsables de domaine et nous définissons et mettons à jour les plans d'action permettant de réduire les risques.* »

LES ENJEUX ASSOCIÉS À L'ESSOR DU RECRUTEMENT PAR INTERNET[1]

Quelle est la réalité du recrutement par Internet en France ? Mats Carduner fait le point sur cette question en insistant sur le fait que l'« *on est dans un système nouveau qui comporte un certain nombre de risques et des enjeux* ». S'il n'existe pas d'étude globale en France, il semble cependant qu'Internet est d'ores et déjà la 4e source d'embauche (derrière la cooptation interne, le *networking* ou les candidatures spontanées) même si 20 % des embauches

---

1. Intervention de Mats Carduner lors du colloque Afplane 2001.

sont encore réalisées par voie de presse. À titre d'exemple, chez L'Oréal en 2001, les embauches par Internet sont sur une tendance de 15 % des embauches totales.

Une étude faite en 2000, par une filiale du groupe Havas, prévoyait qu'en 2002, deux ans après le début d'Internet comme mode de recrutement, 25 % des recrutements devraient passer par le Net. Une étude réalisée aux États-Unis, marché en avance par rapport au marché français, montre qu'Internet avait déjà pris, en 1999, la quatrième place derrière la cooptation, les contacts, les entreprises intérim et devant les chasseurs de tête.

Quels sont les fondamentaux de ce nouveau média ?

> **Les bases de données permettent des ciblages extrêmement précis, et à mesure que la pénétration de l'Internet grandira, on trouvera de plus en plus de profils sur Internet.**

« *Il est beaucoup moins cher.* » Selon la même étude américaine, confortée par des études françaises et européennes, on peut passer dans un rapport de 1 à 10 entre un recrutement par Internet et des méthodes traditionnelles. « *Par ailleurs, il a un avantage décisif : la rapidité. Internet permet d'éviter les délais de bouclage et d'avoir une immédiateté de la publication d'offres et une immédiateté du sourcing de candidats.* »

Il est possible également, via ce média, d'apporter un grand nombre de services, tant aux entreprises qu'aux candidats. « *Les bases de données permettent des ciblages extrêmement précis et, à mesure que la pénétration de l'Internet grandira, on trouvera de plus en plus de profils sur Internet.* » De plus, un candidat qui se déclare mobile, touche une zone géographique beaucoup plus vaste. Les candidatures électroniques commencent à surpasser en nombre les candidatures papier. Des études statistiques menées par Adecco montrent que, en 2002, 60 % de leurs candidatures seront électroniques.

Selon Mats Carduner, le risque principal repose sur « *un changement des rapports de force entre employeurs et employés* ». En effet, la « révolution » du recrutement par Internet repose sur le fait que les candidats peuvent marketer leur profil, qu'ils soient en poste ou en recherche active. Cela change tout car cela élargit considérablement le marché à une gamme de compétences et de profils qui ne concernaient auparavant que les personnes en recherche active. Les personnes en poste, en laissant leur CV dans des banques de données, indiquent par là même leur « disponibilité » et « *qu'ils sont ouverts à des évolutions ou des sauts de carrière, même s'ils sont satisfaits de leurs postes actuels[1]* ».

Si « *cette interaction entre des bases d'offre et de demande constitue bien la révolution principale* », les enjeux positifs pour l'entreprise sont certains : des coûts réduits, un marché élargi (candidats passifs et éloignés), plus de précision et d'objectivité dans le traitement et *screening* des profils (critères

---

1. Pour l'anecdote, le pic de dépôts de CV sur monster.fr est le mardi, suite à un lundi difficile !

et mots clés), une meilleure gestion des flux d'information, une veille active via des alertes sur des profils qui permet de ne pas rater d'opportunités, la rapidité qui engendre une plus grande fluidification du marché de l'emploi, etc.

Aujourd'hui la quantité de CV dans les bases de données est encore faible (base Monster France : 300 000 CV et base Monster Monde : 13 millions de CV) mais le recrutement sur Internet est récent (deux ans d'ancienneté) et la tendance est à la progression. Notamment, les étudiants commencent à 100 % leur recherche d'emploi via Internet.

Quels sont les risques dus à l'essor du recrutement via Internet ?

Parmi les risques nécessitant une adaptation des entreprises, Mats Carduner cite d'abord la multiplication des sources de CV à canaliser dans un seul vivier (le CV électronique arrive par l'intranet, par le site *corporate*, par des sites emplois, etc.). Il faut également « *couvrir l'ensemble de la chaîne communication-qualification-gestion-sélection avec une seule plate-forme pour être sûr de ne pas avoir de systèmes incompatibles ou qui ne communiquent pas entre eux* ». C'est la problématique actuellement rencontrée par Monster qui veut « *se placer au cœur de l'entreprise, dans les systèmes de gestion RH* » et les éditeurs de progiciels de gestion des ressources humaines, qui veulent faire le mouvement vers Internet.

Il est important également de tenir compte du *shifting power* et du fait que les salariés envoient leur CV de leur lieu de travail : la base de Monster France reçoit 1 000 nouveaux CV par jour ; or le trafic est réalisé à 60 % du lundi au vendredi, pendant les jours ouvrés.

La nouveauté du recrutement par Internet représente un risque. Il convient donc de prévoir la formation des équipes RH à ces outils et de mobiliser de nouvelles ressources internes. Enfin, la gestion de la confidentialité, le problème des candidatures parasitaires ou en double et la multiplicité des candidatures et des provenances sont également des problèmes auxquels seront confrontées les entreprises et auxquels le recrutement sur Internet, et Monster en particulier, apporte de vraies solutions.

Gestion de crise, éthique et médias

Comment traiter la thématique des risques et de leur maîtrise sans aborder le concept de crises ? Les entreprises sont de plus en plus confrontées à des crises de nature et de déroulement différents. Ces crises sont d'autant plus menaçantes pour l'entreprise qu'au-delà de leurs origines mêmes, elles peuvent être relayées et amplifiées par les médias voire – dans certaines situations particulières de « guerre » économique – initiées et orchestrées par différents acteurs : associations, concurrents, particuliers, etc.

Le sujet de la gestion de crise ayant été largement débattu, nous avons opté pour une approche originale. D'une part, en mettant en avant l'apport conceptuel et pratique apporté par les cindyniques ou sciences du danger. D'autre part, en mettant l'accent sur un nouveau type de crise dont l'occurrence augmente et que les auteurs ont qualifié d'« éthique ».

La première partie résume les principaux éléments de réflexion d'une table ronde animée lors du colloque Afplane par Muriel Fontugne, Georges-Yves Kervern et Mark Hunter. La problématique est celle de la gestion de crise en général, des cindyniques et de la communication en particulier. Les animateurs font des propositions concrètes en terme d'organisation, de coordination, de concepts et d'outils.

Dans une deuxième partie, Mark Hunter dresse le bilan des stratégies de communication et des attitudes des entreprises en matière de gestion de crise, en rappelant le concept de stratégie de la transparence. Il montre l'émergence d'une nouvelle forme de crise qualifiée de « crise éthique », l'inadéquation de la stratégie de la transparence et les raisons de cette inadéquation. Il met en avant l'importance d'une analyse préalable de ce qui est contenu dans les médias et la documentation publique, afin d'anticiper la crise, de l'éviter ou d'y répondre de manière efficace. Mark Hunter illustre ses propos par l'exemple de l'affaire Yahoo !.

Octave Gélinier synthétise, quant à lui, les résultats d'une analyse systémique du risque éthique en démontant le mécanisme économique, politique et socio-culturel sous-jacent à son développement. Il justifie le rôle croissant du développement durable comme remède à la montée du risque éthique.

GESTION DE CRISE : PRÉPARATION, ANTICIPATION ET ACTION[1]

Avant de présenter les modalités et attitudes possibles en matière de gestion de crise, Muriel Fontugne, Georges-Yves Kervern et Mark Hunter ont tenu à définir le terme de crise. Selon Muriel Fontugne, le premier type de crise est « *un événement déclenchant une réaction en chaîne dont les conséquences vont affecter l'entreprise (salariés, réputation, confiance) de manière significative et menacer sa survie* ». Il existe aussi un autre type de crise, plus larvée, « *à petit feu* » qu'on peut comparer à « *une descente aux enfers* ».

Outils et concepts pour faire face à la crise

> Il y a crise lorsque les réseaux d'acteurs ou de parties prenantes sont désorganisés et ne fonctionnent plus.

Georges-Yves Kervern précise que les outils et concepts présentés sont utilisables en management stratégique. Depuis le début des années 1990, les cindyniques (sciences du danger) s'intéressent à la définition des principaux concepts tels que la crise. S'appuyant sur la théorie de la description, il y a crise « *lorsque les réseaux d'acteurs ou de parties prenantes sont désorganisés et ne fonctionnent plus* ». Pour faire face à la crise, il faut alors mettre en place des « *réseaux de remplacement* » ou de résistance lors de grandes crises. La menace est, pour les cindyniques, l'appréhension par des concurrents ou des tiers d'une faiblesse interne, d'un « *défaut dans la cuirasse* ». « *Le basculement du risque à la menace marque le passage d'une probabilité occultée, nulle à une probabilité forte, quasi certaine.* »

Georges-Yves Kervern présente un outil global (figure 1) qui permet d'associer l'ensemble des fonctions de l'entreprise, de situer les générateurs du risque et finalement de « *déminer les mauvaises surprises stratégiques* ». Cet outil matérialise la convergence des fonctions de stratège et de *risk manager*[2]. Il repose sur une approche systémique, les sous-systèmes représentant les principales fonctions de l'entreprise. Ce « radar » permet d'associer l'ensemble des professionnels de l'entreprise à la réflexion stratégique et à la gestion des risques.

---

1. Intervention de Muriel Fontugne, Georges-Yves Kervern et Mark Hunter lors du colloque Afplane 2001. Ces auteurs ont débattu ensemble lors d'une table ronde sur le thème de la gestion de crise. La richesse de leurs interactions nous a incité à transcrire fidèlement leurs échanges (NDA).
2. Il a été proposé lors de la manifestation INTRANET 99 sur les intranets d'entreprises, organisée par Pierre Faure de Dassault, président de AFUU, devenue AFNET. Il s'agit de l'utilisation de l'intranet pour le contrôle de gestion et la stratégie.

Les chantiers stratégiques fonctionnels

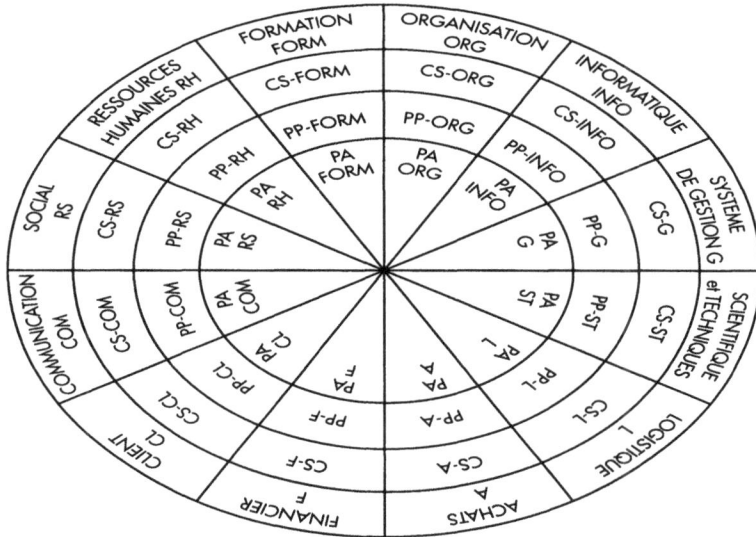

Source : G.Y. Kervern (Éléments fondamentaux des Cindyniques, Economica, 1995).

Figure 1. Le radar des fonctions stratégiques

Muriel Fontugne présente, pour sa part, une démarche de la gestion de crise (figure 2) distinguant trois temps distincts : avant, pendant et après la crise.

La gestion de crise cela consiste

Avant la crise à
- Connaître son profil de risque
- Détecter et exploiter les signes avant-coureurs
- Se préparer et prévenir la crise

Pendant la crise à
- Comprendre qu'il y a une crise
- La conduire et la gérer en conséquence
- Communiquer de manière proactive

Après la crise à
- Redémarrer
- Utiliser le retour d'expérience
- Réajuster le système et l'organisation

Source : Ernst & Young, 2001.

Figure 2. La gestion de crise

Le premier temps est « *très important, car bien se préparer permet de tra-verser la crise mieux que les autres* ». Avant la crise, il faut connaître son profil de risque et se poser la question : est-on une cible facile, sachant « *qu'on est plus exposé si on est une société de grande consommation, mul-tinationale, avec une marque forte, présente sur des pays instables, etc.* » ?

> ▶ **L'organisation doit être capable de gérer correcte-ment les réclama-tions et d'iden-tifier les incidents susceptibles de dégénérer.**

Georges-Yves Kervern précise, au sujet du profil de risque que, pour les cindyniques, le risque peut se classer en cinq catégories : la banque de don-nées ou les faits, la banque de modèles, les objectifs explicités ou non, le système de valeur et les règles du jeu social. Si, sur chaque catégorie, on fait une cartographie de chaque réseau, « *dans le système qu'est l'entreprise on trouvera des lacunes, des conflits, ou des dissonances* ». En déterminant le profil de risque, on visualise les faiblesses et les zones de vulnérabilité, toutes potentiellement à l'origine de risques. Il est par ailleurs important de détecter et d'exploiter les signes avant-coureurs, relevés souvent dans l'entreprise, par « *les prophètes de malheur* ».

Financier	Information	Actifs	Ressources humaines	Réputation	Malveil-lance / criminalité	Catastro-phes naturelles
Grèves	Information erronée	Interruption significative de production	Perte de dirigeants	Diffamation	Falsification du produit	Tremblement de terre
Troubles sociaux	Perte d'information confidentielle	Retard des projets	Humour douteux de personnel clé	Humour douteux sur Internet	Enlèvement	Inondation
Effondre-ment du marché	Falsification de fichiers électroniques	Failles importantes du design, de la production ou des ventes	Discrimina-tion et harcèlement	Falsification du logo / détournement de la marque	Prise d'otage	Tempête / ouragan
Diminution significative des profits	Perte de communica-tion		Augmenta-tion des accidents / vandalisme	Atteinte à la réputation	Terrorisme	
Chute du cours de l'action	Perte de systèmes clés		Augmenta-tion de l'absentéisme	Rumeurs	Violence sur les lieux de travail	

Source : Ernst & Young, 2001.

Figure 3. Les risques majeurs[1]

Muriel Fontugne confirme que, pour éviter la crise, il est nécessaire de sus-citer la prise de conscience, la surveillance des anomalies et changements de

1. Extrait de Ian I., Mitro FF., *Managing crisis before they happen*, Amacom, 2000.

tendance. Par exemple, l'organisation doit être capable de gérer correctement les réclamations et d'identifier les incidents susceptibles de dégénérer. Il faut, par ailleurs, se préparer et tester les réponses apportées aux crises éventuelles et identifier les risques majeurs (figure 3).

Mark Hunter donne l'exemple de la crise chez Yahoo[1] suite à la vente en ligne de produits nazis. L'entreprise fut alertée deux mois avant la crise. La crise a été réglée de manière différente aux États-Unis et en France. Les cadres opérationnels en France n'avaient pas le pouvoir de régler le problème même s'ils avaient pris en compte le risque et l'avaient souligné. Selon Mark Hunter, « *il serait bon que les cadres opérationnels puissent réagir le cas échéant* ».

Comment se déclenchent la crise et ses conséquences ?

Pour Georges-Yves Kervern, la crise est un opérateur de transformation. « *Pour bien comprendre la crise, il faut appliquer l'ensemble de la situation sur elle-même* » (cf. les travaux d'Edgar Morin sur l'auto-organisation). La solution ne consiste pas à exclure des acteurs, et à créer différentes cellules de crise. Cette exclusion d'acteurs contribuerait, en effet, à créer une « *crise dans la crise* ».

Muriel Fontugne met en avant les difficultés à reconnaître qu'on se trouve dans une situation de crise : « *À partir de quand est-on en situation de crise ? Est-ce au moment où arrive la rumeur ? Que faut-il faire ? Démentir ou pas ? La problématique de l'attente pour vérifier les faits – communication ou non-communication ? – accentue le phénomène de la crise.* »

Pour Mark Hunter, « *on est en situation de crise, par rapport à la presse, au moment où il y a des faits vérifiables* ». Plus les faits sont avérés et vérifiables, plus le problème sera persistant et les médias seront accrocheurs. « *C'est une situation de communication très délicate pour un chef d'entreprise.* » L'intervention du CEO, lors de la crise du cyanure vécue par Johnson et Johnson, avait été saluée et considérée comme un « standard » mais il convient de ne pas généraliser. La non-intervention du CEO de Coca-Cola, en visite à Paris, lors de la contamination de ses produits a été une erreur et, à l'opposé, l'intervention du directeur général américain de Yahoo en France a été mal comprise, car, d'une franchise admirable pour un Américain, elle était trop brutale pour un Français. « *L'erreur provient d'un décalage culturel et il serait peut-être préférable de déléguer le pouvoir à un opérationnel sur le terrain, pour gérer la crise* ».

Muriel Fontugne précise que, parfois, la gestion de signes avant-coureurs de la crise peut en être le déclencheur ou l'accélérateur. Elle confirme également

---

1. Cet exemple est développé dans la deuxième partie de ce chapitre.

> **Une équipe doit se positionner entre la direction et les équipes locales pour faciliter la descente et remontée d'informations.**

l'importance de la préparation à la communication pour les dirigeants, permettant notamment de mieux gérer les particularités culturelles. Lorsque la crise est là, comment la gérer ? Comment s'organiser pour répondre aux interrogations de toutes les parties prenantes ? Muriel Fontugne propose que l'entreprise s'organise autour de cinq équipes.

La première, par ordre d'intervention, est l'équipe locale. Cette équipe a comme objectif de circonscrire les dégâts et on peut, à ce titre, la définir comme l'équipe de management « défensif ». Elle agit à l'interface de l'entreprise et des acteurs comme la police, les pompiers, etc. La deuxième équipe intervient pour s'occuper des victimes, des familles, des salariés. Le management peut être qualifié de « réactif ». Les dirigeants sont souvent déconnectés de l'événement ; il est par conséquent nécessaire de les tenir informés en permanence de ce qui se passe. Pour se faire, une équipe doit se positionner entre la direction et les équipes locales pour faciliter la descente et la remontée d'informations. Une autre équipe, indépendante des opérationnels et des équipes de gestion de crise, est responsable du *recovery management*. Elle a comme ambition de dresser un inventaire des dégâts et « *de faire redémarrer partiellement ou en mode dégradé l'activité* ». Elle va notamment gérer les clients et répondre à leurs attentes. La cinquième et dernière équipe, qualifiée de management « proactif », a pour mission de gérer les réclamations, les enquêtes judiciaires, etc.

Comment gérer la crise ?

Dans la gestion de crise, selon Muriel Fontugne, « *il faut penser l'impensable* ». Par exemple, lors de l'affaire Johnson et Johnson, le CEO a pris la décision, inconcevable à l'époque, de retirer tous ses produits car ils n'étaient pas en conformité avec les valeurs de l'entreprise. Autre exemple : lors des tremblements de terre en Turquie, certaines entreprises ont supporté leurs salariés et leurs familles (logis, nourriture, etc.) pour qu'ils puissent se consacrer aussi à l'entreprise et son redémarrage.

Pour Georges-Yves Kervern, « *derrière la pratique exprimée par Muriel Fontugne, on retrouve complètement les concepts issus des travaux cindyniques. Dans le cas concret de la gestion des crises d'appel, il y a des flux d'appels de journalistes, de consommateurs qui touchent différents acteurs dans l'entreprise.* » Il recommande donc de construire « *une matrice listant les réseaux externes et les réseaux internes à l'entreprise* ». Cette matrice sous-tend l'organisation du processus de réponse aux appels qui permet, via la cellule de crise, d'orienter correctement les questions. Une main courante permet également de maintenir l'attention sur la dynamique de la situation, susceptible d'évolution. En utilisant un tableau de bord, « *on peut surveiller les ruptures, les paliers de la crise et évaluer les changements de nature de la crise, dus notamment à l'intervention successive de nouveaux réseaux d'acteurs ».*

Muriel Fontugne intervient en disant que, « *dans une situation de crise, il faut souvent jouer la transparence[1] et toujours contrôler la sortie de l'information. La sortie d'information doit passer par la cellule de crise qui évaluera la pertinence de l'information fournie par la fonction concernée et la cohérence de l'information par rapport à la situation.* »

Pour Mark Hunter, le principal problème pour une entreprise confrontée à la crise, c'est « *qu'elle n'a pas l'information, elle peut ne pas savoir ce qui s'est réellement passé ou ce qui se passe* ». En l'absence d'informations vérifiables, des communiqués rassurants peuvent être émis. Si cela ne se vérifie pas, cela augmente la crise car personne ne vous fait plus confiance.

Sur le thème de la communication, Muriel Fontugne insiste sur l'importance de communiquer à temps : « *ce qui n'a pas été fait au préalable, ne peut plus être fait* ». La communication connaît une séquence bien définie : émotion puis explication, reconstruction et « enfin » justice. On peut ajouter que, parfois, la communication n'est plus possible entre certains acteurs. Par exemple, en cas de crise, la communication entre l'entreprise et ses fournisseurs est délaissée au profit de l'action auprès des clients, et ce, d'autant plus que l'activité est sensible (exemple : aliments pour bébé) et que la marque est mondialement connue.

Pour Marc Spielrein[2], « *la rationalité est à établir avant la crise* » avec un mode opérationnel, avec un mode de circulation de l'information, etc. Mais « *le côté émotionnel, le stress, sont en période chaude, la chose la plus difficile à gérer. Le rôle du dirigeant est sans doute d'être en retrait de façon à gérer lui-même cette situation de stress. Il ne doit pas créer de stress pour ses équipes, il doit intérioriser le stress et calmer son environnement* ». La précipitation du dirigeant peut en effet accentuer la crise.

Face à une crise, en phase d'incertitude, Muriel Fontugne décrit trois portraits différents de l'entreprise :

- « Vous êtes le vilain et vous avez des choses à cacher » ;
- « Si vous n'êtes pas le vilain, et que vous avez la possibilité d'être une victime, vous n'êtes pas compétent parce que vous ne savez pas ce qui se passe et que vous n'avez pas communiqué » ;
- « À défaut, vous vous en moquez, ce qui veut dire que vous vous moquez de toutes les parties prenantes. »

---

1. La stratégie de transparence, adaptée dans de nombreuses situations, fait l'objet d'un développement critique dans la deuxième partie du chapitre.
2. Participant à la Table ronde.

L'idée sous-jacente, c'est que « *la première intervention médiatique doit être empathique, émotionnelle, et si on ne sait pas ce qui se passe, de toute façon le monde s'attend à une intervention* ».

Comment éviter d'autres crises ?

Selon Mark Hunter, « *si nous avons maintenant des schémas analytiques d'une utilité certaine, il n'y a pas d'études sur la gestion des crises. Je n'ai trouvé qu'une seule étude montrant une corrélation sur le marché automobile américain entre le nombre de rappel de produits et la baisse de PDM (via l'image)* ». Malgré tout, l'empathie et la franchise est, au début de la crise, la meilleure réaction.

> **Muriel Fontugne insiste sur l'importance d'apprendre et d'effectuer un retour d'expérience pour éviter que la crise ne redémarre ou qu'une autre ne survienne.**

Lors de la dernière phase, « après la crise », Muriel Fontugne insiste sur l'importance d'apprendre et d'effectuer un retour d'expérience pour éviter que la crise ne redémarre ou qu'une autre ne survienne. Selon Georges-Yves Kervern, même si les entreprises consacrent encore peu de ressources au retour d'expérience, celui-ci commence à faire l'objet de recherches. Le concept de microdécisions ou atomes d'expérience émerge actuellement. Car l'objection fondamentale au retour d'expérience, c'est qu'aucune crise ne ressemble à aucune autre. « *C'est vrai pour chaque crise prise individuellement mais pour chaque atome de crise, en analysant les phases et les petites décisions et leurs répercussions, on peut avoir une leçon extrêmement utile pour d'autres crises.* »

Georges-Yves Kervern conclut en proposant une représentation spatiale de la crise dénommée « l'hyperespace du danger ». Cette représentation est bâtie sur les dissonances existantes entre deux réseaux d'acteurs, dissonances en terme de modèles, d'objectifs, de faits, de normes et de valeurs. Dès qu'un décalage existe, « *cela crée un potentiel cindynique* ». La crise naît et crée des dissonances, or « *cet outil permet de revenir sur les dissonances et de réaliser un retour d'expérience* ».

Muriel Fontugne conclut enfin en confirmant que, si l'exercice postcrise n'est pas agréable pour les dirigeants, il est pourtant très important de collecter les informations et d'analyser les forces et faiblesses de l'entreprise pour éviter d'autres crises.

CRISE ÉTHIQUE ET MÉDIAS : AU-DELÀ DE LA STRATÉGIE DE TRANSPARENCE[1]

Bilan des stratégies de communication en gestion de crise

Mark Hunter dresse le bilan des stratégies de communication et des attitudes des entreprises en matière de gestion de crise, en rappelant le concept de « stratégie de la transparence ». Il montre l'émergence d'une nouvelle forme de crise, qualifiée de « crise éthique », l'inadéquation de la stratégie de la transparence et les raisons de cette inadéquation. Il met en avant l'importance d'une analyse préalable de ce qui est contenu dans les médias et la documentation publique, afin d'anticiper la crise, et au mieux de l'éviter ou au pire d'y répondre de manière efficace. Ses propos sont illustrés par l'exemple de l'affaire Yahoo !.

« *Depuis deux décennies, la communication de crise a fait l'objet d'un consensus entre les médias, le public et les entreprises : une entreprise en crise qui ne communique pas de manière transparente est immédiatement suspecte.* » Cette stratégie de communication, basée sur un discours de vérité en temps réel peut être appelée « stratégie de la transparence ».

Quelles sont les origines de cette stratégie de communication ? En analysant les crises technologiques majeures – par exemple, Three Mile Island, Tchernobyl, le sang contaminé, etc. – on peut constater que « *le mensonge officiel ne paie plus* ». En s'appuyant sur l'exemple de l'affaire du Tylenol, vécue par le groupe Johnson et Johnson en 1982, l'entreprise a la possibilité de transformer la crise subie en une opportunité, et par une gestion et une communication de crise efficaces pour retourner la situation à son avantage. On peut considérer enfin que, suite à la forte montée en puissance des médias d'investigation et des instances de réglementation, « *l'entreprise n'a plus de secrets* ».

> **La stratégie de la transparence semble être une réponse efficace en terme de communication de crise.**

Sur la base de ces constats, la stratégie de la transparence semble être une réponse efficace en terme de communication de crise. Concrètement, il s'agit de :

- « *dire tout ce que l'on sait, et tout de suite* » ;
- « *ne pas mentir aux médias et aux autorités* » ;
- « *faire intervenir le PDG en personne* » ;
- « *afficher une attitude responsable, en retirant par exemple de la vente des produits susceptibles d'avoir été contaminés* ».

---

1. Intervention de Mark Hunter lors de la réunion Afplane du 29 janvier 2002. Copyright Mark Hunter 2002.

Les buts de cette stratégie sont divers et permettent d'abord à l'entreprise de ne pas s'enfermer seule dans la crise. Cela prouve un comportement admirable sous la pression, permet à l'entreprise de sortir de la crise puis d'entreprendre des réformes et, au final, de regagner en crédibilité et rétablir une bonne image. Fondamentalement, la stratégie de la transparence « *sert à gagner du temps* » pour identifier la cause de la catastrophe, pour changer les produits, systèmes ou technologies défaillants et pour vérifier la part réelle de responsabilité de l'entreprise. Selon cette approche, il est clair que le fond du problème est essentiellement de nature technique.

Les crises d'éthique

Depuis peu, surgit un autre genre de crises – qualifiées d'éthique – dont la cause n'est plus de nature technique et dont le caractère n'est plus la soudaineté et la brutalité. « *La crise n'éclate pas en catastrophe* » mais se développe progressivement. Comme exemple récent de crises d'éthique, on peut citer notamment l'affaire Yahoo ![1] contre la Licra au sujet de la vente en ligne d'objets nazis, Microsoft et le mouvement *open source*, ou, en France, les décisions de restructuration de Danone ou Michelin. Sont caractéristiques des crises éthiques, une faute « *hautement subjective* » de l'entreprise empêchant tout consensus, le rôle moteur de la crise joué par les médias, en tant que « *vecteurs d'opinions adversatives* » et, rappelons-le, la nature non technique de la crise n'amenant pas une solution d'ordre technique.

La stratégie de la transparence est insuffisante

▶ La stratégie de transparence, même rapide et efficace, sera toujours en retard par rapport aux médias qui peuvent documenter les causes et leurs effets sans attendre les explications de l'entreprise.

Dans le cadre de ces crises, la stratégie de la transparence n'est plus une réponse suffisante. D'une part, sachant que 90 % des informations concernant une entreprise se trouvent déjà dans le domaine public, la transparence devient « superflue ». D'autre part, la stratégie de transparence, même rapide et efficace, sera toujours en retard par rapport aux médias qui peuvent documenter les causes et leurs effets sans attendre les explications de l'entreprise.

En revanche, si l'entreprise est vigilante, elle peut anticiper ces « crises larvées », révélées grâce à une analyse de ce qui est contenu dans les médias et la documentation publique. Cette analyse met en lumière des cas similaires qui surgissent, des acteurs et des opinions qui se découvrent voire même des éléments de réponses probables qui apparaissent déjà. En examinant ces différents éléments, cette analyse a pour but de « scénariser la crise » avant qu'elle ne concerne directement l'entreprise.

---

1. Cette affaire fait l'objet d'un développement plus conséquent dans la suite du texte.

L'affaire Yahoo ! illustre parfaitement cette hypothèse. Celle-ci[1] « débute » – du point de vue de l'entreprise – le 16 mars 2000 lorsqu'un article de *L'Express* dénonce les ventes en ligne d'objets nazis. Le 5 avril, Yahoo ! France reçoit un courrier recommandé de la Licra sous forme d'ultimatum, exigeant le retrait de tous les objets nazis présents sur le site. Avant que l'entreprise n'ait pu préparer sa réponse, le 8 avril Yahoo ! France et Yahoo ! Inc apprennent par voie de presse leur assignation.

Au vu des principaux faits, antérieurs au dépôt de la plainte, était-ce prévisible ? En 1998, le volume des ventes aux enchères en ligne dépasse les 3 milliards de dollars aux États-Unis. En août 1999, le centre Simon-Wiesenthal demande au ministère de la Justice allemand d'attaquer Amazon.com pour la vente d'ouvrages nazis. Entre septembre 1999 et septembre 2000, les revenus d'eBay, principal site d'enchères en ligne, doublent pour atteindre les 300 millions de dollars. On peut alors constater que le secteur, en croissance explosive, deviendra un objet d'intérêt quasi général. Le 30 novembre 1999, le centre Simon-Wiesenthal attaque eBay à cause de la présence d'objets nazis sur son site américain. eBay se défend en évoquant « son hésitation à jouer le rôle de censeur ». Mêmes tendances en Europe : en janvier 2000, les ventes aux enchères en ligne atteignent 1 milliard d'euros en Europe. Parallèlement l'IWF (Internet Watch Foundation en Angleterre) étend son autorité à l'*Internet Hate*. Le 27 janvier 2000, Gerhard Schroeder demande la réglementation d'Internet lors d'une conférence internationale. Aux États-Unis, la pression sur le secteur s'accentue : le 3 février 2000, biasHELP demande à eBay de cesser la vente d'objets du Ku Klux Klan en précisant que « la taille et la croissance de l'audience d'eBay lui impose des responsabilités particulières ». Retour en France : le 17 février, *Paris Match* publie un article, dont les principales sources sont les activistes qui attaqueront Yahoo ! devant les tribunaux, menaçant l'entreprise d'un boycott si des ventes d'objets nazis sur les sites américains de Yahoo ! ne cessent pas immédiatement. Le 23 février 2000, l'ADL (Anti-Defamation League aux États-Unis) attaque Yahoo ! à cause des forums « White Pride ».

Éléments déclencheurs de la crise d'éthique : comment les détecter

Au-delà de cette lecture factuelle et graduelle des événements – lecture réalisable par tous et donc également par les dirigeants de Yahoo ! – il faut discerner les caractéristiques de la montée progressive de la crise éthique en constatant la répétition de faits similaires mais aussi que les faits ne visent

---

1. NDA : les éléments ci-dessous sont extraits d'un travail de recherche remarquablement documenté par M. Le Menestrel, M. Hunter et H.C. de Bettignies, 2001, Papier de recherche Insead, WP 2001/91/EPS/ABA.

pas une seule entreprise, que les faits deviennent de plus en plus denses, le nombre grandissant d'acteurs.

Quels ont été les principaux éléments de réponse de Yahoo ! ? L'entreprise a mené une stratégie de transparence. En avril 2000, Yahoo ! présente l'argument qu'elle ne tire pas de profit des ventes mais cet argument n'est pas considéré comme valable. En mai 2000, les autres arguments mis en avant, à savoir la liberté d'expression sur le net et l'existence de difficultés techniques relatives au contrôle de l'information, sont également rejetés. En juillet 2000, l'intervention directe de Jerry Yang – PDG de Yahoo ! – dans la presse offense l'opinion et le tribunal. La formule de la transparence n'a pas eu les résultats escomptés : la crise a duré, et les adversaires ont eu gain de cause, et devant les tribunaux et auprès de l'opinion publique.

À la lecture seule de l'évolution du cours boursier de Yahoo ! (comparée à eBay pour tenter de limiter les phénomènes de marché), on peut discerner une légère baisse de l'action juste avant chaque échéance judiciaire, suivie par une légère hausse (figure 4). On peut donc s'interroger sur les stratégies de certains observateurs de l'affaire.

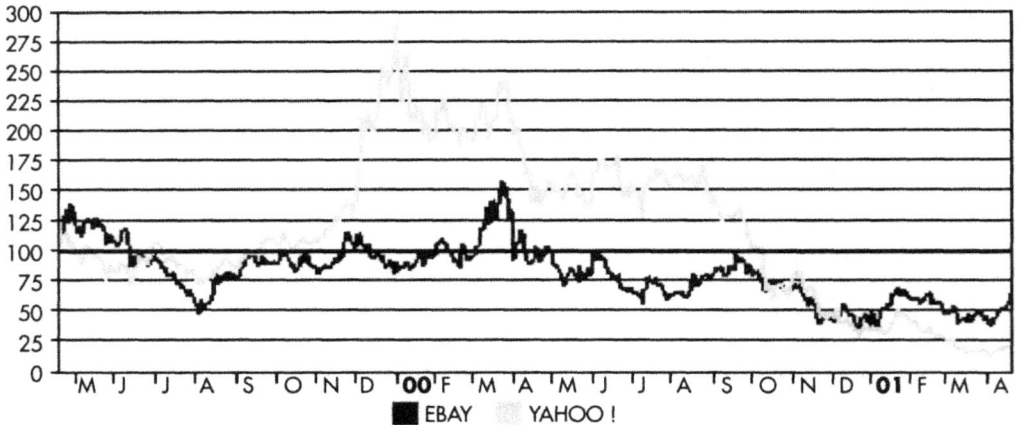

Source : Nasdaq.

Figure 4. Le cours de Bourse de Yahoo ! et eBay de mai 1999 à avril 2001

Comment réaliser une analyse des contenus des médias et de la documentation publique, permettant de détecter et anticiper la survenue d'une crise ? Toute entreprise dans un secteur potentiellement sensible a intérêt – et ce, d'autant plus que son image, établie ou en construction, est un vecteur fort de sa stratégie et de sa valorisation – à prendre en considération les précurseurs de crises éthiques. Au préalable, l'analyse devrait répondre aux questions suivantes : quels phénomènes doivent être pris en compte ? Sur quelle durée ? Quels faits sont disponibles dans le domaine public ? Quels faits sont accessibles aux médias et aux concurrents ? Quelles sont les interprétations possibles des faits ?

▷ **Antérieure à toute action de communication en temps réel, l'analyse des contenus permettra au mieux d'éviter la crise éthique ou d'en atténuer les effets par un traitement efficace.**

Répondre à ces questions permet d'identifier les vrais antécédents de l'action, de repérer les acteurs probables, de scénariser les réponses possibles et d'entreprendre des solutions préalables. Antérieure à toute action de communication en temps réel, l'analyse des contenus permettra au mieux d'éviter la crise éthique ou en tout cas d'en atténuer les effets par un traitement efficace. À ce titre, l'analyse des contenus justifie parfaitement son rôle d'outil stratégique à la disposition des dirigeants.

Risque éthique et développement durable[1]

De plus en plus, le respect de la loi et l'honnêteté ne mettent pas à l'abri du risque de sanction par l'opinion (Danone en est un exemple récent). Ce risque est qualifié d'éthique par les médias. Il ne suffit donc plus de satisfaire les risques technique, financier, humain, légal, ou commercial. *« Les accusations au nom de l'éthique sont parfois inattendues et elles ont acquis une ampleur nouvelle due à l'essor des NTIC et à l'effet de richesse. »*

Pour se prémunir contre les risques éthiques, il ne suffit pas de bonne intention, ni même d'une charte éthique. Quelles sont les causes profondes ? La cause principale est d'ordre systémique : *« Il existe une fracture dans les représentations et dans les opinions entre les dirigeants de l'économie et la société. »* L'économie de marché répond bien aux besoins quantitatifs mais, à cause de l'élévation des revenus, on assiste à une montée des besoins qualitatifs auxquels l'économie de marché et la société politique répondent mal.

En s'appuyant sur la pyramide de Maslow, on s'aperçoit que, dans les pays développés, les besoins physiologiques de base sont moins importants car largement assouvis, tandis que les besoins qualitatifs d'accomplissement – le niveau ultime – sont plus intenses et nombreux. *« La volonté de rechercher l'accomplissement individuel (création et dépassement) et des valeurs (justice, solidarité, compassion, droits de l'Homme, écologie...) incitent à croire que cette montée des besoins éthiques n'est pas une mode. »*

Le marché classique ne lui donnant guère satisfaction, l'opinion souvent s'indigne, et ses pressions instaurent, conjugué au marché, une sorte de *« métamarché des besoins qualitatifs »* tel que le formule Octave Gélinier. Il faut les prendre en compte car *« si rien n'est fait, il y a un risque de convulsion. Il n'y aura pas de consensus social sans un infléchissement du système »*.

Le développement durable y remédie partiellement, par une triple responsabilité économique (créativité, service client, rentabilité), sociale (équité, protection, contre les chocs) et environnementale (nature et planète). Et ces bonnes intentions sont progressivement suivies d'effet. Car

---

1. Intervention d'Octave Gélinier lors du colloque Afplane 2001.

des forces puissantes poussent dans le sens du développement durable : l'opinion publique, les groupes de pression, les lois et surtout, peu à peu, les marchés financiers. Ces forces résultent notamment des méthodes développées par la démarche qualité, qui ont permis de chiffrer le qualitatif et de valider la communication qui en est faite. Sans certification ISO, on est exclu du marché ; demain, une certification éthique ou développement durable sera également indispensable.

Octave Gélinier conclut sur l'idée que « *le métamarché est un nouveau canal de pouvoir qui est parti de la société* ». Intégrant les valeurs de la société dans l'économie et les comportements des entreprises, « *le développement durable contribue à combler la fracture sociétale et devient une parade de fond au risque éthique* ».

Chapitre 5

Gouvernance d'entreprise, éthique et développement durable

La dernière décennie a vu émerger des concepts qui affectent de manière croissante le management des entreprises. Si la réflexion a porté dans un premier temps sur la gouvernance ou le gouvernement d'entreprise, système définissant les modalités de direction et de contrôle des sociétés, la prégnance d'autres facteurs, sociétal et/ou environnemental, a également accentué la prise en compte de l'éthique et du développement durable dans les choix stratégiques des entreprises.

Dans une première partie, Muriel Fontugne et Jean-Michel Paris, rappellent ce que l'on entend par gouvernement d'entreprise. Ils établissent une typologie des parties prenantes et un référentiel des principes du gouvernement d'entreprise. Les auteurs approfondissent enfin certaines réponses de gouvernance que peut apporter l'entreprise, notamment en termes éthiques.

Pascal Bello analyse les perspectives du développement durable et justifie l'idée de la pérennité du développement durable par le fait qu'il « *est raisonnable, à niveau de performance économique supérieure ou égale, d'encourager des entreprises soucieuses du développement durable* ». Selon l'auteur, on ne peut que constater l'émergence de l'activité de notation directe et à court terme, « *les entreprises vont devenir demandeuses de la notation et codéfinir les modalités d'évaluation de leurs activités* ».

Dans une troisième partie, Gérard Degonse présente l'activité de mobilier urbain de Decaux, qui permet d'illustrer l'intégration d'une activité de service dans le développement durable. Gérard Degonse revient également sur ce qu'il faut retenir des expériences de notation par les agences spécialisées en insistant sur l'importance du caractère discrétionnaire de la notation et « *l'intérêt de laisser la liberté de la notation aux acteurs économiques, c'est-à-dire de laisser la liberté de se faire noter ou non et la prise des risques conséquente aux entreprises d'autant plus que les parties prenantes considéreront ou non ces notations* ».

GOUVERNEMENT D'ENTREPRISE ET ÉTHIQUE DES AFFAIRES : UN VOYAGE À L'INTÉRIEUR DE LA BOÎTE NOIRE[1]

Des conclusions de la Commission Turnbull au Royaume-Uni, au KontraG allemand ou à la récente loi sur les Nouvelles Régulations économiques en France, pour ne citer que trois exemples, le gouvernement d'entreprise renforce sa présence et sa portée dans le cadre législatif et réglementaire européen. Mais il ne s'agit là que de la partie émergée de l'iceberg. La transposition dans les textes reflète de profondes et durables évolutions.

L'entreprise crée de la richesse dans un monde dont le rythme de changement s'accélère du fait d'une connectivité toujours plus prégnante et exhaustive. Dans la perspective de gérer le dynamisme de son évolution, souvent marquée par sa volonté d'internationalisation, l'entreprise voit apparaître de nouveaux champs de contraintes qui doivent être pris en compte. Les conjonctions d'intérêt des différents protagonistes, et donc leurs alliances, ne sont souvent que transitoires. L'entreprise s'inscrit donc dans un réseau de relations complexes et mouvantes avec les différentes parties prenantes à son activité : ses employés, clients, fournisseurs, autorités de contrôle, société civile, etc. Cette vie en réseau s'organise autour de relations de marché, contractuelles, de hiérarchie et informelles dans une large mesure.

Répondre aux défis de financement

Au vu de ses ambitions futures, l'entreprise est confrontée à des défis de financement pour gérer son expansion. Pour y répondre, elle a souvent recours à l'épargne publique sur les marchés boursiers. Elle noue ainsi de nouvelles relations avec des organisations dont les règles et les exigences peuvent lui paraître étrangères. La mutation de la structure capitalistique introduit une distinction croissante entre le statut de propriétaire (ou ses représentants) et celui de dirigeant. Si la propriété comprend, bien entendu, l'approbation des grandes orientations de l'entreprise, elle requiert tout autant des garanties de confiance dans la capacité de l'équipe dirigeante à mener à bien la mise en œuvre de cette stratégie ainsi qu'à anticiper et à réagir de manière appropriée aux impondérables de l'activité économique. Dans le cadre de la relation mandant-mandataire, la délégation du management de l'entreprise à un agent qui n'en est pas propriétaire se double d'intérêts potentiellement divergents (objectifs à des horizons temporels différents...) sur fond d'asymétrie d'information et de risques d'opportunisme.

---

1. Partie rédigée par Muriel Fontugne et Jean-Michel Paris.

Parallèlement, des groupes représentant divers courants d'opinion de la société civile affirment des exigences plus marquées de responsabilité sociétale de l'entreprise (respect des droits de l'Homme, de l'environnement, de l'éthique, de la sécurité des personnes et des produits...). Ainsi, à des titres divers, de nombreux interlocuteurs se structurent pour exprimer des attentes explicites, précises et légitimes de transparence vis-à-vis de leurs propres intérêts. On passe ainsi progressivement d'un système d'*insiders* à un autre basé fondamentalement sur des *outsiders* qu'il s'agit de traiter équitablement. L'entreprise se doit donc d'engager une réflexion profonde sur la manière dont elle est gouvernée, dont elle agit et dont elle communique. Elle peut ainsi lever en partie le voile sur les circuits internes et nous faire pénétrer quelque peu dans la boîte noire.

Traditionnellement, il est de la responsabilité ultime du conseil d'administration de s'assurer de l'intégrité des données financières internes formellement communiquées à l'extérieur. Cette responsabilité s'étend donc naturellement aux nouvelles dimensions sociétales et environnementales. Ces informations doivent refléter les vraies conditions de l'entreprise. Il est impératif pour le conseil d'administration de mettre en place des mécanismes qui lui permettent d'assumer effectivement l'ensemble de ses responsabilités. Il s'agit bien d'une question de gouvernance.

> **La gouvernance d'une entreprise peut être décrite comme le système par lequel une société est dirigée et contrôlée.**

La gouvernance d'une entreprise peut être décrite comme le système par lequel une société est dirigée et contrôlée. Ce système détermine les rôles et responsabilités ainsi que les droits des différents participants à la vie de la société tels que le conseil d'administration (conseil de surveillance le cas échéant), les dirigeants, les actionnaires et autres parties prenantes ; il détermine également les règles et procédures de prise de décision, notamment dans la définition des objectifs stratégiques, l'arbitrage de l'allocation des ressources ou le pilotage et le suivi ; il concerne le respect des droits des actionnaires (le traitement équivalent de tous les actionnaires, les exigences de visibilité, transparence et diffusion de l'information...) ; enfin, il repose sur une infrastructure de maîtrise de risques comme levier d'action incontournable. Pour être robuste, cette infrastructure concerne impérativement tous les risques : par-delà les risques économiques et financiers, elle permettra d'intégrer les dimensions sociétales ou éthiques ainsi qu'environnementales, en vue d'obtenir un développement qui s'inscrit véritablement dans la durée et qui peut être suivi publiquement sur ces trois axes[1].

Ainsi, avant d'approfondir certaines réponses de gouvernance – notamment en termes éthiques – que peut apporter l'entreprise, nous attacherons-nous à établir une typologie des parties prenantes et de leurs attentes respectives et un référentiel du gouvernement d'entreprise.

---

1. « Triple bottom line ».

Les différentes parties prenantes et leurs attentes

> ▶ Il est nécessaire d'identifier ses parties prenantes, d'analyser leurs motivations, d'expliquer leurs exigences et de comprendre leurs moyens d'expression, voire de pression.

Préalablement à toute évolution de son système de gouvernance, il est nécessaire d'identifier ses parties prenantes, d'analyser leurs motivations, d'expliciter leurs exigences et de comprendre leurs moyens d'expression, voire de pression.

Une partie prenante est un individu ou un groupe d'individus pouvant affecter ou être affecté directement ou indirectement par les stratégies, les actions, les messages (et leurs conséquences) que l'organisme met en œuvre pour atteindre ses objectifs. Les parties prenantes peuvent être internes ou externes ; un individu peut faire partie de plusieurs catégories simultanément.

Au premier rang de celles-ci, on trouve les apporteurs de fonds, avec lesquels s'instaure une boucle de communication. L'encart suivant prend l'exemple des marchés financiers (figure 1).

La valeur est définie entre le groupe et ses apporteurs de capitaux

Boucle de communication avec les marchés financiers

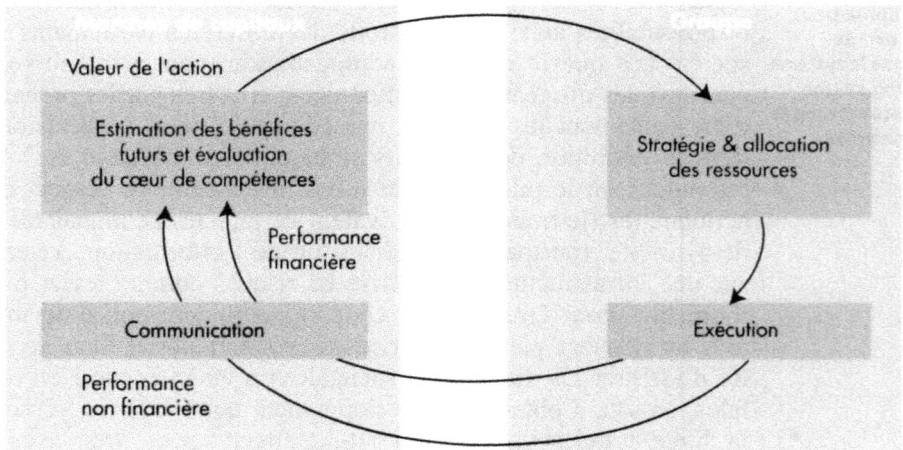

Source : Ernst & Young, 2001.

Figure 1. Boucle de communication avec les marchés financiers

Agréger les différents acteurs dans un ensemble dénommé « apporteur de fonds » serait par trop réducteur. Il est donc souhaitable, comme dans le tableau ci-dessous, d'affiner le « portrait robot » des interlocuteurs pour mieux cerner leurs motivations, les exigences qu'ils peuvent avoir ainsi que leurs moyens d'expression (figure 2). Il est également utile de chercher à mieux comprendre leurs sources d'informations respectives et la manière dont ils forment leur opinion.

Quelques apporteurs de fonds	Motivations (indicatives)	Exemples d'exigences à l'égard de l'entreprise	Exemples de moyens d'expression
Actionnaires sociétés	– Retour sur investissements – Parts de marché – Masse critique – Savoir-faire – Observation concurrence	– Résultats financiers, dividendes – Informations pertinentes – Orientations stratégiques – Maîtrise et sincérité	– Administrateur au conseil d'administration si la participation le justifie – Participation active (exercice du droit de vote...) à l'assemblée générale
Actionnaires Investisseurs institutionnels (gestionnaire de leurs propres fonds ou de l'épargne publique)	– Optimisation de la valeur boursière du portefeuille – Gestion en « portefeuille »	– Transparence des informations – (Sur)performance de l'équipe dirigeante vis-à-vis des pairs – Rentabilité à court terme – Maîtrise et sincérité	– Administrateur au conseil d'administration si la participation le justifie – Achat ou vente de titres – Pression directe sur l'équipe dirigeante – Influence (par la communication de leur opinion) la capitalisation boursière et la capacité de lever des fonds
Actionnaires Personnes physiques	– Optimisation à terme de la valeur boursière du portefeuille	– (Sur)performance du cours et des dividendes – Traitement équitable des actionnaires minoritaires, y compris atomistiques – Maîtrise et sincérité	– Activisme par le biais d'associations d'actionnaires minoritaires – Participation active lors des assemblées – Forums Internet appréciant le comportement des dirigeants ou actionnaires principaux
Actionnaires salariés	– Meilleure rémunération et perspective de plus-value – Perspective de financement de retraite	– Dividende et valorisation de l'action – Pérennité des opérations – Traitement équitable des actionnaires minoritaires, y compris atomistiques	– Activisme par le biais d'association interne à la société – Motivation et performance dans son travail – Option de quitter l'entreprise
Banque	– Rentabilité et sécurité des prêts effectués – Maximisation des sommes gérées et services offerts	– Usage adéquat des sommes prêtées – Maîtrise et sincérité	– Accord ou refus de financements – Fixation du coût du crédit

Source : Ernst & Young, 2001.

Figure 2. Les exigences des apporteurs de fonds

Afin d'avoir une véritable vue d'ensemble, l'exercice doit s'étendre au-delà des apporteurs de fonds pour prendre en compte l'ensemble des parties prenantes. On retiendra notamment le personnel, les partenaires sociaux, les agences de notation financière, les analystes financiers, les agences de notation sociétale et environnementale, les groupes de pression environnementaux, le développement durable, l'opinion publique et les représentants des citoyens, les pouvoirs publics nationaux et supranationaux (y compris les régulateurs), les clients, fournisseurs et prestataires, ainsi que les concurrents ou les associations professionnelles.

En élargissant le spectre, on s'aperçoit que la teneur de la communication évolue naturellement des informations purement économiques et financières sur la valeur de l'entreprise, vers des informations portant également sur ses valeurs, son fonctionnement, et son attitude sociétale ou environnementale.

La prise en compte de certains de ces groupes comme des interlocuteurs à part entière est une relative nouveauté pour beaucoup d'entreprises. Par conséquent, les structures internes n'ont pas toujours eu le temps d'évoluer. Citons l'exemple des directions financières ou des équipes de relations investisseurs dépourvues face à des demandes d'informations environnementales précises. C'est en faisant ce tour d'horizon, en suivant l'évolution des attentes de chaque groupe au cours du temps, et en lisant leurs interactions (intérêts antinomiques ou convergents), que l'entreprise reconstitue son univers. C'est la toile de fond indispensable pour réexaminer l'adéquation continue des structures héritées du passé aux nouvelles conditions. De nombreuses voix s'élèvent pour présenter leur vision de ce qu'il convient de faire. La partie suivante présente ce débat.

L'évolution du référentiel des principes de gouvernance

▷ **L'organisation de la direction de l'entreprise doit être pensée pour s'adapter à la redéfinition des règles du jeu.**

L'entreprise doit se doter des moyens d'intégrer ces considérations souvent contradictoires par une réflexion approfondie qui va au-delà de la simple conformité aux lois et règlements. En particulier, l'organisation de la direction de l'entreprise doit être pensée pour s'adapter à la redéfinition des règles du jeu, notamment dans l'articulation des organes sociaux et exécutifs, mais également dans la déclinaison du pilotage des différentes entités du Groupe. *In fine*, l'entreprise doit fonctionner efficacement et être capable de communiquer explicitement en anticipation et en réponse aux diverses exigences.

Comme toujours, les normes émergent suite à la confrontation de différents modèles. En matière de gouvernement d'entreprise, les propositions alternatives, les « recommandations » ne manquent pas. Elles proviennent d'institutions supranationales (l'Organisation pour la coopération et le développement économique ou la Banque mondiale), d'investisseurs institutionnels (le fonds de pension californien CalPers est sans doute le plus connu), d'instituts ou d'associations professionnelles (l'Association française de gestion, the Business Round Table, the European Association of Securities Dealers, the European Corporate Governance Institute, etc.), de cabinets d'avocats ou de conseil, ou encore de groupes de pression.

Le débat n'est pas clos, mais les différentes réflexions nationales européennes ont atteint une certaine maturité et sont beaucoup plus formalisées. Dans un premier temps, elles ont typiquement pris la forme de commissions présidées par des figures éminentes du monde des affaires, comme MM. Viennot en France ou Olivencia en Espagne. Les conclusions de ces commissions n'ont pas toujours été traduites dans la loi imposant des contraintes rigides aux entreprises. Cependant le KontraG allemand, la loi sur les « nouvelles réglementations économiques » en France ou la réglementation sur les sociétés cotées sur le marché boursier londonien s'appliquent d'ores et déjà.

Outre les figures imposées par les différentes législations applicables, il n'en demeure pas moins que les marges de manœuvre laissées aux Groupes sont substantielles. De nombreux points restent à leur discrétion, ce qui permet d'adopter une politique interne propre au vu de son histoire et de ses enjeux. Vis-à-vis de l'interne, il s'agit d'engager un processus fédérateur particulièrement utile dans le cas des groupes s'étant internationalisés très rapidement. Plus le groupe compte de *joint-ventures* et de partenaires (minoritaires ou non), plus le besoin de fixer des règles d'une cohérence globale se fait sentir.

> **Plus le groupe compte de *joint-ventures* et de partenaires (minoritaires ou non), plus le besoin de fixer des règles d'une cohérence globale se fait sentir.**

Au plus haut niveau de l'organisation, la réflexion porte sur la structuration et le mode de fonctionnement du conseil d'administration et des instances de direction, non seulement pour la tête de groupe, mais également pour toutes les personnalités juridiques qui composent le Groupe : le rôle effectif du conseil d'administration et la répartition des pouvoirs ; le mode de travail du conseil et sa formalisation ; les rôles respectifs du président du conseil et, le cas échéant, du directeur général exécutif ; la taille du conseil et les profils types de ses membres ; l'origine et la désignation des administrateurs ; la présence de membres du conseil « indépendants » du Groupe ; le cumul des mandats ; les limites d'âge ; les comités spécialisés tels que les Comités d'audit, de rémunération, etc. ; la politique d'amendement des statuts ; la politique de rémunération des membres du conseil et des dirigeants ; l'évaluation de la performance du conseil et de ses membres ; les contacts des administrateurs avec l'équipe dirigeante et les demandes d'études externes.

La réflexion doit porter de manière simultanée sur la politique de relation avec les actionnaires, notamment en termes de contenu du rapport annuel et des autres canaux d'information aux actionnaires, de droits des actionnaires (y compris minoritaires) et l'assemblée générale (par exemple, la politique vis-à-vis de la formulation des résolutions soumises au vote), et d'indépendance des commissaires aux comptes.

L'initiative de cette réflexion revient bien souvent à la tête de Groupe. C'est le cas des groupes où la seule entité cotée est la maison mère. Il est toutefois intéressant de noter qu'une filiale cotée peut elle-même être à l'origine du mouvement du fait de sa propre obligation de communication ou de conformité à une réglementation. Dans ce second cas, la tête de groupe se doit de reprendre l'initiative. Ainsi les situations où plusieurs sociétés cotées coexistent au sein d'un même groupe, parfois dans un système de « poupées russes », obligent à définir une construction plus complexe qui place nécessairement les administrateurs représentant la maison mère au centre du dispositif. En effet, en reprenant les enseignements des recherches sur les systèmes viables, la sophistication et la professionnalisation de l'entreprise doivent être en adéquation avec la complexité de l'environnement des affaires, notamment par un dispositif récursif permettant de donner des gages aux parties prenantes du bon fonctionnement du groupe dans son ensemble et sa diversité, aux différents niveaux organisationnels. Il est patent que cette réflexion touche à l'essence même de la vie du Groupe, objet de la partie suivante.

Affirmer sa position, la mettre en œuvre et la communiquer

La vision attachée à un véritable gouvernement de l'entreprise doit s'ancrer dans les opérations courantes de celle-ci de manière à véritablement justifier la confiance des parties prenantes (apporteurs de fonds en sauvegardant leur investissement, ou autres parties intéressées en tenant compte des conséquences sociétales et environnementales des activités de l'entreprise). L'articulation retenue doit donc tenter d'optimiser une réponse à des intérêts divergents, ce qui n'équivaut pas à la maximisation des retours pour tel ou tel groupe. En pratique, la cohérence d'ensemble peut reposer sur de multiples leviers (figure 3). Nous retiendrons en particulier les points suivants.

- Prise de position volontariste traduite par l'adoption d'une charte de gouvernement d'entreprise pour l'ensemble des entités juridiques du Groupe, c'est-à-dire les règles de fonctionnement.
- Démarche proactive visant à s'assurer des comportements éthiques de la part de l'ensemble des collaborateurs, quels que soient leurs pays d'origine ou de travail ou leurs cultures, c'est-à-dire les règles de comportement.
- Démarche de professionnalisation des administrateurs.
- Démarche de gestion globale des risques[1] et de développement durable intégrée.

---

1. Cf. chapitre 8.

– Mutation d'une communication focalisée sur les résultats économiques et financiers vers la structuration d'une communication coordonnée, ouverte et précise sur tous les axes du développement durable.

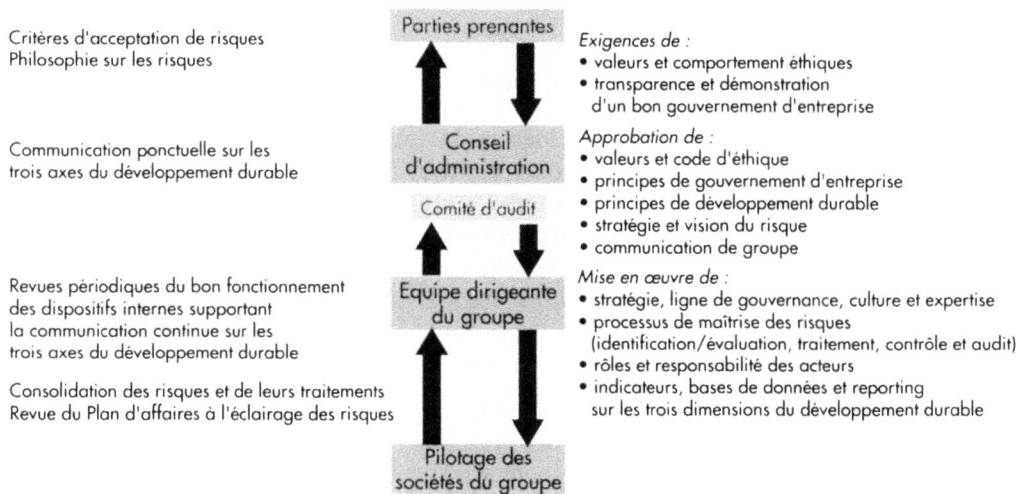

Critères d'acceptation de risques
Philosophie sur les risques

Parties prenantes

Exigences de :
• valeurs et comportement éthiques
• transparence et démonstration
  d'un bon gouvernement d'entreprise

Communication ponctuelle sur les trois axes du développement durable

Conseil d'administration

Approbation de :
• valeurs et code d'éthique
• principes de gouvernement d'entreprise
• principes de développement durable
• stratégie et vision du risque
• communication de groupe

Comité d'audit

Revues périodiques du bon fonctionnement des dispositifs internes supportant la communication continue sur les trois axes du développement durable

Equipe dirigeante du groupe

Mise en œuvre de :
• stratégie, ligne de gouvernance, culture et expertise
• processus de maîtrise des risques
  (identification/évaluation, traitement, contrôle et audit)
• rôles et responsabilité des acteurs
• indicateurs, bases de données et reporting
  sur les trois dimensions du développement durable

Consolidation des risques et de leurs traitements
Revue du Plan d'affaires à l'éclairage des risques

Pilotage des sociétés du groupe

Source : Ernst & Young, 2001.

Figure 3. Gouvernement d'entreprise et cohérence du groupe

▶ **Les comités d'audit sont souvent de fervents adeptes d'une approche globale des risques.** Le Comité d'audit est souvent central dans ce dispositif. De nombreux conseils d'administration délèguent en effet à leur Comité d'audit le détail du suivi de la qualité des contrôles internes financiers, juridiques, éthiques ou autres. Les Comités d'audit sont donc souvent de fervents adeptes d'une approche globale des risques.

L'intérêt d'une démarche d'éthique des affaires

Dans cette partie, nous nous concentrerons sur l'intérêt que peut avoir pour l'entreprise le lancement d'une démarche « éthique des affaires » explicite[1]. Celle-ci trouve son ancrage dans les valeurs de l'entreprise qui constituent son identité. Elles sont immuables en dépit des évolutions au gré des circonstances, des stratégies, objectifs, moyens ou activités. Une charte d'éthique visera donc à décliner ces valeurs de façon plus précise et opératoire dans le contexte spécifique des métiers du Groupe.

---

1. Dans un exercice de cartographie de risques, par exemple, il se peut que l'exposition au « risque éthique » soit évaluée comme majeure du fait de ses conséquences sur la réputation.

Tout comme l'avènement de la démarche de gestion de la qualité a indéniablement fait progresser les opérations en explicitant l'amélioration continue (sur la base d'objectifs précis et de suivi d'indicateurs menant à des plans d'actions), l'éthique des comportements effectifs peut être améliorée en explicitant ce qui est attendu des individus et en suivant l'évolution des comportements à cette aune.

Les référentiels de l'éthique

> L'éthique définit les principes et les règles de conduite partagées par un groupe d'individus.

L'éthique définit les principes et les règles de conduite partagées par un groupe d'individus. Dans son acception anglo-saxonne, le terme est relativement centré sur la conformité à des règles (exemple : droits de l'Homme, du travail, ou règlement des relations avec les tiers tels que les clients ou les fournisseurs...) d'où la rapide émergence de nombreux *compliance officers*, alors que diverses sensibilités européennes sur le continent recouvrent un sens humain plus large. La conformité aux lois et règlements relève d'une approche *a minima* qui peut être transcendée par les prises de positions propres de l'entreprise.

Ici encore de nombreuses voix présentent des référentiels tels que les Nations unies (Global compact présenté par K. Annan à Davos en 1999), des indépendants (par exemple, les règles *Global Sullivan Principles* édictées par un pasteur sud-africain) ou des groupes de réflexion (*Global Reporting Initiative*), etc. De manière opérationnelle, il existe une norme internationale (SA 8000) qui a vocation à être universellement applicable quelles que soient l'implantation géographique, la taille ou la nature des activités. Cette norme couvre la main-d'œuvre infantile, la main-d'œuvre forcée, la santé et la sécurité, la liberté syndicale et le droit de négociation collective, la discrimination, les pratiques disciplinaires, les heures de travail, la rémunération, et les systèmes de management.

La posture socioéthique des entreprises devient un facteur discriminant aux yeux de certaines parties prenantes, en particulier les fonds d'investissement « socialement responsables » ou plus simplement les clients ou distributeurs qui peuvent soumettre leurs commandes à un engagement éthique de la filière ou du sous-traitant, sans parler des consommateurs finaux dont le boycott peut faire entrer une entreprise en état de crise. L'ombre de la sanction commerciale associée à une réputation « entachée » n'est jamais très loin. Si le marché apporte ses risques (71 %[1] des Français estiment que l'entreprise a une responsabilité éthique vis-à-vis de ses salariés), il ouvre également des opportunités (74 % des Français se disent prêts à payer plus cher un produit éthique).

---

1. D'après une étude réalisée par la Sofres en février 2001 : « Les Français et l'entreprise responsable ».

Si les marques « grand public » sont peut-être plus exposées à une sanction des consommateurs, l'ensemble des secteurs est concerné par la réaction des investisseurs qui, soit directement, soit par l'intermédiaire des gestionnaires de fonds, se préoccupent de plus en plus de l'usage qui est fait de leurs deniers. À cet égard, on retient en particulier l'émergence d'agences de notation (par exemple Arese en France) et d'indices (citons FTSE4Good ou Dow Jones Sustainability index) qui complètent les notations financières traditionnelles en couvrant les aspects sociétaux et environnementaux. Cette démarche contribue à l'objectivation des comparaisons intra et intersectorielles multicritères et à investir son épargne de manière mieux informée.

L'impact positif de l'éthique

Un corpus de recherche montre qu'un comportement éthique est un vecteur porteur pour l'entreprise par son impact bénéfique sur les processus de décision (par la protection qu'ils assurent à l'individu en réduisant l'opportunité de conflits d'intérêts), la satisfaction au travail et l'engagement du personnel, le niveau de stress dans l'entreprise, le *turnover* du personnel et par conséquent l'efficacité opérationnelle. Cet aspect positif interne seul, bien que difficilement quantifiable, peut suffire à justifier la démarche. Cependant, les enjeux étant en partie externes à l'entreprise, l'engagement se fait souvent de manière publique.

> Un comportement éthique est un vecteur porteur pour l'entreprise par son impact bénéfique sur les processus de décision.

L'éthique d'une entreprise étant la résultante d'une agrégation d'une multitude de microdécisions, c'est bien un changement des comportements individuels qui est visé. Afin d'adopter la meilleure stratégie, il est donc primordial de comprendre ce qui sous-tend les comportements. Bien que le discernement individuel puisse être codifié dans une charte, la variété des situations implique un travail au niveau de la culture même de l'entreprise. Le tableau suivant présente des actions potentielles par ordre de criticité dans l'appropriation d'une culture véritablement éthique par les hommes et les femmes confrontés aux réalités des affaires sur le terrain (figure 4).

Grande importance	Importance relative	Faible importance
• Leadership visiblement éthique • Inclusion de critères éthiques dans le processus de sélection • Formation à l'éthique s'appuyant sur des situations concrètes • Code de conduite • Inclusion dans les systèmes d'évaluation de la performance • Réduction des opportunités de défaillance personnelle par des systèmes de prévention (ex : évitement des conflits d'intérêts)	• Existence de parrains ou conseillers • Communication régulière sur le sujet • Mise en place d'une hotline • Enquête d'opinion sur le sujet	• Système de pénalité • Récompenses positives pour les personnes ayant l'attention sur des comportements non éthiques • Hausse des rétributions • Signature personnelle pour suivre le Code de conduite

Source : Ernst & Young, 2001.

Figure 4. Vers une culture d'entreprise éthique

Responsabilité et adhésion à l'éthique

L'adhésion doit être suscitée par l'implication personnelle et le comportement du président et de son équipe de direction. Ils doivent donner le ton pour ce voyage au long cours en s'appuyant sur une structure pour faire vivre la démarche : une nouvelle entité (comité d'éthique, nomination d'un responsable central avec des relais dans les entités du Groupe, une *hotline* pour « sonner l'alarme », etc.) ou la mutation de structures traditionnelles telles que les RH. Certaines professions se dotent de leurs propres règles qui induisent une fonction. Ainsi, dans le secteur bancaire français par exemple, l'aiguillon réglementaire pousse à la formalisation du poste de déontologue.

Si la responsabilité sociale peut aller au-delà de la conformité au droit, la question de l'applicabilité de textes internes peut être ardue. Dans le droit du travail français qui est particulièrement développé, une charte d'éthique ne rentre pas naturellement dans le cadre restreint du règlement intérieur. Son opposabilité juridique aux employés n'est donc pas automatique. Une élaboration participative peut en faire un document plus incitatif que coercitif.

▶ La crédibilité, la robustesse, la pertinence et l'actualité des informations sont les enjeux d'une communication réussie.

La crédibilité, la robustesse, la pertinence et l'actualité des informations sont les enjeux d'une communication réussie. Les standards de communication et de reporting sont en cours de convergence. La récente loi française sur les nouvelles régulations économiques introduit l'obligation pour les sociétés cotées de compléter leurs comptes financiers par des données environnementales et sociales[1]. Dans ce cas, au même titre que les commissaires aux comptes certifient la véracité des informations financières publiées, la confiance dans les données extra-financières sera elle-même renforcée de manière similaire par des revues indépendantes.

Il semble que les tendances qu'on observe enrichissent le dialogue entre analystes, agences de notation, investisseurs et entreprises (figure 5). L'harmonisation progressive des critères et méthodologies d'évaluation et du format de reporting participent d'une meilleure lecture comparée des situations et contribuent à des choix basés sur des informations plus complètes et fiables.

La valeur est définie entre le groupe et ses parties prenantes

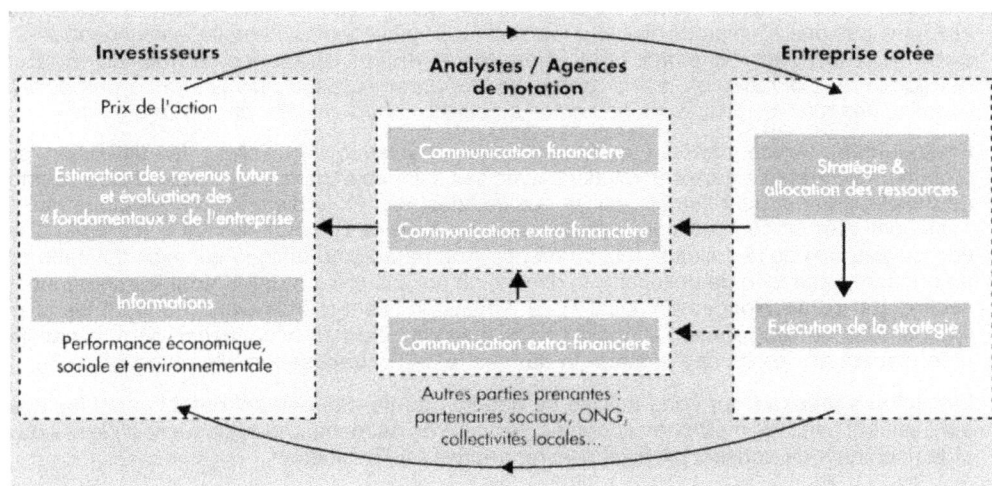

Source : Ernst & Young, 2001.

Figure 5. Communication et parties prenantes

S'il a été possible de diriger une entreprise ayant du succès sur les marchés sans s'inscrire particulièrement dans les principes du développement durable, ce temps est révolu car les dires de l'entreprise, ses actes et leurs conséquences se retrouvent sous la loupe non pas uniquement du législateur mais de l'ensemble des composantes de la société. Il ne s'agit donc pas d'une mode

---

1. À l'heure où nous écrivons ces lignes, le décret d'application n'est pas publié. Les modalités d'application ne sont donc pas encore connues.

passagère. Les entreprises leaders de demain partageront ce mode de comportement inscrit dans la durée et une saine interaction avec leurs parties prenantes.

Le rôle des agences de notation spécialisées en éthique et développement durable[1]

• Définition

« *La notion de développement durable et l'émergence d'agence de notation spécialisée est d'abord la conséquence d'un mouvement social, sociétal et environnemental.* » Les investisseurs de certains fonds de pension ont besoin d'informations qui leur sont apportées par des agences « éthiques » ou « de développement durable » (exemple : KLD aux États-Unis).

Il est important de préciser que « *le développement durable est différent de l'éthique* ». Le concept d'éthique est en effet trop proche du concept de moralité. Pour Arese, « *le rôle des agences de développement durable n'est pas de jouer les censeurs : on observe des phénomènes complexes et il n'y a pas une solution unique et universelle pour gérer les hommes dans les entreprises, pour éviter de polluer l'environnement [...]* ». Ainsi Arese, en tant qu'agence de notation, « *observe le développement durable, qui est la recherche d'une combinaison optimale entre des désirs, des besoins, des attentes très variés de parties prenantes, et aux intérêts parfois divergents* ».

Pratiquement, Arese observe et note les « *5+1 critères* » suivants : la dimension sociale (comment l'entreprise gère ses relations avec ses salariés et partenaires sociaux, sa contribution au développement ou à l'employabilité des salariés, etc. ?), la dimension écologique (les entreprises ont-elles un comportement responsable vis-à-vis de l'environnement ? : contrôle et réduction progressive de la pollution à la différence d'un paradigme éthique qui exclurait cette activité en refusant toute idée de pollution), la dimension société civile (quelles sont les contributions de l'entreprise au développement local ?), la dimension client-fournisseurs (qui sont les clients et fournisseurs de l'entreprise ?), la dimension actionnariale (les actionnaires sont-ils satisfaits ?) et le respect des droits de l'homme (la démarche de l'entreprise est-elle respectable ?).

Les acteurs présents sur cette activité de notation du développement durable sont les agences qui évaluent avec les méthodes adaptées, les centres de recherche apporteurs d'idées nouvelles et les cabinets de conseil, préparant les entreprises à l'évaluation.

• Principes

Le principe premier est la transparence des informations, sur les aspects et modes de gestion. Pratiquement, Arese utilise un certain nombre de critères pour évaluer le degré de responsabilisation des hommes dans l'organisation : y a-t-il une politique environnementale claire, avec des rapports ? Y a-t-il un rapport social ? Un autre principe est l'engagement des acteurs. Ainsi, selon Pascal Bello, « *le meilleur moyen de faire fonctionner une entreprise n'est pas forcément de la faire certifier mais avant tout d'engager la responsabilité des acteurs* ». Sans parler de consensus, un autre principe recherché consiste à vérifier que l'avis de tous est pris, lors de décisions majeures. Enfin, il convient d'observer l'importance de l'engagement dans des actions de long terme. Au final, Arese trouve « *très positif le fait de reconnaître les dysfonctionnements et accepter le droit à l'erreur, ce qui permet de se remettre en cause et de s'améliorer* ».

---

1. Intervention de Pascal Bello lors du colloque Afplane 2001.

Pascal Bello conclut sur l'idée de la pérennité du développement durable. « *Il est raisonnable, à niveau de performance économique supérieure ou égale, d'encourager des entreprises soucieuses du développement durable.* » Par ailleurs, on ne peut que constater l'émergence de l'activité de notation directe par les entreprises. À court terme, « *les entreprises vont devenir demandeuses de la notation et codéfinir les modalités d'évaluation de leurs activités* ».

DECAUX ET LE MOBILIER URBAIN : L'INTÉGRATION D'UNE ACTIVITÉ DE SERVICE DANS LE DÉVELOPPEMENT DURABLE[1]

L'activité de mobilier urbain de J.-C. Decaux permet d'illustrer l'intégration d'une activité de service dans le développement durable. Decaux est une société de médias, qui fournit aux annonceurs des espaces publicitaires dans la rue. Decaux opère dans trois marchés : le mobilier urbain (leader mondial), l'affichage grands formats (leader européen), les publicités dans les aéroports (leader mondial).

Le concept de mobilier urbain : recherche des critères de qualité

Le concept de mobilier urbain est né dans les années 60, lorsque J.-C. Decaux a cherché à concilier trois observations : l'essor de la publicité et le besoin de supports permettant de toucher des masses importantes, le développement de la préoccupation d'architecture et d'urbanisme pour les maires et le besoin d'équipements fonctionnels et esthétiques de leurs concitoyens. Le concept de mobilier urbain consiste à offrir aux villes l'ensemble des mobiliers dont elles ont besoin. En échange, l'entreprise obtient une exclusivité sur l'affichage publicitaire dans certaines zones. Tout est payé par le publicitaire, lequel trouve un moyen pour accéder à ses clients. Créé à Lyon en 1964, Decaux est aujourd'hui le leader mondial de la communication extérieure.

Le concept de mobilier urbain repose sur le design, l'innovation et la qualité et l'excellence en matière de propreté et de maintenance. Au niveau du design, Decaux a défini une gamme très large – du classique au futuriste – pour répondre précisément aux attentes des villes en terme d'esthétisme et d'architecture. En terme d'innovation, Decaux a également défini une gamme de produits très large – de simples à très sophistiqués sur le plan fonctionnel et technologique comme par exemple la sanisette automatique. Tous les équipements sont accessibles aux personnes handicapées. Par ailleurs, pour des raisons de coût et d'environnement, Decaux recycle désormais les affiches

---

1. Intervention de Gérard Degonse lors du colloque Afplane 2001.

en vie qui sont réutilisées comme matière première pour la fabrication de papier d'impression à base de vieux papier (sachant que Decaux compte plus de 500 000 panneaux dans le monde dont 55 000 en France). En ce qui concerne la qualité et l'excellence en matière de propreté et de maintenance, Gérard Degonse précise que c'est un critère de choix important pour les villes. Le schéma des appels d'offres pour les concessions est globalement le même dans toutes les villes du monde avec quatre ou cinq critères d'attribution pondérés différemment. Le critère financier ne représente pas plus de 25 %. Les autres critères sont la qualité des équipements fournis, l'expérience en terme de maintenance, et la qualité de l'entretien offert. « *Ces valeurs chaudes sont les critères essentiels de l'obtention des contrats.* »

Comment organiser le développement durable ?

> ▷ « La question du développement durable ne se pose pas car c'est dans nos gènes. »

Ainsi, « *pour la société J.-C. Decaux, la question du développement durable ne se pose pas car c'est dans nos gènes* ». La réflexion porte plutôt sur comment l'organiser ? Et à quel rythme ? Gérard Degonse fait le parallèle avec les agences de notation classiques. Celles-ci se sont développées de manière autonome dans un marché régulé et elles ont su trouver leur place en ne répondant finalement qu'à une seule question qui est celle du degré de solvabilité. « *Au travers des notations, on a réussi à établir tout le fonctionnement des marchés financiers sur le plan de la dette. La réponse simple par des agences autonomes et indépendantes à cette question a eu un effet positif sur l'ensemble du système qui est extraordinaire. C'est encourageant si on veut se lancer dans des systèmes de notation.* »

Les entreprises se sont rendu compte également qu'une démarche de notation volontaire de leur part est intéressante. Cet acte volontaire se paye et le service offert par les agences est de qualité. Cependant, si « *la notation est transparente, le processus reste discrétionnaire* ». Enfin, la notation est faite à l'instant présent, et « *l'agence de notation n'a pas pour vocation d'être le rempart contre une crise éventuelle* ».

Gérard Degonse retient les expériences de notation suivantes :

– l'aspect positif de pourvoir mesurer et objectiver la politique d'une société sur un sujet donné ;
– l'intérêt de laisser la liberté de la notation aux acteurs économiques, c'est-à-dire de laisser la liberté de se faire noter ou non et la prise des risques conséquente aux entreprises d'autant plus que les parties prenantes considéreront ou non ces notations ;
– « *la transparence de l'information est la meilleure garantie du respect de l'autre et donc de la responsabilisation des différents acteurs* ».

La gestion de projets longs et complexes

6

L'entreprise peut se concevoir comme une combinaison de projets, avec pour chacun un horizon, une incidence, et une mobilisation de ressources différentes. Ce chapitre s'intéresse à la manière de gérer les risques associés à un projet et tout particulièrement les projets longs et complexes, les projets innovants et les projets stratégiques pour l'entreprise de par leur ampleur.

Dans une première partie, Bruno Dripaux et Christophe Aubin exposent une démarche structurée visant à identifier, traiter et suivre les risques que peuvent rencontrer les chefs de projets ou les personnes responsables de management de projet. Cette démarche répond notamment à l'évolution de la gestion de projet s'inscrivant de plus en plus « *dans un processus dynamique multidimensionnel* ». Pour illustrer leur propos, ils donnent l'exemple d'un projet de construction d'une centrale électrique dans un pays émergent.

Denis Laroche, Chairman du Risk Assessment Commitee d'Alcatel, présente la gestion des risques projets et effectue un retour d'expérience sur le « *Risk Assessment Commitee* », créé par S. Tchuruk. Ce comité a précisément pour objet d'analyser et d'évaluer les risques. Denis Laroche présente notamment l'exemple de la mise en place d'une procédure de « *Risk Assessment* » reposant sur le principe que « *l'analyse de risque est de la responsabilité de l'équipe projet* ».

Dans une troisième partie, Michel Mercadier traite des risques stratégiques propres aux investissements ferroviaires à la SNCF et note que les méthodes classiques sont insuffisantes pour évaluer l'impact des innovations technologiques et organisationnelles sur les clients. Comment vérifier et renforcer la pertinence des projets « innovants » ? Michel Mercadier donne deux exemples concrets vécus par la SNCF : le cas des trains rapides nationaux et celui du ferroutage.

GESTION DE PROJETS ET GESTION DES RISQUES[1]

La démarche structurée du projet

Le terme de projet recouvre des réalités très variées. L'entreprise peut s'engager sur des « projets » aussi différents qu'une réorganisation interne, la fusion avec une autre entité juridique, la création d'une *joint venture*, un partenariat commercial, l'acquisition d'un actif (société ou actif purement physique), la cession/vente d'une activité ou encore la construction réelle de produit, d'infrastructures, etc. Dans ce texte, nous restreindrons notre analyse aux projets de construction.

La gestion de projets vise à maîtriser, *in fine*, deux dimensions fondamentales pour la réussite du projet, à savoir les coûts et les délais, tout en respectant les obligations contractuelles (qualité, performance...). Historiquement, la gestion de projets était essentiellement linéaire, axée sur le découpage en tâches élémentaires et l'enchaînement des différentes tâches dans le temps. Désormais, la gestion de projet s'inscrit dans un processus dynamique multi-dimensionnel.

En effet, un projet n'est autre qu'une « entreprise » qui doit se doter de structures. Le projet a son propre Profit&Loss (P. & L.), un chef de projet pour patron, et une organisation, plus ou moins virtuelle, visant à incorporer les compétences nécessaires à son bon déroulement. Ainsi, le projet est soumis à toute la palette des risques que l'on retrouve dans l'entreprise : risques commerciaux, juridiques, technologiques, opérationnels, organisationnels, financiers, fiscaux, humains, politiques, environnementaux, liés au contexte, etc.

Il est important d'avoir une vision globale des risques afin de vérifier, en amont, la bonne adéquation de la rentabilité attendue avec les risques pris. Une fois la décision prise, il est nécessaire de connaître les risques qui peuvent causer des dérapages importants en terme de coûts et de délais. Par vision globale nous entendons l'identification des risques, l'appréciation de leur probabilité de survenance, l'appréciation de leurs impacts potentiels (financier ou autre), de la période la plus critique pendant laquelle ils peuvent se manifester aux effets de contagion potentiels entre les événements.

> Un projet nécessite une démarche structurée vis-à-vis de ses risques, prenant en compte la nouveauté de l'environnement dans lequel il s'inscrit.

Un projet nécessite donc une démarche structurée vis-à-vis de ses risques, prenant en compte la nouveauté de l'environnement dans lequel il s'inscrit. Cette démarche se doit d'être pragmatique, concrète et efficace, car toute action ou inaction a des répercussions quasi immédiates sur le P. & L. du projet. À titre d'exemple, la quantification des risques en unité monétaire,

---

1. Partie rédigée par Bruno Dripaux et Christophe Aubin.

sert de base au calcul des provisions pour risques dans le P. &. L, et a donc un impact sur le prix de vente.

Bien que la méthodologie puisse varier d'une entreprise à l'autre, il est important de normer la démarche en adoptant une typologie pour classer et trier les risques identifiés et une règle de mesure des impacts et probabilités commune à l'ensemble des risques (par exemple : l'impact minimum, l'impact le plus probable, l'impact maximum).

Quelle que soit la méthodologie définie, l'approche comprend les étapes suivantes : l'identification des risques, la conception et mise en œuvre de plans d'actions, le suivi des opérations.

Actions à mettre en œuvre pour faire face aux risques

L'ensemble des points suivants contribue à déterminer si le risque est acceptable en l'état ou non : inventaire structuré des risques ; identification des causes ; identification des facteurs réducteurs/aggravants de risques ; estimation des effets de diffusion potentiels et de compensation de risques ; définition de la période/phase critique ; estimation de la probabilité de survenance ; estimation de l'impact en termes de coût et délais et définition des indicateurs précurseurs.

Les plans d'actions permettent d'aboutir à des risques résiduels que l'on peut couvrir par des provisions. Ils comprennent notamment les actions suivantes : déterminer les mesures permettant de réduire le risque (contrats d'assurance, couvertures financières, actions de management) ; évaluer la pertinence économique des plans d'actions (comparer le coût incrémental nécessaire pour réduire le risque avec son impact potentiel) ; identifier si les actions préconisées sont de nature à réduire la probabilité de survenance ou l'impact ; nommer un responsable pour la mise en œuvre ; déterminer des indicateurs de performance.

Les actions de suivi (figure 1) permettent de réactualiser, si nécessaire, les plans d'actions et les provisions. Il s'agit particulièrement de réévaluer périodiquement les risques identifiés, en particulier lorsqu'il y a eu des modifications dans le déroulement du projet et d'effectuer un audit extérieur à l'équipe projet.

Fiche de suivi de risque

Risque :		Responsable :

Facteurs clés de succès :

Parties concernées :	Causes :	Probabilité
Facteur aggravant :	Facteur réducteur :	
Ressources en risque :	Conséquences :	Impacts
Facteur aggravant :	Facteur réducteur :	

Plan d'action :	Indicateur d'évaluation de performance :
Date de révision :	Phase concernée du projet :

Source : Ernst & Young.

Figure 1. Fiche de suivi de risque sur un projet

Un exemple de projet : la construction d'une centrale électrique en « BOT »

Considérons un projet de construction d'une centrale électrique (cycle combiné au gaz naturel) dans un pays émergent. Le délai de construction d'une telle centrale n'est pas excessif (environ trois ans). Le risque en tant que fabricant se limite à livrer la centrale à la date prévue en respectant les prescriptions techniques.

Pour gagner un tel contrat de construction, certains gouvernements demandent un financement du type « Build Operate Transfer ». Le « BOT » conduit le constructeur à devenir opérateur pendant le temps nécessaire au remboursement du financement avant le transfert de la propriété. Aux risques de construction s'ajoutent alors les risques liés au métier d'opérateur. Ce sont l'ensemble de ces risques que nous allons analyser dans cette partie.

Dans le cadre d'un BOT, plusieurs sources de risques existent : l'élaboration du *business plan* et la localisation du projet, le financement du projet et la couverture des risques.

L'élaboration d'un *business plan* intégrant l'ensemble des risques sur l'horizon pendant lequel le constructeur est opérateur devient nécessaire. Ce *business plan* doit être suffisamment riche en terme d'élaboration de scénarios, conçus autour de différents éléments. Parmi ces éléments, les quantités vendues peuvent faire estimer sur la base de scénarios de croissance économique, de l'élasticité de la demande électrique par rapport à la croissance, de la clientèle visée (industrie, particuliers, quel portefeuille de clients ?), de l'évolution du prix des énergies concurrentes, de l'existence ou non de contrats de vente à long terme, etc. L'évolution du prix de vente peut tenir compte des caractéristiques de l'offre et de la demande à moyen-long terme, des contraintes de régulation sur les niveaux de prix (notamment pour les petits clients), etc. L'évolution du coût du combustible, coût particulièrement élevé pour les centrales fonctionnant avec des combustibles fossiles, sur des horizons longs est aussi difficile que celui du prix de l'électricité. D'autres éléments doivent également être examinés avec attention : l'évolution du coût de la main-d'œuvre (lois sociales, pratiques salariales, *turnover*, compétences en place, etc.) ; le taux de disponibilité de la centrale (évaluer le taux de disponibilité annuel moyen de la centrale et établir un scénario de panne prolongée pour avarie technique) ; le taux de change de la devise du pays par rapport à la devise de compte du constructeur-opérateur (élaborer un scénario de décrochage fort de la devise locale par rapport à la devise des comptes de l'opérateur) ; l'évolution des lois et règlements, des taxes ou encore des contraintes environnementales (modéliser la sensibilité de la rentabilité à une évolution des assiettes et du taux de taxation et aux nouvelles contraintes environnementales).

> ▷ *L'élaboration d'un business plan intégrant l'ensemble des risques sur l'horizon pendant lequel le constructeur est opérateur devient nécessaire.*

La localisation du projet est également source de risque à plusieurs niveaux. Le pays choisi fait courir des risques macroéconomiques à l'opérateur comme une dévaluation potentielle de la devise, notamment lorsqu'il s'agit d'un pays émergent pour lequel il est impossible d'adosser des emprunts longs dans la devise du pays avec des conditions de taux correctes. De plus, l'impossibilité de sortir des devises d'un pays (contrôle des changes) n'est pas à exclure sur un horizon de moyen-long terme.

> ▷ *Le risque de régulation n'est pas propre aux pays émergents mais dépend de la culture et des pratiques existantes en la matière.*

Le risque de régulation n'est pas propre aux pays émergents mais dépend de la culture et des pratiques existantes en la matière. Le prix de vente peut être revu suite à une obligation imposée par les autorités de régulation ou les gouvernements locaux. Il n'est pas toujours économiquement souhaitable d'adopter une dette en devise locale (dette trop courte et taux parfois rédhibitoires). Dans ce cas, une dette libellée dans une devise corrélée est une solution (exemple : dette en dollar US en Amérique latine). Quelle que soit la solution adoptée, le risque de change demeure car les revenus sont toujours en monnaie locale (sauf indexation des recettes sur la devise de la dette).

Il est prudent de choisir une dette dont la maturité correspond à la durée pendant laquelle le constructeur opère la centrale sinon ce dernier s'expose à des risques de taux (si la dette est plus courte, lorsqu'il s'endettera à nouveau, il subira le taux du moment). Ce raisonnement n'est vrai que pour des emprunts à taux fixe. Notons que des emprunts à taux variable peuvent permettre de couvrir en partie le risque d'évolution de la demande en fonction du contexte économique (les taux courts sont souvent corrélés avec le niveau de croissance économique, les banques centrales augmentant en général les taux courts pour juguler l'inflation).

La couverture du risque nécessite de définir la prime de risque liée au projet, les contrats d'assurance et/ou les couvertures financières nécessaires pour réduire les risques et déterminer les éventuelles provisions pour risques du P. & L. De plus, les règles comptables internationales (IASB et FASB) conduiront probablement à comptabiliser la dette en *mark-to-market* en fin d'année avec des impacts significatifs dans les comptes.

LA GESTION DES RISQUES PROJETS CHEZ ALCATEL[1]

Denis Laroche présente les actions entreprises par Alcatel en matière de gestion des risques projets. Il définit notamment la procédure de *risk assessment* et les choix organisationnels effectués par l'entreprise. Celle-ci a scindé la responsabilité de la gestion des risques en deux organes de gestion : le *Risk Assessment Commitee*, comité créé par S. Tchuruk pour analyser et évaluer les risques des projets importants et le Comité de coordination des projets complexes, chargé de gérer leur bon déroulement. Le retour d'expérience proposé ci-dessous décrit les objectifs et modalités de fonctionnement de ces deux comités.

La création d'un Comité des risques

Le « Comité des risques » a été créé dans un contexte particulier : « *Le monde des télécommunications a été l'objet de bouleversements profonds dans les 5 dernières années.* » Le marché a connu, avec la déréglementation, l'apparition de nouveaux opérateurs et la délocalisation des opérateurs existants en dehors de leurs pays traditionnels, et adoptant des comportements de « nouveaux » opérateurs. L'époque où les clients d'Alcatel étaient des sociétés

---

1. Intervention de Denis Laroche lors du colloque Afplane 2001.

monopolistiques, avec une structure d'ingénierie très forte, donnant des cahiers des charges et des spécifications techniques pour les équipements, est révolue. C'était « *le bon temps* », car il était relativement facile de répondre à ces spécifications : l'équipement correspondait, il n'y avait pas de négociations, etc.

Aujourd'hui, les nouveaux opérateurs ont des plans marketing et financiers remarquables, à la réalisation desquels les industriels doivent contribuer. « *Nous devons imaginer les services qui vont soutenir le* business plan *et permettre d'opérer un réseau que nous avons à concevoir, sachant que ce réseau est constitué d'équipements, soit fournis par nous, soit fournis par d'autres et qu'il faut intégrer.* » Les nouveaux opérateurs ou les opérateurs traditionnels changeant de territoire transfèrent aux fournisseurs d'équipement toute l'activité de définition de services, de conception et d'intégration de réseaux qui étaient une de leurs activités traditionnelles. Cela a conduit à un changement de métier qui n'est plus celui de fournisseur d'équipements mais d'être capable de satisfaire des obligations de performance, de prix et de délai fixées par le client et son *business plan*.

Alcatel a accepté ce transfert de risques et le Comité des risques a été créé « *non pas pour refuser ces risques mais pour les gérer et permettre à Alcatel de prendre davantage de risques* ». Parallèlement à ce changement rapide du marché, Alcatel et ses concurrents vivent le phénomène de mondialisation. Alcatel a mondialisé ses produits et, désormais, une équipe mondiale vend le même produit à tous les opérateurs dans le monde entier. L'entreprise fait aujourd'hui travailler ensemble les unités qui fabriquent avec les équipes qui vendent et intègrent des équipements fabriqués par des équipes « qui n'avaient pas l'habitude de travailler ensemble ».

> **Le process de gestion de projet chez Alcatel repose sur une méthodologie commune qui s'impose à tous et définit des « événements clés » communs.**

Face à ces défis et malgré une organisation complexe, « *l'entreprise a pour obligation d'apparaître comme unique à ses clients* ». Depuis 1996-1997, un process a été mis en place (dont fait partie la procédure de *risk management*) pour permettre à tout le monde de travailler de la même manière. Une culture nouvelle a été développée, intégrant le travail en équipe et surtout la gestion – de plus en plus importante – de ces risques nouveaux. « *Dans une activité de vendeur de produits traditionnels, ce qui fait la marge c'est le volume. Dans une activité de projets, la marge dépend de la bonne tenue des engagements pris avec le client. C'est un changement culturel profond.* » Enfin, les experts ont été regroupés en centres de compétences à l'échelle mondiale. Ces experts touchent tous les domaines : solutions techniques, solutions intégrées, analyse de *business plan*, financement et *project management*, etc. Les experts et les équipes projet sont associés à l'analyse des risques.

Le process de gestion de projet chez Alcatel repose sur une méthodologie commune qui s'impose à tous et définit des « événements clés » communs. Un de ces événements clés est tout d'abord l'identification du projet : l'information de la création d'un nouveau projet parvient immédiatement à toute personne susceptible d'être impliquée. Un autre type d'événement clé est la date précise à laquelle est fixée la stratégie de l'offre faite aux clients définissant la solution technique et les équipements utilisés. Les événements clés rythment le projet jusqu'à sa clôture et le retour d'expérience. Le process de gestion de projet est sous le contrôle d'un Comité de coordination des projets complexes.

Le Comité des risques a mis en place également une procédure de *risk assessment* reposant sur le principe que « *l'analyse de risque est de la responsabilité de l'équipe projet* ». La mission du Comité des risques est de vérifier que l'analyse a été faite et d'émettre ou non un accord. Il a le pouvoir de refuser la remise d'une offre à un client ou d'interdire la signature d'un contrat. Il est formé de quatre personnes : un président, le directeur juridique, le président financier qui s'occupe du montage de tous les financements et le contrôleur.

La mission du Comité des risques

Concrètement, le Comité des risques reçoit de la part de l'équipe projet, contresigné par le président de la *business division* chargée du projet et du président de la structure juridique liée au client, un dossier constitué de deux parties : une check-list et une synthèse de l'analyse des risques. Une check-list complète permet de faire une analyse commerciale (risque du *business plan*, risque du crédit du client, processus de décision), une analyse technique très détaillée sur les solutions techniques et leur faisabilité (liste précise des équipements proposés en comparant la date à laquelle les équipements peuvent être mis sur le marché et celle où l'entreprise s'engage à livrer ses clients, car « *un des risques considérables de la profession est d'être souvent amenés à proposer des équipements qui n'existent pas* »), une analyse financière, une analyse à la fois fiscale et assurances et une analyse contractuelle pour voir si les risques ont été pris en compte dans le contrat.

La synthèse de l'analyse des risques liste les risques principaux, donne éventuellement la valeur de la provision financière et le plan d'action prévu au cas où le risque viendrait à se réaliser. Le travail du Comité des risques consiste à vérifier que le plan d'action est réaliste et, au final, permet d'accepter des risques très importants.

▷ Le management du risque est permanent, va jusqu'à la fin du contrat et nécessite des analyses régulières des risques au fur et à mesure que le projet se déroule.

Ce Comité des risques gère les projets les plus importants. Il y a plusieurs seuils pour déterminer « l'importance » mais le seuil le plus significatif est celui du chiffre d'affaires. Le Comité des risques intervient à partir de 30 millions d'euros. Il évalue environ 250 projets qui, acceptés et finalisés, représentent environ 50 % de l'activité[1]. « *L'analyse de risques est systématique* »

---

1. Chiffre d'affaires Alcatel 2000 : 31 milliards d'euros.

et sept comités décentralisés fonctionnent sur des bases comparables pour les projets de moindre valeur.

Denis Laroche insiste sur le fait que le management du risque est permanent, va jusqu'à la fin du contrat et nécessite des analyses régulières des risques au fur et à mesure que le projet se déroule. Toutefois, le Comité des risques d'Alcatel ne s'intéresse qu'à la remise d'offre, la signature de contrat et intervient sur la signature éventuelle d'avenants au contrat. Le Comité de coordination des projets complexes gère le déroulement du projet jusqu'à la clôture.

En terme de transfert de risque, l'entreprise essaye d'abord d'éliminer le risque. Le cas échéant, elle le transfère au client. Par exemple, sur un des risques principaux, qui est d'offrir un produit qui n'est pas encore au point au client, l'action commerciale vise à s'assurer de la date où le client a *réellement* besoin de telle ou telle caractéristique. Sinon, l'entreprise a classiquement recours aux assurances ou à des transferts « imparfaits » aux sous-traitants et partenaires.

La procédure de *risk assessment* est récente et Denis Laroche reconnaît qu'il reste encore des améliorations à apporter. Par ailleurs, « *si, au début notre légitimité n'était pas facile à imposer [...] aujourd'hui notre présence n'est plus du tout contestée* ». Plusieurs enseignements du fonctionnement de la procédure de *risk assessment* peuvent déjà être formulés : celle-ci a entraîné une meilleure adéquation entre la disponibilité et l'intégration des produits et les engagements de fournir un meilleur contrôle des conditions de paiement et des procédures de réception (très différentes de celles propres au paiement à la livraison) et une meilleure maîtrise du risque de crédit.

INVESTISSEMENTS FERROVIAIRES ET RISQUES STRATÉGIQUES[1]

▷ **Les méthodes classiques d'analyse des risques sont insuffisants pour évaluer l'impact des innovations sur les clients.**

Michel Mercadier expose la maîtrise des risques propres aux investissements ferroviaires et note que les méthodes classiques sont insuffisantes pour évaluer avec certitude l'impact des innovations technologiques et/ou organisationnelles sur les clients. Le calcul de la rentabilité est une de ces méthodes ; or, pour des investissements innovants, « *il s'agit là aussi de sélectionner l'investissement le plus rentable mais la méthode de calcul en est différente car il s'agit avant tout de réduire l'incertitude quant à l'impact sur les recettes face à de véritables défis comme par exemple récupérer des clients déçus*

---

1. Intervention de Michel Mercadier lors du colloque Afplane 2001.

ou conquérir de nouveaux clients ». Dès lors, comment vérifier et renforcer la pertinence des projets « innovants » ?

Deux exemples concrets vécus par la SNCF sont proposés : le cas des trains rapides nationaux et celui du ferroutage.

Les risques associés aux investissements classiques

Il faut noter que depuis 1997 et la réforme du système ferroviaire, RFF est chargé de la gestion des infrastructures et la SNCF est l'opérateur ferroviaire (production des trains et pour RFF gestion déléguée des infrastructures). Le chiffre d'affaires de la SNCF, au 1er semestre 2001, est ventilé comme suit : 32 % pour les Grandes Lignes, 25 % pour le TER dont 13 % pour le Transilien, 14 % pour le Fret, 25 % pour l'infrastructure. Les investissements représentent en moyenne annuelle 1 milliard d'euros dont plus de la moitié est consacrée aux matériels (locomotives, rames TGV, etc.).

Quels sont les risques associés aux investissements « classiques » ? Michel Mercadier précise que le ferroviaire est une activité qui se gère sur des périodes longues (25 ans). Les points principaux affectant l'activité sont les données démographiques, les données économiques, l'évolution des prix (exemple : le cours du pétrole) et la performance de la concurrence. Lors de l'évaluation des projets, ceux-ci sont comparés par rapport à une hypothèse moyenne, de référence, sur l'évolution de l'activité. « *On compare la rentabilité des différents investissements. En général, si l'un des deux projets comparés est plus rentable dans le cadre de l'hypothèse de référence, il l'est aussi dans des variantes socio-économiques différentes. Toutefois, lorsque les investissements sont sensibles aux conditions économiques, il ne faut pas présenter les dossiers aux décideurs sur des critères de rentabilité mais présenter les conditions socio-économiques qui sont favorables à l'un ou à l'autre et le décideur n'a pas à choisir l'investissement le plus rentable mais plutôt choisir celui dont les prévisions socio-économiques sont les plus vraisemblables.* »

Les investissements classiques offrent une grande souplesse d'adaptation du rythme des livraisons des voitures et des locomotives et aussi quant à la date de radiation des vieux matériels existants, de l'équipement intérieur des voitures à l'évolution des attentes des clients, et des locomotives aux variations d'activités.

Deux exemples de projet innovant

Que se passe-t-il dans le cadre de projets innovants ? Plus particulièrement, dans l'exemple des trains rapides nationaux, quelles ont été les mesures prises pour réduire les risques ?

La SNCF a constaté que sa croissance voyageurs était tirée par le TGV (figure 2).

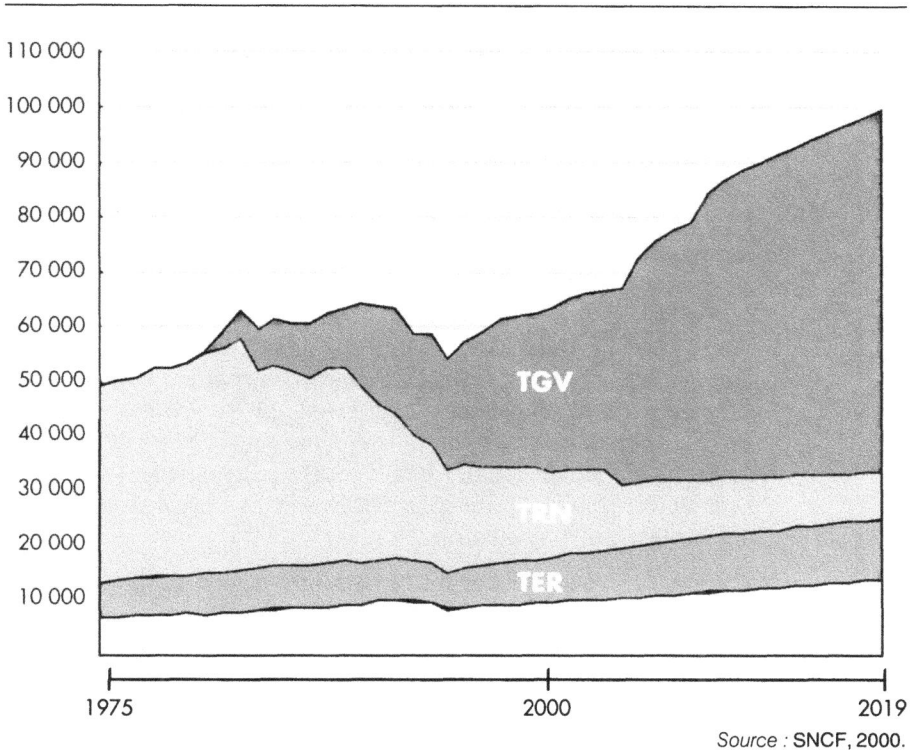

Figure 2. *La répartition du trafic voyageurs*

Le développement des TER

Le réseau TGV se développe, et les TER se modernisent, notamment dans certaines régions expérimentales afin de faire progresser le trafic et l'offre. En ce concerne les trains rapides nationaux, un groupe de prospective a conclu, il y a quelques années, à la faisabilité d'une reconquête de ce marché à condition de recomposer complètement l'offre, de la rendre plus lisible et plus attractive aux yeux de la clientèle potentielle. Cette idée a été confortée par les débats qui ont été lancés dès 1999 sur les schémas multimodaux de services collectifs de transports.

Michel Mercadier souligne que le projet est cohérent avec les trois axes stratégiques de l'entreprise définis dans le projet industriel 2000-2002 : « les clients, l'Europe et l'efficacité ». Les objectifs du projet visent à une nouvelle organisation des dessertes (accélération des liaisons nationales sur le réseau classique, des relations cadencées à l'heure ou rythmées, un concept de rame-bloc, etc.), des matériels de jour plus intimes, des services de nuit plus confortables, des services et espaces diversifiés et personnalisés, etc.

Comment réduire les risques et s'assurer de récupérer une clientèle perdue, voire trouver de nouveaux clients ? La SNCF a proposé une rame prototype de 5 voitures. Cela a permis de valider le coût de l'opération et de vérifier la réaction – très favorable – de la clientèle. La mise en place se fera par étapes en commençant par 4 axes (exemple : Paris-Clermont-Ferrand). Le coût de la première étape, à savoir la mise en place de 38 rames, représente le coût de 7 rames de TGV soit environ 137 millions d'euros. L'entreprise a donc eu le choix entre des investissements « classiques » (TGV et TER amenés à se développer) avec une rentabilité connue avec certitude et « *des investissements avec des matériels innovants et une offre nouvelle pour reconquérir des segments de marchés qui, sans cela, seraient voués à une érosion lente et inéluctable. Ces investissements ont eux aussi, une bonne rentabilité estimée mais elle devra être confirmée par les réactions de la clientèle. Cela justifie donc des tests préalables et une mise en place progressive.* » En outre, dans la prise de décision, Michel Mercadier rappelle qu'il ne faut pas oublier le caractère public du transport ferroviaire et « *la nécessité d'irriguer l'ensemble du territoire national* ».

Le débat a été porté devant le comité exécutif de la SNCF, avec – comme d'habitude – la proposition de l'activité Voyageurs responsable du projet et une analyse critique de la Direction de la stratégie. Le comité exécutif a pris le « risque » de retenir ce projet innovant et le conseil d'administration a entériné le projet en mars 2001.

Le projet ferroutage

Michel Mercadier présente un autre exemple : le projet ferroutage. La SNCF souhaite développer le trafic de fret. Pour se faire, l'entreprise a ciblé deux axes : l'international et le transport combiné.

- L'international voit le renforcement de deux axes principaux (Belgique-Italie/Espagne et Grande-Bretagne-Allemagne).
- Le transport combiné a vu le jour au milieu des années 1990 avec un soutien gouvernemental. Le projet a bien démarré avec une croissance supérieure à 10 % par an. Mais entre 1999 et 2001, le transport combiné a connu des difficultés : saturation des axes les plus chargés, problèmes de régularité, problèmes de manque de moyens et les réticences à passer du camion au conteneur. Les accidents récents (ex. : tunnel du Mont-Blanc) ont montré le besoin de faire quelque chose pour aider les camions à franchir des obstacles comme les Alpes ou les Pyrénées. La SNCF a lancé en 2000 une navette entre Lyon et Turin mais « *il faut reconnaître que le succès rencontré a été très modeste et loin des ambitions escomptées* ».

L'idée a été de relancer le ferroutage, comme le font les Suisses. Pour des raisons techniques de hauteur de camions et de tunnels, seuls 10 % de la cible peuvent traverser les Alpes par les tunnels actuels. Un constructeur de wagons a proposé un projet de wagon au plancher pivotant afin d'abaisser la hauteur cumulée wagon-camion. Les pouvoirs publics se sont engagés sur un montant de subvention. La SNCF a ainsi décidé de relever le défi technique et économique et de partager les risques comme les recettes avec ce constructeur ainsi qu'avec d'autres partenaires comme la CNC, le pôle autoroutier récemment créé pour le chantier de transbordement des camions, etc. L'ambition de tous les acteurs est de proposer une solution alternative à la route, performante à l'horizon 2006 avec une première étape fin 2002.

Risques et
Systèmes d'information

L'entreprise peut se définir de plus en plus par sa fonction de traitement de l'information. De sa capacité à acquérir, intégrer et recombiner l'information et les connaissances, dépendra en grande partie sa performance. Les Systèmes d'information, véhiculant l'information au sein de l'entreprise, et entre celle-ci et son environnement, sont de plus en plus une préoccupation majeure des entreprises.

Dans une première partie, suite à une analyse conceptuelle de l'évolution des Systèmes d'information depuis leur origine, Pascal Vidal s'interroge en tant qu'enseignant-chercheur sur les difficultés rencontrées par ceux-ci pour répondre à leur objectif premier : assister le manager dans son processus de prise de décision. Constatant que toutes les difficultés n'ont pas été levées, notamment pour la prise de décision en situation complexe, Pascal Vidal propose une approche autour du paradigme de la complexité permettant d'envisager de nouvelles voies de recherche sur les Systèmes d'information.

Dans une deuxième partie, Jean-Claude Venin, consultant en Système d'information, expose les risques informatiques et les risques liés aux Systèmes d'information auxquels sont confrontées concrètement les entreprises. Il présente un outil de cartographie des risques informatiques qui peut être utilisé pour obtenir une vision globale des risques encourus. Il fournit un exemple vécu par une entreprise internationale, qui décrit brièvement les objectifs, les difficultés et les apports qu'une entreprise peut attendre d'un tel outil.

La troisième partie est constituée d'un double regard sur la notion de qualité stratégique définie comme la qualité du processus de décision stratégique. Raoul de Saint Venant et Jean-René Rames s'interrogent sur l'organisation à adopter pour traiter les risques dans un environnement changeant et pour améliorer les processus de prise de décision stratégique. Raoul de Saint Venant expose les réponses des entreprises face aux différents types de risques rencontrés et Jean-René Rames livre l'exemple d'AXA qui, dans le domaine de la gouvernance d'entreprise, a mené un programme afin d'aider les différentes entités du groupe à améliorer leur processus de décision stratégique.

SYSTÈMES D'INFORMATION ET AIDE À LA DÉCISION EN SITUATION COMPLEXE : UN CONSTAT D'ÉCHEC ?[1]

Depuis 1954 et les premiers Ensembles électroniques de gestion, l'utilisation des Systèmes d'information a évolué de façon considérable. À l'origine, il s'agissait simplement de mettre à profit, dans le domaine de la gestion d'entreprises, le traitement électronique de données récemment développé. Ce domaine semblait alors ne devoir permettre que l'automatisation de certaines procédures administratives comme le traitement des feuilles de paye. Or, en moins d'un demi-siècle, poussés par le progrès incessant des technologies de l'information et tirés par une demande toujours plus soutenue des managers, les Systèmes d'information ont profondément modifié le fonctionnement et la gestion de nos organisations socio-économiques.

Au-delà de l'objectif initial (l'automatisation de procédures administratives), l'aide à la décision s'est très vite imposée comme l'un des objectifs essentiels des Systèmes d'information, au point d'être intégré dans la définition même de ces systèmes[2]. Cet objectif a ensuite été précisé. Il ne s'agissait plus seulement d'apporter une aide à la décision mais plus précisément une aide à la décision des managers[3] et, plus encore, une aide à la décision des managers dans le cadre de situations tour à tour qualifiées d'incertaines, de risquées... et aujourd'hui plus couramment de complexes.

Retour sur un constat étonnant...

En 1971, G.A. Gorry et M.S. Scott Morton déclaraient, dans un article qui demeure l'un des grands « classiques » de la littérature en Systèmes d'information que : « *The use of computers in organizations has grown tremendously in the 1955 to 1971 period, but very few of the resulting systems have had a significant impact on the way in which management makes decisions.* »[4] Bien sûr cet article a aujourd'hui près de trente ans et l'on pourrait légitimement penser que ce constat du faible impact des Systèmes d'information sur la prise de décision décelé à l'époque, n'est plus d'actualité aujourd'hui. C'est pourtant un constat sensiblement identique qui a poussé la société de conseil Algoé Consultants à initier, à la fin de l'année 1995, un travail de recherche en coopération avec un laboratoire du CNRS[5].

Ce constat est avant tout un constat de terrain, que les consultants de cette société font non seulement en interne, mais aussi chez nombre de leurs clients.

---

1. Partie rédigée par Pascal Vidal.
2. W. Kenneron [1970], J. Kanter [1972], B. Langeförs [1973], G.B. Davis [1974], Y. Dupuy *et al.*, [1989], J.-L. Le Moigne [1986], Y. Pesqueux et J. Bucky [1991].
3. P. Siegel [1975, p.167-168].
4. L'utilisation des ordinateurs dans les organisations a connu une croissance remarquable entre 1955 et 1971 mais très peu de systèmes en résultant ont eu un impact significatif sur la manière qu'a le management de prendre des décisions.
5. Le GRASCE (URA CNRS 935).

Un constat qui, au fil des années, leur semble de plus en plus prégnant et de plus en plus difficile à supporter. Or une étude bibliographique, que nous avons alors conduite, nous a permis de montrer qu'un certain nombre de travaux de recherche récents[1] confirmaient ce constat.

Ce constat *durable* et pour le moins déconcertant interpelle le chercheur comme le praticien. Ne peut-on éclairer cette question en étudiant comment cette étonnante situation a pu se former : Comment se fait-il que les si prometteuses Nouvelles Technologies de l'information et de la communication (NTIC), aient eu ou semblent avoir un si piètre impact sur les processus de décision organisationnels en situation complexe ? Pour ce faire, ne peut-on retracer en quelque sorte l'historique du développement même des Systèmes d'information : contexte historique, fondements épistémologiques, axes de recherche essentiels, etc.

Systèmes d'information et aide à la décision...

Le paradigme de l'information

> **Les informaticiens ont adopté la vision selon laquelle l'information est le reflet du monde.**

On peut se référer notamment au paradigme classique de l'information, « *les informaticiens ont adopté la vision selon laquelle l'information est le reflet du monde* »[2]. Pour mieux connaître la réalité, c'est-à-dire pour diminuer l'incertitude qui lui est associée, il s'agit donc de disposer du plus possible d'informations pertinentes.

On considère finalement que l'information est une ressource essentielle aux activités humaines, au même titre que l'énergie ou la matière. L'information est « *la matière première de la prise de décision* », dira même J.E. Ross [1974, p. 196]. Et si une matière première a son processus de transformation...

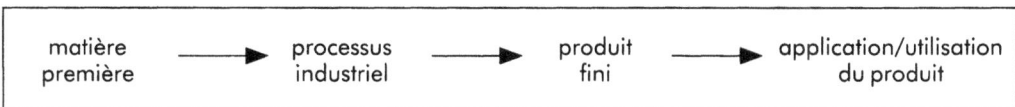

| matière première | → | processus industriel | → | produit fini | → | application/utilisation du produit |

... il en va de même pour l'information[3] :

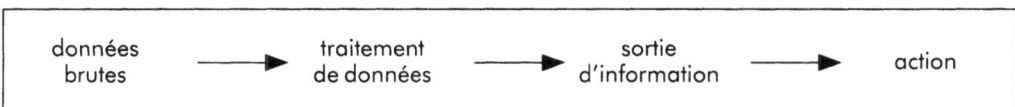

| données brutes | → | traitement de données | → | sortie d'information | → | action |

---

1. A.M. Preston [1991], M.S. Silver [1991], R.J. Boland *et al.* [1994], H.A. Simon [1997a].
2. Th. Dezalay [1994].
3. Cette présentation en parallèle des processus de transformation de matière première et d'information tirée de D.H. Sanders [1974, p. 5] est très significative de la conception que l'on a de l'information au début des années 1970.

L'information est plus qu'une ressource parmi d'autres. Elle devient même aux yeux des spécialistes LA ressource essentielle, source de pouvoir politique et clé de la réussite économique[1]. À tel point que, lorsqu'en 1978 on interrogea J. Diebold, président du groupe Diebold, pour savoir « Quelles sont les entreprises qui connaîtront la réussite dans les années 80 ? », il répondit : « *On voit clairement quelles organisations vont réussir dans les années 80. Ce seront celles qui considéreront l'information comme une ressource essentielle et qui la traiteront aussi efficacement qu'elles traiteront leurs autres biens.*[2] *En installant ainsi l'information au rang de ressource et plus encore de ressource rare, cette approche nous a conduit à privilégier une orientation essentiellement technique pour le développement des Systèmes d'information. À tel point que "l'analyse préalable des technologies de l'information, de leurs caractéristiques est devenue désormais indispensable pour qui veut concevoir et gérer un système d'information".* »[3]

Si ce paradigme informationnel et technique a pu dominer ainsi le développement des Systèmes d'information, c'est probablement parce qu'il se fonde justement sur une vision classique de l'information, et finalement sur le modèle cybernétique qui, rappelons-le, a longtemps servi de modèle de référence aux sciences de gestion[4].

L'aide à la décision comme support informationnel

> Pour être de qualité, les décisions doivent bénéficier d'une information « exacte, opportune, complète, concise et pertinente ».

En pratique, l'objectif d'aide à la décision des managers s'est donc traduit par l'apport de « *l'information qui autorise une appréciation plus sûre du champ des possibles et une anticipation plus correcte des résultats susceptibles de découler des actions projetées* »[5]. Il s'est agi d'améliorer le contrôle des processus de décision, en se basant sur une information toujours plus complète[6]. L'objectif, présenté comme essentiel, « d'aide à la décision des managers » a été assimilé à un objectif de support informationnel[7] que nous avons appelé « R³ », synonyme de cette volonté sans cesse réaffirmée de pouvoir être en mesure de fournir « *the Right information at the Right time to the Right person* ». Cet objectif (satisfaire les besoins en information) devient très vite LA préoccupation centrale[8] de la quasi-totalité des travaux de recherche du domaine. À tel point qu'on la retrouve de façon intrinsèque

---

1. R.O. Mason [1975, p. 3].
2. J. Diebold [1978].
3. R. Reix [1998, p. 66].
4. Même s'il est questionné depuis quelques années. J.-L. Le Moigne [1986c] parle par exemple de « crise » du modèle cybernétique de l'organisation.
5. H.G. Zoller et H. Béguin [1992, p. 13].
6. L'information est ainsi confirmée dans sa fonction de réduction de l'incertitude.
7. D. Dery et T.J. Mock [1985].
8. Voir par exemple R.O. Mason [1975, p. 3], B.A. Colbert [1967].

dans la définition même d'un Système d'information : « *système capable de computer et de fournir toutes les informations utiles au management* »[1].

Si le succès d'une entreprise dépend de la façon dont elle est gérée, cette gestion implique de nombreuses prises de décisions, et l'on considère que la qualité de ces décisions dépend directement de la façon dont les besoins en information des dirigeants sont satisfaits[2]. Pour être de qualité, les décisions doivent bénéficier d'une information « exacte, opportune, complète, concise et pertinente »[3].

Le traitement de l'information

Pour améliorer la qualité de l'information, on cherche également, sur un plan technique, à améliorer le processus de traitement de l'information. En référence à la théorie classique du traitement de l'information, il s'agit donc d'améliorer les capacités de calcul et de transmission de l'information.

Les Systèmes d'information informatisés, et c'est là leur impact majeur[4], permettent de fournir plus rapidement une information plus détaillée, actualisée et finalement de meilleure qualité.

Comme le précise J. Mélèse [1979], cette approche des Systèmes d'information organisationnels présuppose que les organisations sont parfaitement définies dans leurs méthodes et dans leurs règles, les fonctions et les problèmes sont clairement identifiés et que, face à ces problèmes et fonctions non ambigus, les hommes sont capables d'exprimer l'ensemble des éléments informationnels dont ils ont besoin.

Dans ce contexte, on considère que pour concevoir de « bons Systèmes d'information », il faut connaître leurs lois[5] – les lois qui les gouvernent – à l'image des lois de la nature. On a donc privilégié une approche technocentrée[6] des Systèmes d'information. Les technologies de l'information devant permettre, comme le précise G.P. Huber [1990], d'accroître la qualité de l'information et finalement la qualité des décisions de l'organisation.

Aujourd'hui encore, *l'aide à la décision des managers* demeure l'un des objectifs essentiels[7], sinon l'objectif essentiel[8] des Systèmes d'information et l'approche informationnelle et technique demeure la vision dominante[9].

---

1. M.C. Er [1988, p. 355], souligné par nos soins.
2. D.H. Sanders [1974, p. 10], R.I. Tricker [1976, p. 4].
3. « Accurate, timely, complete, concise and relevant », D.H. Sanders [1974, p. 10], J.A. O'brien [1976, p. 231].
4. G.A. Gorry [1971].
5. J-L. Peaucelle [1981, p. 28].
6. Centrée information et technique.
7. D. Roux [1998].
8. D. Kazanchi et S.B. Yadav [1995].
9. D. Roux [1998], D. Kazanchi et S.B. Yadav [1995], voir également le développement de l'informatique décisionnelle.

Systèmes d'information et aide à la décision : un problème technique ?

Cette démarche, centrée sur l'information, a abouti au succès des Systèmes d'information opérationnels mais semble ne pas avoir porté ses fruits en matière d'aide à la décision des managers[1]. Ce constat semblait être confirmé par certains travaux de recherche récents (notamment H.A. Simon [1997]). Une étude que nous avons menée [P. Vidal, 2000] nous a permis non seulement de confirmer ce constat mais, plus encore, de montrer qu'il s'agissait là d'un constat récurrent dans l'histoire, encore récente, des Systèmes d'information. En effet, sans avoir la prétention d'avoir été exhaustif dans le recensement des occurrences de ce constat, force est de constater que celui-ci a été fait à de très nombreuses reprises et de façon régulière, tout au long de l'histoire du développement des Systèmes d'information.

Ainsi, malgré l'accumulation des compétences, les progrès techniques très importants en terme de vitesse et de capacité de traitement et de stockage de données, nous constatons aujourd'hui la faiblesse de l'impact des technologies de l'information et de façon plus générale des Systèmes d'information sur les processus de prise de décision des managers[2]. S'il s'agissait d'un *simple* problème technique, nous l'aurions déjà résolu depuis longtemps, écrivaient déjà A. Gorry et M.S. Scott Morton en 1971 ! Un point de vue qui est certainement encore plus valable aujourd'hui, après près de trente années de progrès spectaculaires des technologies de l'information. Au-delà de sa persistance, il faut bien reconnaître que ce constat revêt un caractère plutôt étonnant voire quelque peu paradoxal. Surtout si on l'oppose au développement rapide des Systèmes d'information, aux nombreux succès qu'ils ont pu rencontrer et à la place prépondérante qu'ils occupent aujourd'hui dans le fonctionnement de nos organisations socio-économiques.

L'aide à la décision en situation complexe

La dimension technique

▶ A l'origine, la complexité a été perçue essentiellement dans sa dimension technique.

La dimension *technique* des Systèmes d'Information a été privilégiée dès l'origine sous la pression compréhensible des praticiens plus soucieux de *systèmes qui tournent* que de systèmes bien conçus qui ne tournent pas encore. J.-L. Le Moigne nous rappelle que le paradigme de la complexité organisante tel que nous le connaissons aujourd'hui, s'est réellement développé à partir de 1975. Mais on voit bien que la complexité, telle qu'elle est perçue à cette époque, est essentiellement *complexité technique*. Lorsque l'on observe le

---

1. Sur ce point voir la « Chronique d'un constat récurrent » établie par Vidal [2000], mais également H. Tardieu et M. Theys [1987], R.J. Boland [1987].
2. Sur ce point, voir Vidal [2000].

développement des Systèmes d'information, depuis la gestion électronique de données, la gestion de bases de données, puis aujourd'hui celle des entrepôts de données[1], avant celle des prochains « univers de données » (! ?)... on s'aperçoit que c'est bien cette orientation qui a été privilégiée. L'étude historique que nous avons conduite nous a permis de montrer que, depuis leur origine, les Systèmes d'information ont fondé leur développement sur l'hypothèse que la complexité technique croissante des situations rencontrées demandait *de l'information, encore de l'information, toujours de l'information*[2].

Cette orientation, que nous avons qualifiée de *techno-centrée,* des Systèmes d'information, trouve sa justification dans le paradigme du contrôle et l'épistémologie positiviste héritée des sciences dures, qui postulent qu'il doit être possible, à force de computation, de « maîtriser » une complexité confondue tacitement avec *l'hypercomplication.* En réduisant ainsi la complexité à sa seule dimension technique[3], l'approche classique des Systèmes d'information, oubliait la *mise en garde* de R.L. Ackoff qui affirmait, dès 1974, que la difficulté de la prise de décision en situation complexe n'était pas seulement technique mais réellement socio-technique. Le système d'information devenait alors cette longue chaîne de raisons toutes simples devant conduire au calcul de la décision, tenue pour la solution optimale d'un problème présumé donné et correctement formulé.

La dimension humaine

La prise en compte de la dimension *humaine* de la complexité et non plus seulement d'une complexité technique mais véritablement sociotechnique a des conséquences importantes que l'on perçoit plus aisément en s'intéressant à leurs justifications épistémologiques. En effet la remise en cause des fondements épistémologiques du modèle classique/cybernétique de l'organisation va susciter un bon nombre de nouvelles interrogations[4]. F. Adam et B. Fitzgerald [1996], dans une étude très critique sur le développement des Systèmes d'information, évoqueront même la crise épistémologique majeure de cette discipline. Une crise due en partie, selon eux, à la multidisciplinarité essentielle de ce domaine de recherche qui ne semble guère avoir renouvelé sa *critique épistémologique interne.* Nous avons montré [P. Vidal, 2000] que le développement de cette discipline, encore jeune (il est bon de le rappeler), s'était fondé initialement sur des bases épistémologiques, peu discutées mais tenues pour académiquement solides et bien ancrées dans la culture scientifique occidentale (celles du paradigme positiviste dans lequel s'est initiale-

---

1. Data warehouse.
2. Par analogie avec l'expression d'E. Morin concernant l'hypercomplexité.
3. R. Vidgen [1997].
4. Sur ce point voir par exemple H. Tardieu et M. Theys [1987].

ment développé le modèle de la première cybernétique). Nous avons également évoqué les difficultés que rencontraient aujourd'hui tant les sciences de gestion que les Systèmes d'information lorsqu'ils s'interrogeaient sur leurs propres fondements épistémiques. Ceci nous a conduit à nous appuyer sur les hypothèses de bases des épistémologies constructivistes et du modèle systémique de l'organisation, pour reconsidérer cette critique constructive interne de la discipline, afin d'assurer de façon mieux argumentée les propositions qu'elle produit.

En modifiant le « regard épistémique » on peut ainsi réinterpréter, sans les appauvrir, les développements extrêmement rapides des théories et des pratiques des Systèmes d'information, lesquelles occupent aujourd'hui une place prépondérante dans le fonctionnement de nos organisations socio-économiques.

On ne reprendra pas ici les arguments que quelques chercheurs ont développés à partir de 1960 (année de la publication de la première édition de *The New Science of Management Decision* de H.A. Simon), pour renouveler ce regard épistémique sur la discipline des SIO. Les principaux textes de H.A. Simon, de J.-P. van Gigch, de M. Landry, ou de J.-L. Le Moigne suscitent aujourd'hui plus d'attention que lors de leur première publication...

▷ **Dans le cas de situations complexes, le processus de prise de décision ne peut être réduit à un processus de choix, mis en œuvre par un décideur unique.**

Entraînées, attirées par cette évolution technologique permanente, il semble que les premières générations de chercheurs en SIO n'ont pas souvent su prendre le temps d'une nécessaire méditation épistémologique pour assurer les fondements de leur discipline. Elles pouvaient cependant disposer, nous le percevons mieux aujourd'hui, de repères conceptuels solides qui s'étaient pourtant forgés au sein même de la discipline. Une situation qui semble avoir évolué aujourd'hui. On peut en effet noter un véritable regain d'intérêt pour ces réflexions, comme nous le fait remarquer F. Rowe [1994].

Dans le cas de situations complexes, la dimension humaine est essentielle. Le processus de prise de décision ne peut être réduit (comme dans l'approche classique de la décision) à un processus de choix, mis en œuvre par un décideur unique. Le plus souvent, c'est dans l'interaction[1], la confrontation entre les différentes représentations des différents décideurs concernés que se construisent les décisions[2]. L'activité d'aide à la décision s'apparente alors essentiellement à de l'aide à la construction collective de sens[3], c'est-à-dire à de l'aide à l'intelligence collective de situations problématiques. Le lien entre information et décision apparaît comme beaucoup plus ambigu qu'il n'était présenté jusqu'alors.

---

1. B. Roy et D. Bouyssou [1993].
2. A.P. Masseyet W.A. Wallace [1996], G.F. Smith [1992, p. 34].
3. M. Landry [1998].

Formes et pertinence des stratégies d'information

Les travaux de J.G. March, montrent que les stratégies d'information ne sont pas forcément élaborées consciemment pour diminuer l'incertitude relative à certaines situations de choix. Il semblerait même que la plupart du temps l'information soit collectée sans souci de pertinence au regard de décisions précises.

Ne peut-on alors reprendre ce commentaire proposé par J.G. March : « *Les efforts visant à intégrer l'ingénierie de l'information aux théories du choix, telles qu'elles apparaissent en microéconomie, dans la théorie des jeux à n participants et dans la théorie statistique de la décision sont certes utiles ; mais ils se révèlent incomplets, si ce n'est trompeurs, pour soutenir une réflexion sur l'architecture des Systèmes d'information...* »[1] D'autant que l'ambiguïté de ce lien entre l'information et la prise de décision semble avérée par l'ambiguïté des préférences des décideurs, l'ambiguïté de la pertinence de la prise de décision, l'ambiguïté de l'intelligence des systèmes complexes, l'ambiguïté des significations :

« *La plupart des informations collectées ne le sont pas prioritairement pour fournir une aide directe à la prise de décision, mais plutôt une base d'interprétation des faits [...] On pourrait dire que les décisions ne sont pas vraiment prises dans une organisation, mais qu'elles se développent dans un contexte signifiant.* »[2]

Mais ces diagnostics sont souvent inhibés par les formes que prend l'évolution des Systèmes d'information. La remise en cause des Systèmes d'information se fait plus pressante du fait même de la technologie[3], l'évolution des outils techniques, modifiant les conditions de réalisation des Systèmes d'information. La rapidité de cette évolution, et plus encore sa dimension continue, sont telles que l'on ne prend pas le temps d'une nécessaire réinterrogation du projet que l'on croit poursuivre, ce qui a pour conséquence :

– une confiance dans le *one best way* techno-centré qui tient parfois de l'acharnement. Ainsi certains continuent à prétendre que la solution en matière d'aide à la décision « doit être technique » et uniquement technique ;
– l'émergence de solutions techniques conceptuellement peu éprouvées, mais techniquement réalisables. Ainsi le cas de l'ERP[4]. Conceptuellement, les bases de l'ERP sont celles du « Total System », critiqué à de très nombreuses reprises, sur le plan conceptuel dans les années 70, parce que trop éloigné de l'activité, et forçant l'organisation à s'adapter à l'outil... Mais

---

1. J.-G. March [1991b, p. 231-232].
2. J.-G. March [1991b, p. 241].
3. J.-L. Peaucelle [1981].
4. Enterprise Resource Planning : Système d'Information de gestion intégré.

aussi critiqué depuis sur un plan technique parce que trop coûteux, difficile, voire impossible à réaliser. Et pourtant l'évolution technique a rendu ce type de Systèmes d'information réalisable, et donc on l'a réalisé[1]. Un succès époustouflant, assurait-on... qui s'essouffle aujourd'hui, dans l'attente sans doute d'une autre solution... technique ?

L'émergence du paradigme de la complexité...

Selon nous, la nature profonde de l'incapacité présumée des Systèmes d'information à assister les décideurs provient de l'insuffisante attention que l'on a pu porter à la compréhension de la notion même de problème non structuré. Afin de progresser dans cette compréhension, nous proposons de qualifier ces problèmes de « complexes », nous rattachant ainsi aux travaux fondateurs d'E. Morin [1977, 1980, 1986] repris notamment par J.-L. Le Moigne [1990].

Aspects essentiels de la complexité selon Le Moigne

- *L'imprévisibilité fondamentale des situations.* Une situation complexe est d'abord une situation dont on ne peut prédire l'évolution, que ce soit par le modèle le plus puissant ou l'intuition la plus fine. La seule certitude présente au sein des situations complexes est de nature procédurale : on ne sait jamais ce qui peut s'y passer (incertitude substantive), mais on peut être certain qu'il risque de s'y passer quelque chose (certitude procédurale).
- *Un nombre de critères importants à prendre en compte.* Cette caractéristique est une cause et une conséquence de la précédente. Une cause dans le sens où l'incertitude provient en partie de la multitude des dimensions à considérer : si la situation est incertaine, c'est parce qu'un certain nombre de paramètres sont susceptibles de la faire évoluer. Ce nombre important de critères à considérer peut également être vu comme une conséquence de l'imprévisibilité. Cette dernière conduit en effet les décideurs, soucieux de « ne rien oublier », à enrichir les modèles décisionnels de tellement de dimensions qu'ils peuvent en devenir paradoxalement... indécidables.
- *La notion de conflits de rationalités.* Cette caractéristique de la complexité est particulièrement importante dans les contextes qui nous occupent. Dans leur énorme majorité, les décisions organisationnelles sont aujourd'hui collectives. Même si la décision (en pratique, le choix final) peut être l'apanage d'un dirigeant ou d'un manager unique, il est fort rare que le processus de décision dans son intégralité demeure individuel. Lors d'une situation décisionnelle, il est courant que les décisions soient rendues difficiles, non pas tellement à cause d'une difficulté à trouver une solution acceptable,

---

1. Pour faire image, H.A. Simon [1997a, p. 7] précise que « comme le célèbre alpiniste Mallory, nous avons escaladé la montagne, juste parce qu'elle était là », nous fournissons toujours plus d'information juste parce que nous en sommes capables.

mais par l'abondance des solutions possibles. D. Normann [1995] montre ainsi combien il fut difficile de déterminer la position du bouton de marche/arrêt du Macintosh, en raison notamment de la diversité des rationalités en confrontation (rationalité des gestionnaires prônant une solution économique, rationalité des concepteurs réclamant une solution innovante, etc.).

Interaction de trois dimensions

Si l'on essaye de définir plus spécifiquement les enjeux de la complexité dans le contexte des SAD, on peut les articuler en trois grandes dimensions :
— Une dimension *technique* qui s'apparente à un nombre de critères toujours plus important à prendre en compte et des liens toujours plus forts entre les différents critères. Cette dimension de la complexité concerne l'environnement des entreprises comme les entreprises elles-mêmes.
— Une dimension *individuelle*, provenant de l'impossibilité que nous avons de décider de façon « rationnelle », au sens de la théorie économique[1].
— Une dimension *organisationnelle*, issue des problématiques spécifiques qu'implique la décision prise en groupe : nous avons notamment évoqué plus haut le problème des conflits de rationalités.

Une difficulté de type socio-économique

Or, la complexité a souvent été réduite à la seule dimension technique [Vidgen, 1997]. C'est notamment le cas dans la littérature, de plus en plus abondante, consacrée à la dynamique des systèmes non linéaires et notamment au chaos dans les organisations. Ce faisant, on a oublié la « mise en garde » d'Ackoff qui affirmait, dès 1974, que la difficulté de la prise de décision en situation complexe n'était pas seulement technique mais réellement socio-technique.

> Le problème n'est pas de choisir la meilleure solution, mais d'expliciter les critères et les préférences des acteurs afin de construire ensemble des solutions plausibles et acceptables par les différentes parties prenantes.

Dans un problème complexe, le problème n'est pas de choisir la meilleure solution, mais d'expliciter les critères et les préférences des acteurs afin de construire ensemble des solutions plausibles, et acceptables par les différentes parties prenantes. Pour décider en situation complexe, il faut ainsi tenir compte d'une dimension *technique* : explicitation des différentes dimensions du problème, des variables à prendre en compte, etc. Et, dans le même temps, il faut tenir compte d'une dimension *humaine*, laquelle s'articule en dimensions individuelle (car les décisions se construisent d'abord en termes de raisonnements individuels), et organisationnelle (partage des représentations, définition des rationalités en présence). La complexité croissante des problèmes auxquels doivent faire face les managers nous conduit à penser que

---

1. Et l'on retrouve ici le cœur de la pensée d'H.A. Simon.

l'aide à la décision doit avant tout être une aide à l'« Intelligence », une intelligence entendue dans toute sa complexité.

Si les SAD n'ont pas eu l'impact que l'on aurait pu attendre d'eux sur la prise de décision managériale, c'est que l'on n'a pas pu leur faire prendre en compte cette pluralité de dimensions. Ils sont demeurés ainsi le plus souvent cantonnés à leur traditionnel rôle d'assistance informationnelle (fournir au décideur la bonne information au bon moment, afin qu'il fasse les bons choix[1]). Ce rôle est certes nécessaire (un système d'information doit évidemment fournir des informations), mais il demeure insuffisant pour atteindre « l'objectif historique » qu'on leur avait fixé.

L'apparent échec des Systèmes d'information à assister la prise de décision des managers, si souvent constaté depuis 30 ans, apparaît aujourd'hui comme « insupportable » du fait même de la complexité croissante des situations décisionnelles auxquelles sont confrontés les décideurs[2]. Il semble que nous ayons réduit la question de l'aide à la décision que pouvaient fournir ces systèmes à une unique dimension technique, oubliant le caractère humain des processus de prise de décisions. Ce faisant, on a assimilé abusivement des problèmes socio-techniques non structurés à des problèmes techniques structurés.

Créer, penser ensemble

▷ L'émergence du « paradigme de la complexité » dans le domaine du management fait de l'aide à la décision un enjeu essentiel pour les systèmes d'information à venir.

L'émergence du « *paradigme de la complexité* »[3] dans le domaine du management fait de l'aide à la décision un enjeu essentiel pour les systèmes d'information à venir. L'appréhension des problèmes complexes exige un « changement de regard », une vision renouvelée des processus de prise de décision et, corrélativement, une réflexion sur le rôle qu'y peuvent jouer les Systèmes d'information. Le défi est de permettre la conception de systèmes humains et d'information qui ne rendent pas seulement l'information disponible, mais qui permettent de « *penser ensemble* »[4], de créer les conditions de nouvelles modalités de délibérations organisationnelles.

---

1. Le choix optimal, en accord avec les travaux classiques développés en théorie de la décision.
2. Boland *et al.*, [1994].
3. Morin, [1980].
4. McDermott, [1999, p. 116].

UN EXEMPLE DE CARTOGRAPHIE DES RISQUES INFORMATIQUES[1]

> **Le système d'information d'une entreprise ne se limite plus à son pourtour physique mais s'étend au monde extérieur et à l'ensemble de ses partenaires.**

Au cours des vingt dernières années, les technologies de l'information ont considérablement évolué. Les systèmes centraux *mainframe*, les infrastructures informatiques centralisées ont laissé progressivement la place à une informatique légère, hétérogène, décentralisée, à base de serveurs, de technologies Internet, d'ERP, etc. (figure 1). Le système d'information d'une entreprise ne se limite plus à son pourtour physique mais s'étend au monde extérieur et à l'ensemble de ses partenaires. L'interconnexion des réseaux, la multiplication des échanges électroniques entre entreprises, l'automatisation des procédures sont aujourd'hui au cœur des processus opérationnels. L'apparition de ces nouvelles technologies a souvent influencé la stratégie commerciale des entreprises ainsi que leur organisation et leurs modes de fonctionnement. L'utilisation d'Internet et la mise en œuvre d'ERP les ont parfois obligées à repenser leurs processus opérationnels.

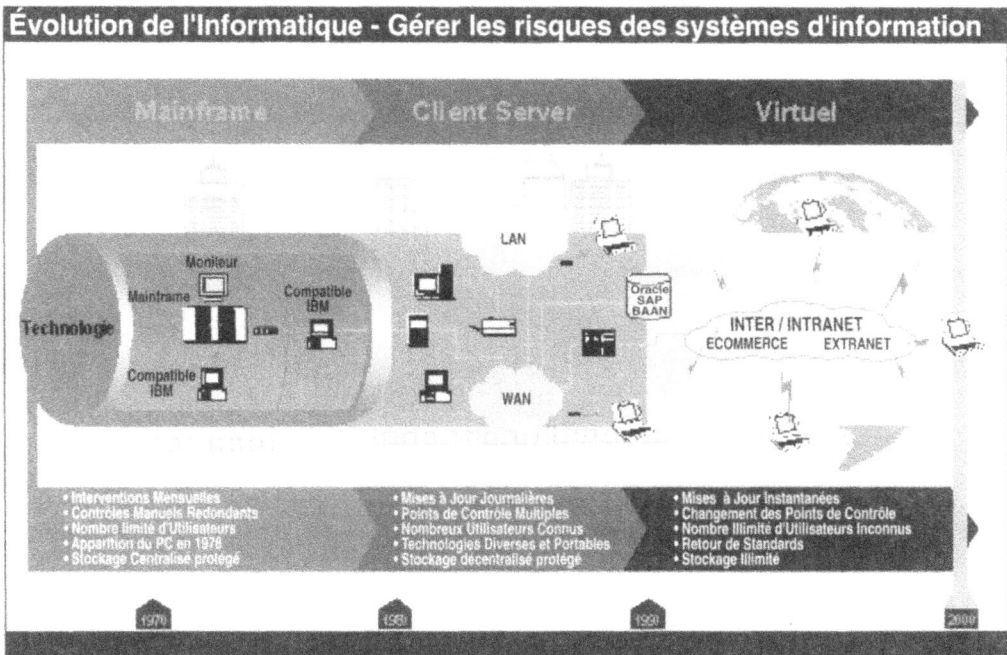

Source : Ernst & Young, 2001.

Figure 1. Évolution des Systèmes d'Information

---

1. Partie rédigée par Jean-Claude Venin.

De nouveaux risques

Dans ce contexte technologique complexe et en pleine mutation, l'entreprise doit prendre en compte de nouveaux facteurs de risques (figure 2) et s'assurer que son processus de maîtrise des risques est à la hauteur de ses enjeux opérationnels et financiers.

• L'utilisation de nouveaux outils ou techniques insuffisamment maîtrisés (ERP, e-Commerce, Internet...). • La dépendance croissante de l'entreprise vis-à-vis de son système d'information ou du système d'information de ses partenaires. • De nouvelles problématiques de sécurité informatique suite à l'interconnexion des réseaux et l'apparition d'Internet. • La recrudescence de cas de malveillances et de fraudes informatiques.	• Une maîtrise et une maintenance des systèmes rendues difficiles par l'hétérogénéité et la complexité des technologies utilisées. • Des difficultés à appréhender l'automatisation des processus opérationnels et la dématérialisation des échanges entre partenaires commerciaux. • La mise en œuvre d'un ERP sans véritable réorganisation des processus opérationnels. • Le recours à la sous-traitance et l'externalisation de certaines parties des fonctions informatiques.

Source : Ernst & Young, 2001.

Figure 2. Nouveaux facteurs de risques

Le schéma suivant résume l'évolution des risques informatiques :

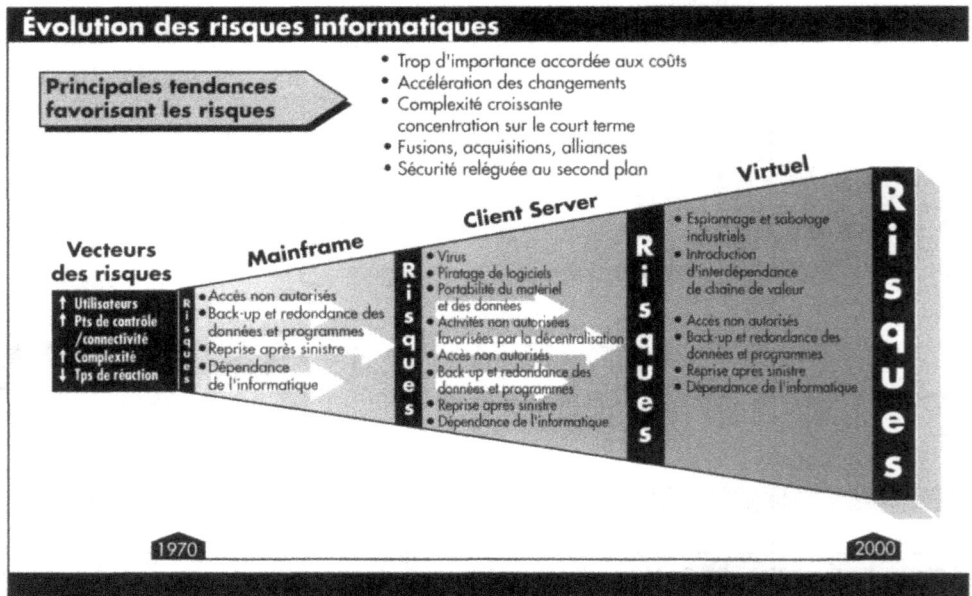

Source : Ernst & Young, 2001.

Figure 3. Évolution des risques informatiques

« L'informatique » est un « outil » technique utilisé par les directions opérationnelles mais qui nécessite une fonction, ou un processus à part entière de l'entreprise, composée de ressources humaines et d'un ensemble de composants logiciels et matériels. Il est courant de définir l'informatique comme un processus transversal supportant les processus opérationnels de l'entreprise.

▷ **Il est courant de définir l'informatique comme un processus transversal supportant les processus opérationnels de l'entreprise.**

En raison de cette spécificité de « transversalité » du processus informatique, la notion de « risques informatiques » est souvent difficile à appréhender et à définir. Il est en effet nécessaire de considérer, d'une part, les risques relatifs aux processus opérationnels induits par le système d'information et, d'autre part, les risques inhérents à la fonction informatique (organisation, ressources humaines, technologies logicielles et matérielles, modes de management et de fonctionnement). De même, la mise en place d'un processus de maîtrise des risques informatiques peut s'avérer difficile sans une approche méthodique et adaptée à l'environnement technique et opérationnel de l'entreprise. L'élaboration d'une cartographie des risques informatiques, comme présentée ci-après, peut constituer une étape préalable et un outil de management efficace et efficient pour développer et mettre en œuvre les actions nécessaires à la maîtrise de ce type de risques.

Un exemple d'élaboration d'une cartographie des risques informatiques

La cartographie des risques est un outil de management que peut élaborer une entreprise afin d'obtenir une vision globale des risques qu'elle encourt, notamment en matière informatique. L'exemple suivant décrit brièvement les objectifs et les apports qu'une entreprise peut attendre d'un tel outil.

Afin de maîtriser les évolutions importantes de son système d'information et couvrir les risques associés, une entreprise internationale a souhaité mener des travaux de cartographie des risques informatiques. Ces travaux avaient pour objectif, d'une part, d'identifier les processus opérationnels critiques de l'entreprise supportés par le système d'information et, d'autre part, de mettre en évidence les zones de risques inhérents au processus informatique en matière d'organisation, de technologies et de sécurité. Les travaux se sont scindés en deux parties.

- La première partie a consisté à identifier les enjeux opérationnels et financiers des processus de l'entreprise supportés par le système d'information. Cela a notamment permis de mettre en évidence les conséquences que pouvait avoir une indisponibilité du système d'information sur l'activité de l'entreprise.
- La seconde partie a permis de prendre connaissance du processus informatique et de mettre en évidence les principales zones de risques inhérents à ce processus en couvrant notamment : l'organisation et la structure infor-

matiques, les projets informatiques, les technologies utilisées, le parc applicatif, ainsi que la topologie et la structure du système d'information.

Les difficultés à surmonter les risques

Les difficultés rencontrées pour l'établissement d'une telle cartographie sont principalement liées à :

- la spécificité de « transversalité » du processus informatique pouvant supporter l'ensemble des processus fonctionnels de l'entreprise ;
- la diversité et la complexité des technologies informatiques et de leur constante évolution ;
- la difficulté à quantifier les pertes financières suite à une défaillance du système d'information étant donné la faible sensibilisation de la part du management aux risques opérationnels induits par le système d'information.
- par ailleurs, une cartographie des risques informatiques doit être considérée comme un processus continu et faire l'objet d'une mise à jour et d'un suivi réguliers en fonction des évolutions du système et des actions réalisées.

Les types de représentation

En fonction des objectifs fixés aux travaux de cartographie des risques, l'entreprise peut choisir plusieurs types de représentation (figures 4, 5 et 6) adaptés à son organisation et à son mode de communication. Une représentation graphique peut cependant apporter une plus grande visibilité des risques et offre une vision globale des thèmes abordés.

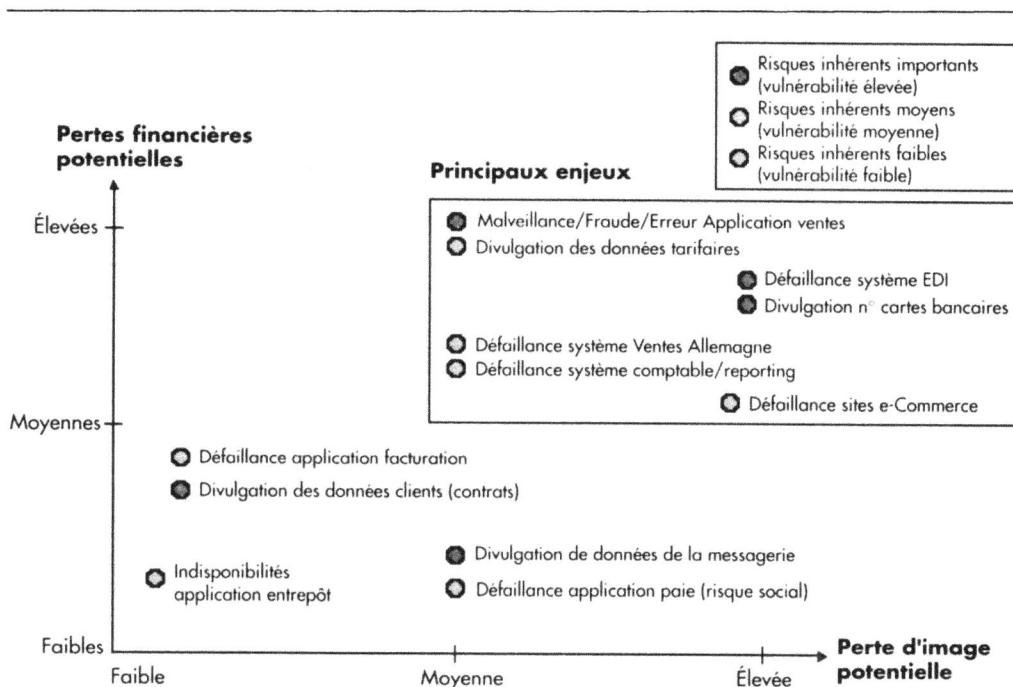

Figure 4. *Cartographie des risques*

Enjeux majeurs	Systèmes	Risques potentiels	Pertes financières maximales potentielles en K€			Risques financiers	Risque d'image
			1 heure	1 jour	5 jours		
Gestion des ventes	France (SYS1)	Défaillance, fraude, erreur, malveillance	50	650	1 800	Élevé	Moyen
	Allemagne		20	150	800	Élevé	Moyen
e-commerce	SYS6 (Web)	Défaillance, fraude, erreur, malveillance	5	45	120	Moyen	Élevé
Confidentialité des informations	SYS2,SYS3	Divulgation données tarifaires	Non quantifiable			Élevé	Moyen
	SYS3,SYS6	Divulgation numéros de cartes bancaires	Non quantifiable			Élevé	Élevé
EDI	SYS4	Défaillance, fraude, erreur, malveillance	NS	40	85	Moyen	Élevé
Comptabilité et finance	SYS5	Défaillance, fraude, erreur, malveillance	Non quantifiable			Moyen	Élevé

Source : Ernst & Young, 2001.

Figure 5. *Tableau des enjeux*

Événements/constats	Risques potentiels
Effectifs informatiques en faible nombre en Allemagne et dans les directions régionales.	Difficulté à maintenir et maîtriser le système d'information local pouvant causer ainsi une indisponibilité de l'activité et augmenter les coûts informatiques.
Absence de plan de continuité.	Indisponibilité prolongée de l'activité en cas de sinistre majeur notamment pour les activités commerciales.
L'entreprise n'utilise pas de mécanismes de chiffrement afin de protéger les données sensibles.	Divulgation de données sensibles comme les numéros de cartes bancaires saisies par les clients lors de transactions commerciales via Internet.
Nombreuses tentatives d'accès infructueuses au système d'information commercial via Internet.	Accès non autorisé aux données tarifaires et clients si les mécanismes de sécurité s'avèrent insuffisants.
Mise en œuvre récente d'un nouvel ERP pour la filiale allemande sans réflexion préalable de réorganisation.	Organisation inadaptée au mode de fonctionnement de l'ERP ; utilisation non optimale de l'application ; niveau de contrôle interne insuffisant ; non-respect du principe de séparation de fonctions.
Absence de compétence Unix au sein de la Direction informatique.	Maintenance difficile et maîtrise insuffisante des outils informatiques pouvant engendrer une indisponibilité du système d'information et par conséquent de l'activité.
Le dernier audit du système d'information date de plus de trois ans.	Non-identification de faiblesses de contrôle interne et de sécurité pouvant impacter le fonctionnement du système d'information mais également l'intégrité des données.

Source : Ernst & Young, 2001.

Figure 6. Principales zones de risques du processus informatique

Préconisations

La cartographie des risques informatiques, ainsi définie, a permis à l'entreprise de prendre des mesures immédiates en matière de sécurité d'accès aux réseaux via Internet, et de lancer un ensemble d'actions à court et moyen termes :

– Adapter l'organisation et le reporting actuels en matière de maîtrise des risques afin de prendre en compte les risques informatiques.
– Mener un audit détaillé de la sécurité informatique de l'entreprise en matière de sécurité logique d'accès et de continuité d'activité.
– Définir un plan d'audit informatique interne à trois ans en fonction des zones de risques majeurs et des enjeux identifiés en terme de métier.
– Réétudier les différentes polices d'assurance du Groupe relatives aux risques informatiques et opérationnels.
– Lancer une mission générale de mise en œuvre du contrôle interne informatique au sein de la Direction informatique.

QUALITÉ STRATÉGIQUE ET GESTION PROACTIVE DES RISQUES : LES PROCESSUS DE DÉCISIONS[1]

Raoul de Saint Venant et Jean-René Rames définissent la notion de qualité stratégique comme la « *qualité du processus de décision stratégique* » et s'interrogent sur l'organisation à adopter pour traiter les risques dans un environnement changeant et pour améliorer la manière dont sont prises les décisions stratégiques. Raoul de Saint Venant expose les réponses des entreprises face aux différents types de risques rencontrés et Jean-René Rames livre l'exemple d'AXA qui, dans le domaine de la gouvernance d'entreprise, a mené un programme afin d'aider les différentes entités du groupe à améliorer leur processus de décision stratégique.

Gérer la stratégie, c'est gérer les risques

Sur la base du postulat selon lequel « *gérer la stratégie, c'est gérer les risques* », Raoul de Saint Venant apporte une réflexion sur la manière dont l'entreprise s'organise pour traiter les risques et sur les outils permettant aux entreprises de concevoir les décisions stratégiques destinées à traiter leurs risques.

Si l'entreprise, vue de l'extérieur (par les clients, les banquiers, les salariés, les fournisseurs, etc.) apparaît comme un risque global sur lequel on n'a pas de prise, le point de vue qui prévaut à l'intérieur de l'entreprise est qu'elle est exposée à une multitude de risques susceptibles, eux, d'être gérés. Ces risques (erreurs humaines, incendies, retards de livraison, défauts de paiement, variation des marchés, concurrence, etc.) menacent sa capacité à satisfaire ses clients, mais aussi ses actionnaires, ses fournisseurs, ses salariés, etc.

> L'entreprise génère des risques (point de vue externe) et l'entreprise traite des risques pour produire et vendre de la qualité (point de vue interne).

En partant de ce point de vue interne, Raoul de Saint Venant montre comment l'entreprise peut traiter les risques auxquels elle est confrontée, ou, autrement dit, comment « *l'entreprise produit de la qualité à partir de risques* ».

Dans ce contexte, un risque peut se définir succinctement comme « *ce qui peut arriver* », un accident « *lorsque cela arrive et nuit* », une erreur est le fait « *de ne pas l'avoir anticipé* » et, au total, la qualité « *c'est la satisfaction des besoins des clients, malgré les risques pouvant peser sur la production des biens ou des prestations* ».

Pour gérer les risques, l'entreprise a recours à différentes techniques classables suivant les catégories générales suivantes : céder le risque (par un contrat de couverture de change, de factoring, d'assurance, par un salaire variable,

---

1. Interventions de Raoul de Saint Venant et de Jean-René Rames lors de la réunion Afplane du 3 décembre 2001.

etc.) ; mutualiser les risques par un service collectif (la titrisation, etc.) ; arbitrer le risque par une gamme de produits diversifiés, une diversification géographique, etc. ; agir sur les risques par la fiabilisation des processus, le recouvrement, etc. ; retarder des décisions pour améliorer l'exposition.

« Dans quel cadre organisationnel sont mis en place les techniques de traitement des risques ? » En préliminaire à la réponse à cette question, il faut distinguer trois catégories de risques : les risques identifiés et permanents (exemple : les risques opérationnels comme la qualité des matières premières de base), identifiés mais évolutifs (ex. : les risques liés au niveau de la demande sur un marché, aux caractéristiques générales de la concurrence ou de l'offre des fournisseurs), non identifiés à l'avance (ex. : les aléas ou les risques identifiables mais non identifiés par l'entreprise comme la promulgation d'une loi, une innovation majeure, etc.).

Traiter chaque risque de manière spécifique

Les risques, selon leur catégorie, sont traités au sein d'organisations distinctes. Ainsi, contre les risques identifiés et permanents, l'entreprise *« met en place, dans ses process opérationnels, des procédures de gestion de qualité permettant de traiter ces risques »*. Contre les risques identifiés mais évolutifs, l'entreprise planifie *« les changements nécessaires de l'organisation et des objectifs »*. Enfin, lorsque l'entreprise est confrontée à des risques qui n'ont pas été identifiés à l'avance, le seul recours est *« qu'après l'accident, on mette en œuvre les meilleures décisions aussi vite que possible »*.

Raoul de Saint Venant montre alors que dans chacun des cas, les décideurs concernés doivent utiliser des outils d'aide à la décision spécifiques pour améliorer leur efficacité.

La gestion par les process est sous la responsabilité de l'organisation opérationnelle. À ce niveau, les techniques permettant le traitement des risques sont *« encapsulées dans les machines et les savoir-faire ou agrégées au sein des process de l'entreprise »*. Pour le suivi de leur efficacité, l'entreprise dispose d'outils nombreux et puissants : ERP, CRM, etc.

En ce qui concerne les décisions de changement, destinées à traiter tant les *« risques évolutifs »* que les *« aléas »*, les outils pour les préparer diffèrent selon que ces changements s'appliquent au fonctionnement opérationnel ou visent à modifier la stratégie de l'entreprise.

Pour les décisions portant sur des modifications de process, des méthodologies comme le *Business Process Redesign* sont utilisées avec succès. Elles s'appuient sur des outils de modélisation des process (ex : Case Wise).

Par contre, lorsque les décisions conduisent à modifier la stratégie, on constate que les entreprises sont encore mal outillées pour les préparer collectivement.

Le recours classique aux outils bureautiques (comme par exemple les outils Microsoft Outlook, Word, Excel, Powerpoint, etc.) est, en effet, lourd et peu propice à une concertation réelle.

Une solution envisagée consiste à organiser le travail des décideurs autour d'un process de décision stratégique. Ce travail, pour être efficace, nécessite l'accès de tous à un modèle économique. Le process de décision stratégique a, en effet, comme modalité d'organiser de manière efficace la prise de décision préalable au changement stratégique et le suivi de sa mise en œuvre. On définit, ensuite, « *la qualité stratégique comme la qualité du process de décision stratégique* ». La qualité de la décision stratégique sera fonction de plusieurs critères : le délai de réaction, le suivi des décisions, le coût global de la prise de décision, la pertinence, la fraîcheur des informations et le degré de consensus.

L'offre d'outils de gestion de process de décision stratégique développée par modelEdition SA vise précisément à améliorer la qualité stratégique des entreprises. Elle permet la visualisation et la manipulation de modèles économiques et financiers (comme par exemple les *business plans*) par tous les décideurs, quelle que soit leur formation (scientifique ou non scientifique) pour « *faciliter ainsi la prise de décisions, et que celles-ci soient prises efficacement, rapidement et à moindre coût* ». Construite à partir du constat que « *les modèles actuels ne sont plus réutilisables après une prise de décision, qu'ils sont très rarement le fruit d'un travail collectif, et peu compréhensibles par les tiers* », cette offre permet de concevoir et proposer « *des modèles réutilisables après chaque décision, facilement mis à jour, collaboratifs, et aisément lisibles* ».

L'exemple d'AXA

Jean-René Rames livre l'exemple d'AXA[1] qui, dans le domaine de la gouvernance d'entreprise, a mené un programme afin d'aider les différentes entités du groupe à améliorer leur processus de décision stratégique.

La « gouvernance » d'AXA dans toute l'entreprise

AXA a un mode de gestion décentralisée : « *les différentes sociétés du groupe ont une forte autonomie de prise de décision, pour mieux tenir compte de la diversité culturelle, et mieux intégrer les besoins des clients ; quelques décisions clés sont centralisées au niveau du Groupe, notamment celles relatives à la gestion financière et capitalistique, la stratégie de ressources humaines,*

---

1. Le métier d'AXA est celui de la protection financière et de la gestion santé à l'échelle mondiale (plus de 60 pays dans le monde entier). En 2000, AXA a eu 80 milliards de CA, 50 millions de clients, et a 140 000 collaborateurs dont 44 000 distributeurs exclusifs.

la politique du système d'information... ». Dans ce contexte, pour que les différentes sociétés rendent les meilleurs services aux clients, valorisent l'organisation pour leurs actionnaires, maîtrisent leur environnement, et optimisent leurs processus internes (notamment les fusions et acquisitions), il est apparu nécessaire d'aider les différentes entités du groupe à améliorer leur processus de décision stratégique.

AXA a donc lancé un programme pour améliorer la gouvernance des sociétés sur le domaine de l'informatique, et généralise cette gouvernance à l'ensemble de l'entreprise. AXA a défini ses propres critères de qualité et de performance pour les décisions stratégiques. Si ces critères sont proches de ceux présentés par Raoul de Saint Venant, Jean-René Rames précise toutefois, sur l'aspect du degré de consensus, que : *« nous cherchons à mettre en œuvre des processus de décision stratégique qui permettent de partager les décisions entre les différents dirigeants et parties prenantes. Les dirigeants, ensemble, doivent s'impliquer et s'engager. »*

Pour mettre en œuvre cette organisation de décisions stratégiques, le programme d'amélioration de la gouvernance a introduit des points clés. L'entreprise doit être capable de :

– fixer la direction, planifier, suivre le plan, mesurer, et le faire évoluer ;
– s'organiser pour être réactif, gérer les aléas et les conflits ;
– conduire les changements comme des projets ;
– décider selon la valeur et les risques, en plus des coûts ;
– optimiser les compétences internes et externes.

« Les processus de décision stratégiques doivent être organisés autour d'un cycle de vie des décisions : une phase de diagnostic et de préparation (scénarios, analyses), une phase de décision, une phase de communication et de justification de la décision vers l'ensemble des acteurs impactés par la décision, et au travers de l'exécution des décisions, une phase de coordination et de suivi. » Les deux processus majeurs de la gouvernance sont celui de la planification stratégique, annuelle et budgétaire, et celui de l'approbation des investissements, du suivi des projets et des bénéfices. Pour mettre en œuvre ces deux processus avec ce cycle de vie des décisions, l'entreprise devrait mettre en place deux catégories d'organes : des comités de prise et de suivi des décisions (exemple : un comité global, des comités par fonction ou par projets, etc.) et des organes de support qui fournissent l'ensemble des informations nécessaires à la prise de décision, et également communiquent, coordonnent et suivent la mise en œuvre de ces décisions (ex. : au niveau de la Direction générale, bureaux de projet et bureaux de support).

Jean-René Rames présente trois exemples d'outils et de modèles sur lesquels reposent les processus de décisions. Ces outils permettent l'établissement des priorités stratégiques, la modélisation économique des projets (méthode RAVI) et le suivi par tableaux de bord.

L'établissement des priorités stratégiques

En ce qui concerne *l'établissement des priorités stratégiques*, AXA a créé une méthode à partir de différentes méthodes existantes d'analyse multicritères. Pratiquement, il s'agit « *de partir d'axes stratégiques, puis de définir des objectifs stratégiques avec différents niveaux de détail, d'identifier certaines alternatives majeures et d'analyser la contribution de chacune de ces alternatives aux différents objectifs stratégiques. À partir de là, on peut définir la meilleure alternative par objectif stratégique ou de manière globale.* » Les critères peuvent être de type financier, risques, contribution à différents objectifs métier, etc.

Il ne s'agit pas toujours de « *choisir quel est le meilleur projet à lancer* » mais aussi « *de constituer un portefeuille de projets à lancer* » sélectionnés parmi tous les projets identifiés. Pour ce faire les interdépendances entre projets sont estimées, les contraintes sont modélisées, l'équilibre du portefeuille est évalué (par exemple sur la répartition des gros et petits projets, celle des projets en cours et les nouveaux), et différents scénarios sont analysés selon des axes classiques : risques et coûts/bénéfices.

La méthode interne RAVI (Risk Adjusted Valuation of Investment)

En ce qui concerne la *modélisation économique des projets*, AXA a développé une méthode interne appelée RAVI qui permet de quantifier les risques, les coûts et les bénéfices d'un projet. Le risque est celui de prendre la mauvaise décision (par exemple : accepter un projet qui échoue, ou ne pas lancer un projet alors qu'il aurait fallu le faire). La méthode tient compte de l'incertitude comme partie intégrante du risque. Cette méthode facilite la réponse aux questions suivantes :

– Le niveau du risque du projet est-il acceptable ?
– Est-il contre-balancé par la valeur du projet ?

> **On va chercher à comparer la situation du projet par rapport à la politique d'investissement de la société.**

L'un des résultats d'une évaluation RAVI est donc l'analyse risque/valeur de ce projet et, via une analyse de probabilité du ROI (*return on investment* ou retour sur investissement), de déterminer quelle est la courbe de probabilité d'avoir un ROI négatif ou positif ? « *On va alors chercher à comparer la situation du projet [analyse de probabilité du ROI] par rapport à la politique d'investissement de la société.* » Pour être retenu, le projet doit appartenir à une « *région d'investissement acceptable* » délimitée par une courbe représentant la limite d'investissement de la société concernée.

En terme de *suivi*, le programme de gouvernance préconise d'utiliser différents types de tableau de bord. Ces tableaux de bord ne sont pas uniquement financiers ou budgétaires. Ils présentent différents indicateurs qui permettent de comprendre « *où se trouve la société* » (avancement des projets, gestion des changements, risques, ressources humaines, qualité, productivité, budgets, etc.). « *L'objectif n'est pas de donner un seul tableau de bord pour l'ensemble de l'entreprise mais de donner un tableau de bord spécifique à quelques ensembles de dirigeants, sachant qu'il faut gérer la cohérence de ces différents tableaux de bord.* »

Selon Jean-René Rames, « *ces concepts sont mis en œuvre au sein de la plupart des départements informatiques des grandes sociétés du Groupe. Les grandes sociétés sont en train de généraliser l'utilisation de ces concepts pour la gouvernance de l'ensemble de l'entreprise. La mise en œuvre est plus progressive sur les entreprises plus petites.* » Les premiers retours d'expérience montrent que « *comme attendu, l'organisation de la gestion des décisions stratégiques améliore l'objectivité des prises de décisions et le partage des décisions par les différents dirigeants* ». Par ailleurs, « *l'introduction de ces nouveaux concepts dans l'entreprise amène un changement de culture qu'il est nécessaire de maîtriser* ». Il est important de bien gérer l'introduction de ces nouveaux concepts car « *s'ils ne sont pas bien compris au niveau opérationnel, il est difficile d'avoir une bonne gouvernance* ». Enfin, Jean-René Rames conclut sur le fait que « *l'utilisation de modèles enrichit la préparation des décisions et facilite le suivi des décisions* ».

L'organisation de l'identification, de l'évaluation et de la gestion des risques au sein de l'entreprise

Si les chapitres précédents avaient pour objet le management des risques propres aux différentes activités ou fonctions de l'entreprise, ce chapitre a pour ambition de décrire les choix organisationnels nécessaires pour gérer l'ensemble des risques auxquels l'entreprise est confrontée. Comment, concrètement, peut-on organiser la gestion des risques au sein de l'entreprise ? Comment analyser son organisation et s'assurer de sa capacité à identifier et contrôler les risques ? Pourquoi et comment établir une cartographie des risques majeurs ? Ce chapitre répond à ses différentes questions en insistant sur les aspects méthodologiques et pratiques.

Jean-Michel Paris et Christophe Aubin, en tant que consultants, proposent une démarche de gestion globale des risques, qui a pour objet de « *transformer le profil de risques de la société* ». Leur méthodologie s'appuie sur le concept d'organisation cible destinée à anticiper les risques et à les transformer dans le sens souhaité par les différentes parties prenantes. Ils proposent une méthodologie d'analyse de l'organisation, une définition de ce qu'est une organisation cible et un carnet de route permettant d'aller de l'existant à l'organisation souhaitée. La deuxième partie de l'article est consacrée à un exemple permettant d'appréhender l'ensemble des fonctions de l'entreprise qui sont activées lors du processus global de gestion des risques.

Dans une deuxième partie, Guy Alain Cuvècle fait part de sa réflexion sur la nature stratégique de la problématique qualité, dresse un inventaire de la montée des périls, propose une distinction entre risques mineurs et risques majeurs et démontre l'importance des aspects psychologiques et du rôle du management dans la maîtrise du risque. Éric Morel expose son retour d'expérience sur deux projets de Schneider Electric.

Marc Chambault, directeur de l'Audit et du Contrôle des Risques, expose dans une troisième partie, l'expérience récente de France Télécom en terme de *Business risk management*. Sur la base de deux études récentes, il présente l'évolution de perception des risques vécus par les entreprises françaises et revient sur le repositionnement du métier de l'Audit. Il témoigne enfin de l'expérience de France Télécom quant à la construction et l'utilisation d'un outil de gestion des risques : la cartographie des risques.

L'ORGANISATION DE LA MAÎTRISE DES RISQUES[1]

Cartographie des risques majeurs

La cartographie des risques majeurs d'une société ou d'un groupe est la première étape du processus de gestion globale des risques. La cartographie des risques n'est qu'un des produits (essentiel) du processus global de gestion des risques, qui doit s'appuyer sur une organisation permettant de mettre à jour régulièrement et efficacement cette cartographie en fonction de l'évolution du contexte et des activités de l'entreprise et d'appliquer les actions de transformation du profil de risques qui s'imposent (couvertures du risque, acceptation du risque, augmentation du risque, etc.). Il s'agit également de pouvoir mesurer la performance de la gestion des risques et veiller au respect des attentes des parties prenantes en terme de profil de risque et de règles de gestion des risques. Cette étape est tout aussi importante que la première. En effet, une mauvaise organisation en terme de gestion des risques est elle-même porteuse de risques.

Connaissez-vous vos risques majeurs ? Comment les maîtrisez-vous ? De telles questions posées à une direction générale sont fréquentes dans les réunions de Comité d'audit, dans les assemblées générales ou lors des *road-shows* de présentation aux analystes financiers. Échaudée par quelques faillites difficilement prévisibles (comme celle d'Enron), la communauté des investisseurs semble disposée à payer une prime pour les sociétés capables de mettre en place une organisation transparente, globale et intégrée de maîtrise de leurs risques. Sur certains marchés boursiers, notamment à Londres, suite aux recommandations de la commission Turnbull, les conseils d'administration des sociétés cotées se doivent d'émettre, à l'occasion de la publication de leurs comptes annuels, une déclaration relative à l'adéquation de leur dispositif de maîtrise des risques aux caractéristiques propres du Groupe. Bien entendu, cette signature exige une réflexion sur l'organisation interne de maîtrise des risques.

Il convient de connaître ce que l'on cherche à gérer (son profil de risques, tenant compte de l'ensemble de ses risques, qu'ils soient financiers, opérationnels, d'information, liés aux fusions-acquisitions, à la gouvernance de l'entreprise ou à son environnement externe) de manière à évaluer si l'organisation interne en place, qui s'est souvent développée par sédimentation, au gré des restructurations, des acquisitions, cessions ou autres fusions, demeure adaptée aux enjeux et périmètres actuels. Une organisation cible ne peut être définie qu'en partant d'une bonne connaissance de l'existant : compétences actuelles, savoir interne, histoires des personnes et des entités, degré d'autonomie des entités d'un groupe, pratiques... C'est l'objet de la première partie

---

1. Partie rédigée par Jean-Michel Paris et Christophe Aubin.

qui propose une méthodologie d'analyse de l'existant au sens large. Une solution standard ne peut exister et la commission Turnbull l'a très bien compris. L'organisation dépend nécessairement de la taille du Groupe et de la nature de ses activités, de la vitesse d'évolution de son secteur, de sa stratégie ou encore du degré de centralisation ou d'autonomie laissé à ses filiales et/ou ses *business units*. Une deuxième partie aborde les différentes organisations cibles en se fondant sur la base d'une comparaison aux meilleures pratiques. Une *road map*, c'est-à-dire un carnet de route permettant d'aller de l'existant à la cible souhaitée, est abordée dans une troisième partie. La fin de l'article est consacrée à un exemple permettant d'appréhender l'ensemble des fonctions de l'entreprise qui sont activées lors du processus global de gestion des risques. Cet exemple a essentiellement pour objectif de montrer les liaisons et les imbrications en dynamique de ces différentes fonctions.

Une méthodologie d'analyse de l'existant

> **L'idée de cartographier ses risques est aujourd'hui largement diffusée même si les modalités de sa mise en œuvre sont souvent floues.**

L'idée de cartographier ses risques est aujourd'hui largement diffusée même si les modalités de sa mise en œuvre sont souvent floues. Pour réussir, il convient de répondre à quelques questions fondamentales : quelle est ma stratégie, mon aversion aux risques ? De quels risques parle-t-on ? Quel degré de finesse dans l'analyse ? Quel périmètre d'étude ? Comment et avec qui conduire cet exercice ?

Comment l'entreprise formule-t-elle sa stratégie ?

Avant toute chose il est nécessaire de savoir comment l'entité a formulé sa stratégie (horizon, degré de précision des objectifs à atteindre, réalisme des scénarios, scénarios en nombre suffisant, etc.) et son degré de tolérance aux risques exprimés de manière financière (perte maximale annuelle, ou pluriannuelle, par catégorie de risque, etc.) et/ou exprimé d'une autre manière : accidents corporels inacceptables, intoxication de clients par des produits vendus, réputation, etc.

La connaissance des éléments ci-dessus fera apparaître les événements selon un prisme utile aux managers et aux parties prenantes : les événements qui peuvent empêcher la mise en œuvre de la stratégie (aspect négatif du risque) et les événements qui peuvent favoriser le développement de la stratégie (opportunités : aspects positifs du risque) avec leur évaluation (impacts et probabilité). À ce titre, la cartographie essaie d'appréhender les différents impacts (financier, réputation, part de marché...) des risques et leur probabilité d'occurrence. Les sociétés les plus proactives dans la maîtrise de leurs risques ne considèrent la cartographie que comme le point de départ obligé d'une maîtrise des risques structurée visant à adapter l'ensemble de son dispositif à son propre profil de risque. De plus, la définition du périmètre de la cartographie des risques est importante : les compagnies pétrolières doivent-elles exclure leurs prestataires de service (notamment le transport maritime) sous l'argument qu'ils n'ont pas d'intérêts capitalistiques dans ces sociétés ? L'exemple de l'*Erika* doit inviter à se poser cette question avec acuité.

Notons qu'une cartographie bien conduite, par la connaissance plus fine, plus nuancée et globale des différents paramètres qui influeront sur la dynamique du business et les ressources financières, peut à son tour améliorer la définition du plan stratégique, la maîtrise des coûts, le plan de financement, le plan d'audit interne, les reportings internes et externes (exemple : au régulateur sectoriel) ou encore la gestion de crise.

Comment l'univers des risques est-il défini ?

L'identification des risques ne pouvant se conduire *ex nihilo*, la définition du modèle d'entreprise retenu comme cadre de référence s'impose donc comme un prérequis essentiel. La finalité première de la cartographie va déterminer si l'on opte pour une identification par processus, par objectifs, par « leviers de création de valeur », par catégories de risque, par pays, etc. Il est souhaitable que la première cartographie soit menée au niveau Groupe en liant le risque à la création de valeur de manière à mettre en lumière les risques majeurs du Groupe, par rapport à son environnement et sa stratégie. Ceux-ci sont souvent des agrégats de risques individuels. La « granularité » peut être ensuite ajustée en déployant la démarche de cartographies au niveau des différentes *business units* par exemple. Ceci présente l'avantage de permettre de passer d'une image statique des risques à une actualisation périodique sur la base des informations remontantes.

La diversité de l'univers des risques auxquels est confrontée l'entreprise rend nécessaire tant une analyse centralisée de manière à garantir une vue globale, avec une implication de tous les spécialistes afin de mieux appréhender l'exposition aux risques juridiques, informatiques ou d'hygiène et sécurité par exemple. Ainsi, dans la pratique, la démarche est pilotée par l'équipe « Gestion des risques Groupe », quand elle existe, en contact avec les spécialistes du groupe pour chaque type de risque. En l'absence d'une Direction des risques Groupe, la Direction de la stratégie ou la Direction financière peuvent être pilote.

> Le succès de la démarche dépend du degré de prise en compte de la thématique du risque dans ses orientations.

À terme, toutefois, le succès de la démarche dépend du degré de prise en compte de la thématique du risque dans ses orientations. Ainsi, il est fondamental que les membres de la Direction générale s'impliquent dans cet exercice de manière, non seulement à faire émerger une vision consolidée, hiérarchisée et partagée des grands risques de l'entreprise, mais aussi à ce que de véritables « propriétaires[1] » de ces risques en prennent la responsabilité.

En parallèle, il convient de recenser « qui fait quoi ? » en terme de contribution à la maîtrise de risques. Chacun doit participer, la ligne hiérarchique tout comme les fonctions transverses spécialisées dans certains types de traitement ou financement de risque. Toutefois, l'exercice consistant à croiser les risques majeurs avec les différents acteurs fait souvent apparaître une concentration inappropriée des efforts sur des risques d'importance relativement mineure, des duplications ou des recouvrements d'initiatives, ou, plus gravement, des manques d'attention pour un/des risque(s) majeur(s).

Comment évaluer sa maîtrise des risques ?

Une infrastructure de maîtrise des risques se compose de différents éléments fondamentaux qui constituent une grille de lecture pertinente pour évaluer l'état de sa maîtrise des risques. Ainsi, pour chacun des points suivants, l'entreprise peut s'interroger sur son degré de maturité, formalisation, robustesse ou sophistication.

Validée par le conseil d'administration et mise en œuvre par la Direction générale au regard des positions de ses actionnaires et autres parties prenantes, la stratégie de gestion des risques définit la politique de gestion des risques de l'entreprise : risques acceptés et risques non acceptés permettant de définir le profil de risque souhaité. À partir de là, des seuils de tolérance globaux (limites de risques) et par entité sont définis. Cette stratégie reflète les valeurs et l'éthique de l'entreprise et assure la cohérence d'ensemble du dispositif en fixant les grands principes qui guideront la mise en place du dispositif. Le profil de risques souhaitable et les limites qui vont avec nécessitent une revue périodique parce que les contexte évoluent assez vite.

La gouvernance ou l'engagement du conseil d'administration se traduit dans un mécanisme par lequel il s'assure que l'entreprise agit dans le meilleur intérêt des parties prenantes à l'entreprise en définissant et allouant des responsabilités en matière de risques. En terme d'organigramme, la gouvernance peut prendre la forme d'un Comité des risques et/ou d'un *Chief Risk Officer* ou de toute autre structure de pilotage de la démarche qui assure l'interface avec le conseil d'administration.

---

1. La notion de propriétaire de risque sera détaillée dans les paragraphes suivants.

Les quatre grandes étapes du *risk management*

Le processus de *risk management* est articulé autour de quatre grandes étapes.

1. L'identification, l'évaluation et la hiérarchisation des risques (avec, par exemple, une cartographie).
2. Le traitement des risques (exploration des options de traitement, sélection et mise en place de la meilleure combinaison telle que couverture financière, programme d'assurances, et actions de management dans le respect de la politique définie).
3. Le suivi de l'évolution (reporting et contrôle des actions, des expositions résiduelles, des distances par rapport aux limites de risques, contrôle de la bonne application de la politique des risques, évolution des limites, changement dans les risques à couvrir ou non en fonction de l'évolution du business et de la stratégie.
4. La garantie de la bonne marche du dispositif par des revues indépendantes conduites par exemple par l'audit interne ou l'équipe qualité. Ce processus est une boucle qui s'appuie sur le retour d'expérience pour s'autoaméliorer.

Il est impératif que l'organisation dispose des compétences pertinentes pour gérer les risques acceptés au niveau de « l'appétit pour le risque », défini par le conseil d'administration, de manière à pouvoir prendre des décisions informées et cohérentes. Chacun des managers de l'entreprise doit prendre des risques, mais il doit prendre les bons risques (c'est-à-dire ceux acceptés par les parties prenantes) et en toute connaissance de cause.

De nombreuses fonctions (les directions juridique, ressources humaines, systèmes d'information...) ont un rôle clair ou un *input* dans la maîtrise des risques. Sachant que ces fonctions peuvent être au niveau du Groupe, dans les *business units*, ou externalisées, leur degré d'alignement et d'intégration, leur capacité à travailler en synergie avec des *outputs* comparables détermine la cohésion de l'infrastructure globale.

La capacité à obtenir et mettre à jour des données cohérentes passe nécessairement par un système d'information, de reporting et d'agrégation en support des efforts de maîtrise des risques (intranet, bases de données, système de détection des signaux faibles et procédures d'escalade...).

Au regard des points ci-dessus, il est possible de dégager des axes d'améliorations qui constitueront la base de travail dans la définition de l'organisation cible.

Comment définir une organisation cible ?

Tracer les contours d'une organisation de gestion des risques oblige au préalable à définir les objectifs précis de cette organisation. La mission fondamentale de la gestion des risques est la transformation du profil de risques de la société, en réduisant, voire en éliminant les risques non souhaités et en favorisant la prise d'autres risques, souhaités et acceptés en connaissance de cause, afin de les transformer en opportunités. Il s'agit donc bien de favoriser les opportunités et réduire les risques à l'aune des objectifs stratégiques de l'entreprise. L'organisation cible ne doit donc pas être fondée uniquement sur une activité de contrôle mais surtout sur sa capacité à anticiper les risques et à les transformer dans le sens souhaité par les parties prenantes. L'analyse développée ici se placera dans le cadre d'une politique de transformation active des risques. L'objectif sera alors de veiller à l'adéquation du profil réel de risques au profil souhaité par les actionnaires et autres parties prenantes. Il s'agit de les aider à définir le profil de risques souhaité, en s'assurant que les risques non acceptés sont éliminés ou réduits au niveau voulu, et que les risques souhaités sont bien pris. Pour cela, il faut systématiser le dépistage des risques cachés et significatifs, jusque-là inconnus de la société et s'assurer que leurs différents impacts (positifs ou négatifs), leurs liens avec les leviers de création de valeur et la stratégie, leur évolution dans le temps et les limites de leur quantification sont bien compris par les actionnaires et les autres parties prenantes. Il s'agira également d'assurer que l'adéquation au profil de risques souhaité n'est pas réalisée en dépit de toute efficacité économique, c'est-à-dire en détruisant de la valeur. Ainsi, un risque non souhaité, dont le coût de réduction ou de transfert dépasserait les gains en terme d'accroissement de valeur liés à sa disparition ou à sa diminution, ne doit pas être géré[1]. Il faut également assurer la diffusion de la culture de gestion des risques au sein de la société et en particulier justifier son intérêt global à court, moyen et long termes, afin que les différents acteurs intègrent cette dimension dans leur gestion quotidienne et deviennent les sponsors naturels de l'analyse des risques qui deviendra alors plus performante. Il convient également d'assurer la permanence de son fonctionnement et de son efficacité, en cas de changement rapide de stratégie de la société, d'évolution forte de son périmètre d'activité et/ou de départs de personnes clés. Enfin, il est important de constituer un pôle d'expertise en matière de méthodes de transformation des profils de risques.

> L'organisation cible ne doit pas être fondée uniquement sur une activité de contrôle mais surtout sur sa capacité à anticiper les risques et à les transformer dans le sens souhaité par les parties prenantes.

Les relations entre les différentes instances de l'entreprise

La fonction de gestion des risques, par ses objectifs, est en prise directe avec toutes les fonctions de l'entreprise. À ce titre, définir l'organisation optimale de la gestion des risques revient à définir précisément les relations avec les différentes fonctions de l'entreprise.

---

1. À l'optimum le coût marginal de gestion d'un sous-ensemble de risques doit être égal au gain en terme de création de valeur lié à leur diminution. L'horizon, pour élaborer ce type de calcul, doit être suffisamment long. En effet, les infrastructures de gestion des risques peuvent être amorties sur plusieurs années et les risques existent généralement sur plusieurs années.

Afin d'éviter les conflits d'intérêt entre les actionnaires et le management[1], la fonction de gestion des risques devrait rapporter directement au directeur général et aux représentants des actionnaires, à savoir le conseil d'administration ou un Comité des risques créé par le conseil d'administration[2]. Éviter les conflits entre management et actionnaires ne peut être que bénéfique à la fonction de gestion des risques. Les actionnaires ont un intérêt direct à connaître les risques qui affectent la valeur de leur investissement et les managers tirent également de cette fonction un angle de vue complémentaire sur le pilotage de leur activité. La désignation d'un chef d'orchestre, que l'on peut appeler *Chief Risk Officer* (directeur des risques), assure qu'un responsable est identifié dans l'organigramme. Son rôle sera principalement de fournir au plus haut niveau du management (directeur général ou CEO) et aux représentants des actionnaires, une information cohérente sur les risques à un niveau agrégé, consolidé, tenant compte des compensations et corrélations possibles de risques. Le CRO est garant de la justesse de la vue d'ensemble des risques. Les créanciers, notamment les banques, sont aussi des parties prenantes auxquelles un minimum d'informations sur les risques doit être donné[3]. D'autres parties prenantes nécessitent également une attention particulière. Ce sont les salariés, les clients, les régulateurs et les organismes publics.

Ces derniers points montrent que la fonction de gestion des risques doit être en prise directe avec la fonction communication de l'entreprise. La communication envers les parties prenantes doit apporter une information claire, synthétique et pas trop technique. La communication doit également être orientée vers l'interne (les opérationnels) afin de faire connaître les actes de gestion et de prévention des risques. En outre, il pourra être profitable de mettre en place une cellule de crise permettant d'éviter l'amplification d'impacts de certains événements rapidement médiatisables. Cette cellule de crise devra être composée de techniciens et de décideurs dont le profil psychologique leur permet de résister à une très grande pression.

---

1. La forme de la rémunération des managers, la durée de leur mandat ou les effets de réputation peuvent être en contradiction avec les intérêts des actionnaires, propriétaires de l'entreprise. Ainsi, un manager ayant une durée de mandat résiduelle de 2 ans n'entreprendra peut-être pas d'actions bénéfiques aux actionnaires sur le long terme puisqu'il n'en récoltera pas les fruits. Sa rémunération, si elle a une part variable importante, basée sur les résultats nets de l'entreprise, peut également être un frein à la prise de certains risques, bénéfiques à long terme à la société.
2. La création d'un Comité des risques n'est pas obligatoire. Elle dépend des ressources que l'entreprise peut se permettre d'allouer à la gestion des risques et du degré de connaissances des administrateurs sur ce thème technique. Ce Comité devrait être dirigé par un administrateur secondé d'autres administrateurs, et éventuellement de personnalités extérieures ayant des capacités techniques reconnues sur le sujet et permettant au Comité de poser les bonnes questions au responsable des risques et au management.
3. Un prêt octroyé par une grande banque à une entreprise est un signal pour les marchés financiers de la bonne santé financière de cette entreprise. En effet, le marché juge que les grandes banques sont les plus aptes à pouvoir analyser le risque crédit d'une société, l'analyse ayant un coût.

Le « propriétaire » du risque

> Celui qui est à l'origine de l'information sur les risques est considéré comme étant son « propriétaire ».

Qui donne l'information sur les risques ? Qui mesure le risque au niveau global ? Qui gère le risque ? Qui contrôle la bonne application de la politique globale de gestion des risques (limites, procédures, produits autorisés...) ? Celui qui est à l'origine de l'information sur les risques est considéré comme étant son « propriétaire ». Le propriétaire du risque est la personne dont l'activité et la performance sont modifiées par les impacts du risque. Il doit être suffisamment en prise avec le risque pour bien le connaître. Le propriétaire est en charge de faire remonter l'information la plus pertinente sur le(s) risque(s) dont il est propriétaire, au format défini par la fonction gestion des risques. Le propriétaire du risque est directement motivé pour faire remonter l'information si l'évaluation des performances de son activité est fonction d'un ratio rentabilité-risque[1]. La rédaction et la diffusion d'un manuel groupe ou d'une méthodologie claire d'évaluation des risques ne peut qu'aider le propriétaire du risque à faire remonter l'information pertinente au format adéquat[2]. Le *risk management* a alors pour objectif d'agréger ce risque avec les autres risques et de voir s'il ne conduit pas à dévier du profil global de risque souhaité. Le propriétaire du risque n'est pas toujours celui qui le gère et celui qui gère le risque ne dépend pas forcément du *risk management*[3].

> Le propriétaire du risque n'est pas toujours celui qui le gère et celui qui gère le risque ne dépend pas forcément du *risk management*.

Ce point peut être explicité par l'exemple d'une salle des marchés d'un groupe industriel européen qui gère le risque de change lié aux exportations des produits du groupe vers les États-Unis. Le propriétaire du risque est le directeur commercial pour les États-Unis (il est chargé d'élaborer les scénarios de chiffres d'affaires en dollar US), le gestionnaire du risque est le *trader* qui a reçu pour instruction de couvrir le risque de change EUR/USD dans des limites bien spécifiées et avec des instruments financiers autorisés préalablement (il doit trouver la couverture la moins chère dans les limites de risques qui lui ont été imposées[4]). La fonction de gestion des risques n'a aucune activité opérationnelle de marché, elle vérifie que le *trader* a bien respecté le cadre de travail adapté à la politique de gestion des risques de la société,

---

1. Un propriétaire peut être contraint par le management de ne pas prendre certains risques dans le cadre de la politique globale de gestion des risques.
2. Dans ce document on peut trouver, par exemple, les questions suivantes : les contrats avec vos clients et fournisseurs contiennent-ils des clauses d'indexations ? Quelle est la durée du contrat ? Existe-t-il une clause de renégociation du prix ? Le client a-t-il obligation d'enlever les quantités indiquées au contrat ? Existe-t-il des options dans vos contrats (avec une définition précise de la notion d'option) ? Vos contrats sont-ils libellés en devise ? Quelle est l'instance d'arbitrage en cas de litige ? Existe-t-il des garanties particulières ?...
3. Dans l'intitulé « *risk management* », le terme management peut être trompeur. En considérant le *risk management* comme l'analyse des risques agrégés et l'aide au contrôle de la bonne mise en place de la politique globale de gestion des risques, cette fonction n'a pas à proprement parler d'activités opérationnelles de couvertures/transformation des risques. En revanche, le terme management doit plutôt rappeler qu'une bonne gestion des risques contribue au bon management général de la société.
4. Parfois ces limites de risques peuvent être nulles, le *trader* ayant pour obligation d'acheter dès que possible une couverture, quel que soit son prix.

qu'il n'a pas dépassé sa limite de risque, qu'il n'a pas utilisé des instruments, marchés, contreparties ou techniques de couvertures prohibés par la politique de gestion des risques et qu'il ne fait pas prendre à la société des risques non souhaités. Le *risk manager*[1] n'a aucun pouvoir hiérarchique sur le *trader* comme le CRO n'a aucun pouvoir hiérarchique sur les responsables opérationnels. Ces derniers ne répondent qu'au directeur général, tout comme le CRO. En cas de conflit majeur entre les opérationnels et le *risk management*, le problème doit être tranché par le directeur général[2]. La fonction de gestion des risques peut développer des outils pour mesurer plus finement les risques pris par le *trader* mais ne peut aucunement imposer ses modèles à ce dernier[3]. Ce qui est vrai dans cet exemple l'est aussi pour les actions managériales de réduction ou de prise de risques, comme pour la gestion des contrats d'assurance. En aucun cas il ne faut confondre les activités opérationnelles avec les mesures de risques : il est essentiel d'éviter que les mêmes acteurs soient juge et partie.

La réallocation des risques

La réallocation interne des risques en fonction des métiers peut permettre de mieux détecter les gisements de destruction de valeur. Une fois que le profil réel des risques du groupe est en ligne avec le profil souhaité, la réallocation des risques dans les différents *business units* permet de conduire une analyse plus pertinente des leviers de création de valeur du groupe.

▶ **La réallocation interne des risques en fonction des métiers peut permettre de mieux détecter les gisements de destruction de valeur.**

Par exemple, un groupe pétrolier américain subit un risque de change du fait qu'il dispose de gisements de gaz naturel en mer du Nord britannique. Il est donc sujet à une baisse de la livre sterling face au dollar US. Le groupe accepte dans son ensemble ce risque de change (c'est-à-dire reste exposé au change spot USD/GBP), puisque ses spécialistes pensent que la livre sterling a toutes les chances de plus s'apprécier que les cours à terme USD/GBP. La filiale d'exploration en mer du Nord ne souhaite pas prendre ce risque de change (ce n'est pas son cœur de métier). La trésorerie Groupe peut donc couvrir le risque de change de la filiale exploration qui ne verra pas ses résultats affectés par des effets change et sera jugée uniquement sur sa capacité à gérer le risque prix du gaz en dollar. Si les trésoriers se sont trompés

---

1. Le CRO peut être secondé d'un ou plusieurs *risk managers* au niveau central (et qui ne dépendent que du CRO) chargés de l'aider à modéliser les risques au niveau consolidé. Ces *risk managers* peuvent aussi être spécialisés par domaine : assurance, risques financiers, ressources humaines, risques opérationnels... et/ou par secteur d'activité de la société.
2. Par exemple, un trader prend une position qui selon son évaluation ne conduit pas l'entreprise à sortir de ses limites de risques. Le trader est jugé et rémunéré sur sa performance. Il est possible qu'à l'aide d'un autre modèle, le *risk management* estime que la position du trader conduise l'entreprise à sortir des limites de risques. Le rôle n°1 du *risk management* est, dans ce cas, d'informer le directeur général de son évaluation des risques.
3. Les modèles développés par le *risk management* peuvent à leur tour être audités par des spécialistes externes à l'entreprise.

sur l'évolution de la livre sterling, la partie exploration n'en subira pas les conséquences alors que les trésoriers verront une perte par rapport aux changes à termes qu'ils auraient pu souscrire plus tôt[1]. Ainsi, il sera plus aisé de définir le capital en risque alloué à chaque activité du groupe et leur capacité à créer de la valeur sur leur métier spécifique (la fonction de couverture sera vue alors comme un centre de profit avec des références claires à battre et des limites de risque par rapport à ces références). En effet, un risque jugé souhaitable peut ne plus l'être si sa capacité à le gérer, à en tirer profit n'est pas aussi forte que celle espérée. Il faut donc bien mesurer cette capacité à gérer des risques spécifiques par rapport à un référentiel clair. Pour les risques ayant un prix de marché, facile à obtenir, cette approche fonctionne bien. Pour les autres risques, l'obtention de prix de transfert interne des risques suppose des cotations par des organismes externes et/ou le développement de modèles de valorisation (modèles de *pricing*).

Les rentabilités corrigées du risque : RAROC *(Risk Adjusted Return On Capital)*

L'achèvement de cette logique peut conduire à calculer par métier ou par entité des rentabilités corrigées du risque appelées RAROC. Ce choix est important puisqu'il va orienter la philosophie de la gestion des risques, le système d'information et les outils développés. Cette approche permet en théorie de repérer les activités destructrices de valeur (RAROC plus faibles). Elle doit être appliquée avec énormément de précautions. En effet, une application stricte peut conduire à la revente ou à la suppression d'activités générant des économies d'échelle (partage de coûts fixes) ou de gamme avec d'autres activités du groupe. Enfin, cette approche ne peut être appliquée que si les éventuels prix de transfert internes entre les activités du Groupe sont basés sur des prix de marché ou représentent bien la valeur économique de la transaction.

Parce que la gestion des risques est à la croisée de plusieurs fonctions et implique la société à des niveaux divers (différentes entités, différents niveaux managériaux et opérationnels), le système d'information est un élément crucial dans l'organisation de la gestion des risques. Il doit permettre de livrer rapidement l'information pertinente sur les risques aux personnes concernées. Il doit également permettre d'obtenir une vision synthétique des risques au plus haut niveau de la société ou du groupe. La définition du format d'agrégation des expositions aux risques, ainsi que la définition des types et le nombre de paramètres sont très importants[2]. Outre les questions d'intégrité,

---

1. Notons que cette démarche nécessite l'instauration d'une référence claire et rapide (taux de change spot ou change à termes datés) parfaitement cohérents avec le profil de risques souhaité par le groupe.
2. Par exemple, durée de l'exposition au risque (avec dates de début et de fin), paramètres risqués : prix d'un produit, taux d'intérêt, risque de contrepartie... montants en jeu, types d'impacts : directs, en cascade, etc.

de sécurité et d'accessibilité inhérentes à tout système d'information, un tel outil dédié à la gestion des risques doit permettre d'obtenir des informations claires et pertinentes sur l'environnement externe du groupe ou de l'entreprise (études sectorielles, données de marchés, analyses économiques...), de recueillir les informations nécessaires au fonctionnement des différents modèles d'analyse des risques (modèles de *trading,* de gestion actif-passif, d'acquisition, de valorisation de stratégies...), de faciliter la comptabilisation des opérations et le reporting global et d'assurer un minimum d'interfaces avec des systèmes d'information externes à l'entreprise.

Le système d'information mis en place doit éviter différents écueils. Il doit éviter d'être démultiplié avec des applications ne pouvant pas communiquer entre elles (ce qui empêche l'obtention d'une information agrégée), d'être dépendant d'un seul fournisseur, de ne pas être modulable mais construit d'un seul bloc (il est moins risqué de bâtir un système comportant des modules que l'on peut changer ou remplacer), d'avoir les résultats des modèles difficiles à expliquer. À ce titre, il faut éviter d'utiliser des « boîtes noires », ce qui conduit très vite à mettre en cause l'utilisation de tels modèles (les modèles servent plus à faire émerger des questions qui ne seraient pas survenues sans eux, qu'à « assener » la vérité sur les expositions aux risques).

Les apports méthodologiques des fonctions juridique et financière

Pour une politique de gestion de risques, qui ne se contente pas de contrôler/réduire certains risques, mais pratique la transformation continue des risques, la fonction juridique peut être très importante. En effet, il ne s'agit plus d'analyser seulement les risques légaux dans les contrats et les relations existantes de la société mais aussi de participer activement à la structuration et la rédaction de nouveaux contrats commerciaux en contrôlant à l'origine les risques juridiques.

En terme de *knowledge management* ou de gestion du savoir, il ne suffit pas de mettre en place la meilleure des organisations en matière de gestion des risques, il faut aussi communiquer sur son existence, ses objectifs et ses méthodes. Des formations internes sur l'évaluation des risques conduites par la fonction *risk management* peuvent être envisagées. Un site intranet peut également servir à communiquer sur cette fonction (les spécialistes par type de risque, les différentes notions de risques, les outils et méthodes d'évaluation des risques, le guide interne de *risk management*...). Par ailleurs, la gestion opérationnelle des risques peut être plus ou moins centralisée en fonction des activités de la société, des marchés et des techniques de couverture.

En outre, certains risques peuvent être gérés à l'aide d'instruments financiers. Il s'agit des couvertures des variations des taux d'intérêt, taux de change, prix des commodités cotés sur des marchés et risques de contrepartie. Il est économiquement optimal de couvrir l'exposition nette du Groupe ou de l'entreprise face à ces risques. Par exemple, la filiale d'un Groupe européen fabriquant des composants électroniques achète des métaux libellés en dollar américain entrant dans la fabrication des composants. Ce même groupe vend à des clients américains, qui ne souhaitent pas prendre un risque de change. Une compensation naturelle et partielle du risque de change euro/dollar évite donc au groupe de couvrir séparément ces deux risques de sens opposé et lui permet de ne couvrir que le solde net sur le marché. Ainsi, des frais d'intermédiation financière seront évités et rien n'empêche ce Groupe de mettre en place des couvertures internes (dont les prix sont fondés sur des références de marché) qui offrent la même couverture à chacune des entités du Groupe que si elles les avaient souscrites sur les marchés. Les autres avantages sont de bénéficier en cas d'addition de risques d'un effet volume (meilleure négociation des frais d'intermédiation), parfois d'un meilleur *rating* (celui de la maison mère), de fournir aux marchés financiers un interlocuteur unique bien identifié, de faciliter la gestion du back-office et du reporting. Ce mode centralisé de gestion pour les risques financiers suppose une prévision de trésorerie centralisée, un *cash pooling* et une information exhaustive et de qualité.

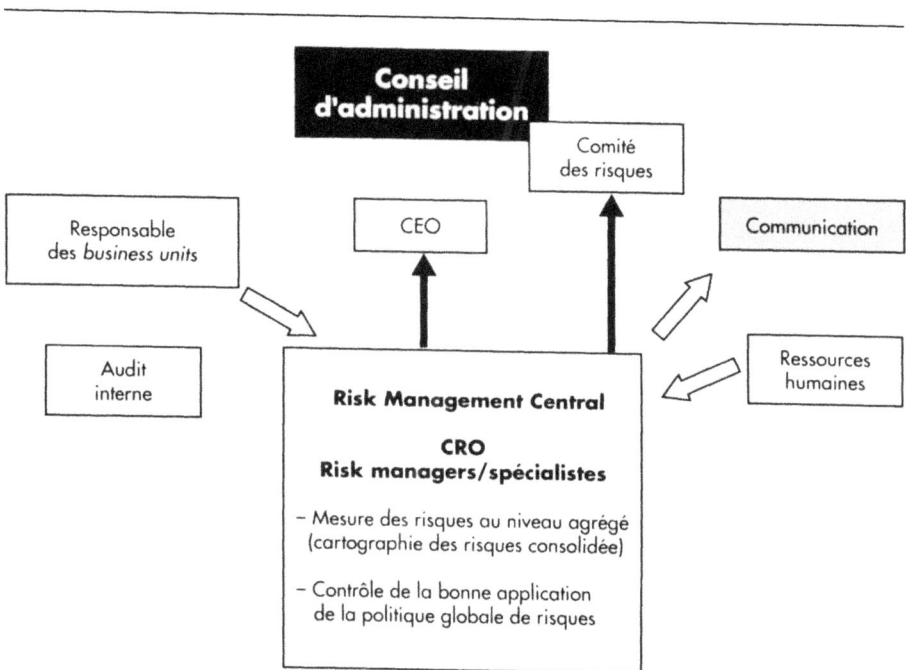

Source : Ernst & Young.

Figure 1. Un exemple d'organisation cible

> ▶ Il est possible d'élaborer un dispositif de partage et de diffusion des meilleures pratiques de contrôle interne afin de capitaliser sur le savoir accumulé sur l'ensemble du périmètre du Groupe.

Considérer les risques assurables de même nature permettra de réduire les coûts d'assurance. La réduction du nombre de polices évite les frais de gestion inutiles et simplifie le pilotage. La création de « captives » permettra certains gains de gestion et fiscaux. Elles permettent de réduire certains risques opérationnels. Elles ne peuvent être conduites que localement, dans les unités du groupe. Cependant, une remontée au niveau central des retours d'expériences sur les points forts et points faibles de ces actions de management permettra d'augmenter l'efficacité globale de ces mêmes actions. Il est ainsi possible d'élaborer un dispositif de partage et de diffusion des meilleures pratiques de contrôle interne afin de capitaliser sur le savoir accumulé sur l'ensemble du périmètre du Groupe.

Le reporting a pour but d'établir une analyse synthétique sur les événements passés en terme de risques et d'impacts. La rédaction de ce document exhaustif et bref doit être construite à partir d'une vue d'ensemble afin de fournir une image globale, cohérente et intelligible des expositions par nature de risques et des actions de couvertures/management réussies ou non. La mesure de performance doit être entendue au sens large. Il s'agit de vérifier *a posteriori* que les coûts de couvertures sont en ligne avec ceux annoncés, que les risques que l'on s'attendait voir couverts l'ont bien été. Les points développés ci-dessus permettent d'esquisser une organisation cible (figure 1).

Un carnet de route vers l'organisation cible

Une fois réalisé l'état des lieux et une cible définie en ligne de mire, il convient de choisir l'itinéraire pour que l'organisation se transforme véritablement. Cette transformation est bien un voyage marqué de points de passage. La stratégie de transformation peut s'articuler autour des six points abordés dans la première partie (figure 2).

À titre d'exemple, un Groupe ayant déjà cartographié ses risques majeurs (niveau 2 pour l'élément « Processus de RM (*Risk Management*) » dans le graphique) peut souhaiter s'appuyer sur une démarche de déploiement de cartographies relativement fines de ses risques au niveau de chacune des *business units* pour promouvoir une culture dans laquelle la prise de risques est plus explicite et en lien étroit avec la stratégie et sa déclinaison locale. Ainsi, à terme (niveau 5), la cartographie Groupe sera alimentée régulièrement par les cartographies locales.

L'expérience des Groupes les plus avancés dans l'approche globale de leurs risques montre que la réussite de la stratégie de transformation repose sur quelques facteurs clés et notamment le soutien actif d'un sponsor respecté, qui lance la démarche devant l'ensemble des porteurs. De plus, il est nécessaire de disposer d'« agents » qui relaieront et déclineront le message et la démarche dans leurs entités, et d'un soutien efficace (logistique, méthodologique, de formation...) de la structure centrale aux correspondants dans les entités qui permet notamment de démontrer les bénéfices d'une meilleure gestion des risques dans la conduite des affaires de l'entité. Deux autres facteurs clés résident dans l'obtention de bénéfices à court terme, par exemple en améliorant la qualité de la communication financière, sociale ou environnementale avec les parties prenantes externes et dans la capacité à suivre l'évolution et l'appropriation par les opérationnels par rapport au calendrier prévu[1].

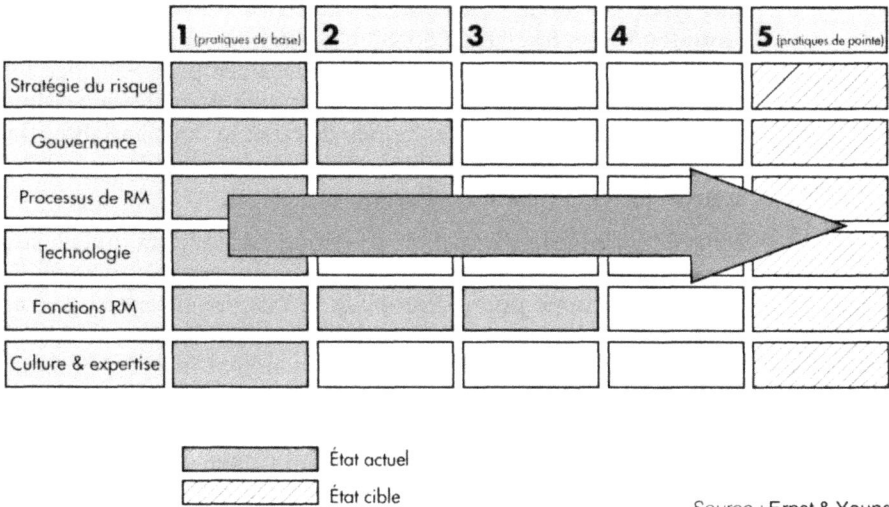

Figure 2. La stratégie de transformation

Sur un plan tactique, il se peut que l'ensemble des entités du Groupe ne puisse avancer à la même vitesse. Pour poursuivre l'exemple de la section précédente, toutes les entités ne peuvent élaborer leur propre cartographie des risques simultanément. Dans un tel cas de figure, il est souvent judicieux de choisir des entités pilotes qui pourront se porter garantes du bien-fondé de la démarche et s'en faire le porte-parole auprès des autres entités du Groupe. Il convient ensuite d'orchestrer le déploiement de manière à ce que la vision agrégée soit la moins marquée par la couverture non exhaustive du périmètre (niveau 3 dans le graphique).

> ▶ Il est judicieux de choisir des entités pilotes qui pourront se porter garantes du bien-fondé de la démarche et s'en faire le porte-parole auprès des autres entités du Groupe.

---

1. Comme on l'a vu, la culture du Groupe peut permettre la mise en place d'un système de mesure de la performance ajustée pour le risque afin de suivre le rapport rentabilité-risque. Il s'agit alors d'un moyen puissant de diffuser la notion de risque et de sa maîtrise.

Un exemple de processus de gestion globale des risques

L'exemple suivant, mettant en action un grand nombre de fonctions de l'entreprise en terme de gestion des risques, permet de mettre en relief l'ensemble des maillons impliqués dans un processus de gestion globale des risques et la nature des relations entre ces mêmes maillons.

Prenons le cas d'une compagnie minière qui extrait de l'argent pour être revendu à un groupement de bijoutiers européens. Cette compagnie minière dispose de deux sources d'approvisionnement : ses propres mines au Mexique avec des coûts variables d'extraction stables et le marché de l'argent (London Metal Exchange donnant des prix pour des livraisons sur des courtes périodes et marché de gré à gré donnant des prix pour des livraisons sur de plus longues périodes). D'un point de vue économique, l'intérêt du groupe est de faire fonctionner ses mines dès que le coût variable d'extraction et de transport jusqu'en Europe est inférieur au prix du marché européen pour fournir un client situé en Europe.

Le premier niveau de gestion de risque est donc un niveau stratégique. Il est fondé sur la comparaison régulière de deux paramètres : le coût de fourniture interne du groupe pour l'Europe et le marché européen de l'argent, relativement volatil. Les contraintes techniques d'arrêt et de redémarrage des mines conduisent à des périodes de fonctionnement minimales de trois mois. Supposons que pour les trois premiers mois le prix à terme (livraison pour trois mois) soit supérieur au coût d'extraction et au coût de transport. Le fonctionnement de la mine est donc planifié pour les trois premiers mois. Pour les 3 mois suivants c'est le contraire (prix de marché inférieur au coût de fourniture). Le groupe a donc intérêt à souscrire aujourd'hui un contrat d'achat à terme pour une livraison de trois mois dans trois mois. À partir des prévisions des besoins des clients un achat à terme de 30 tonnes d'argent est donc contracté auprès du LME et couvert par un swap négocié auprès d'une banque au niveau de 4,30 dollars US par once (31,1 g).

Le graphique ci-dessous montre l'enchaînement des risques et met en relief le rôle de tous les acteurs impliqués dans le processus de gestion global des risques :

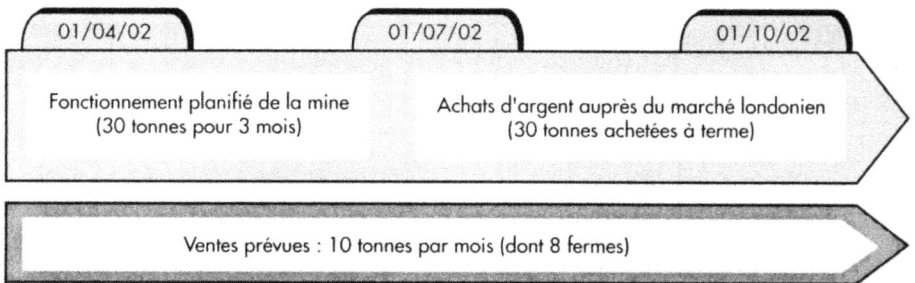

| 01/04/02 | 01/07/02 | 01/10/02 |

Fonctionnement planifié de la mine (30 tonnes pour 3 mois) — Achats d'argent auprès du marché londonien (30 tonnes achetées à terme)

Ventes prévues : 10 tonnes par mois (dont 8 fermes)

Décision : fonctionnement de la mine les trois premiers mois et achats d'argent sur le marché londonien pour les trois mois suivants.

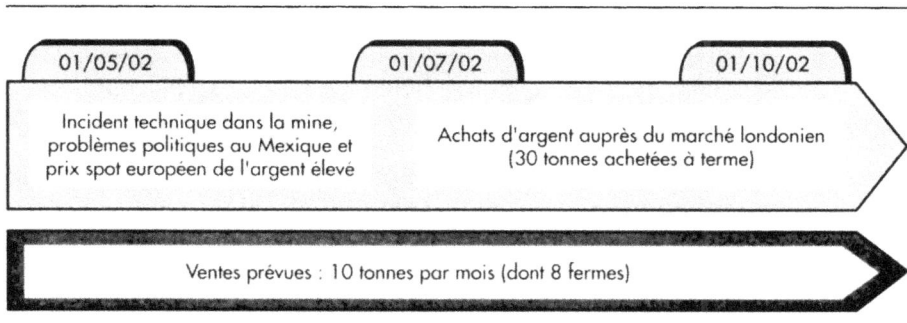

01/05/02	01/07/02	01/10/02
Incident technique dans la mine, problèmes politiques au Mexique et prix spot européen de l'argent élevé	Achats d'argent auprès du marché londonien (30 tonnes achetées à terme)	

Ventes prévues : 10 tonnes par mois (dont 8 fermes)

Les coûts de réparation et les contraintes politiques d'arrêt de la mine sont comparés aux prévisions de prix spots d'argent pour les mois de mai et juin.

Décision : réparation immédiate des dégâts techniques pour un fonctionnement de la mine pendant encore deux mois.

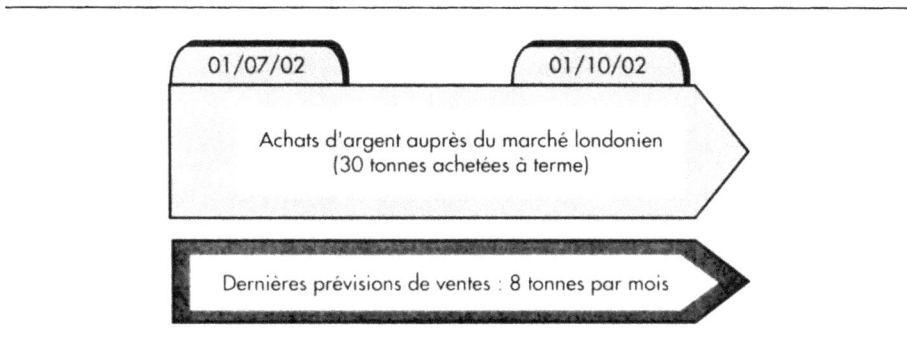

01/07/02	01/10/02
Achats d'argent auprès du marché londonien (30 tonnes achetées à terme)	

Dernières prévisions de ventes : 8 tonnes par mois

La dernière prévision de demande fait état d'un enlèvement de 8 tonnes d'argent au lieu de 10 tonnes pour les deux derniers mois.

Décision : débouclement des couvertures financières sur le prix de l'argent pour 2 tonnes par mois pendant trois mois.

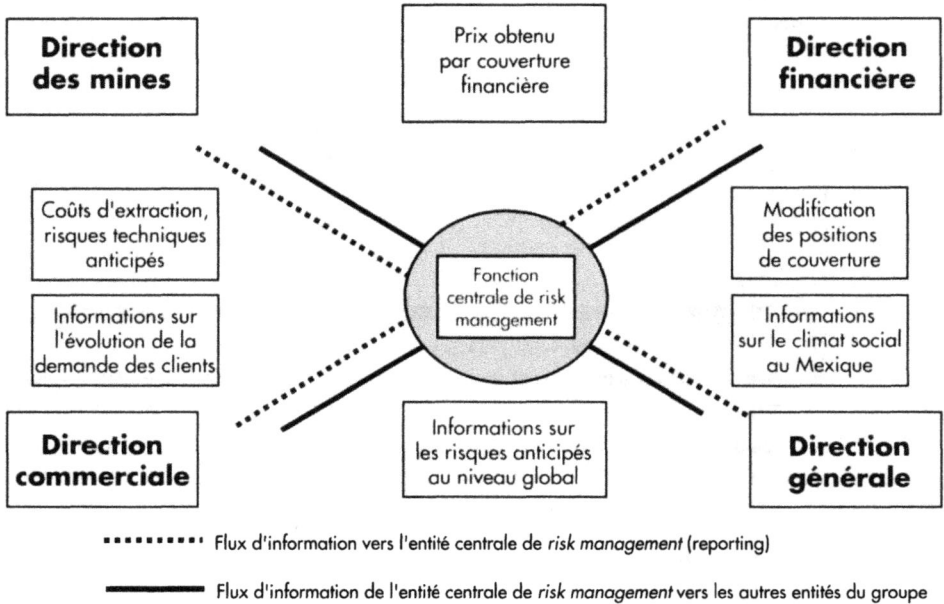

Figure 3. Flux d'information entre les différentes fonctions et la fonction de risk management

Cet exemple montre bien les interactions nécessaires entre toutes les fonctions de l'entreprise pour une gestion globale et efficace du risque d'approvisionnement en argent (risque stratégique) et montre l'intérêt d'un chef d'orchestre, le *Chief Risk Officer* (CRO) pour anticiper au mieux les risques et coordonner leur gestion afin d'en diminuer leurs impacts sur le groupe (figure 3). Dans ce cas, un reporting régulier au CRO du climat social au Mexique autour de la mine, des prix spots et à terme de l'argent en Europe et de l'analyse de leurs évolutions potentielles, des probabilités d'accident dans la mine, des coûts probables de réparation, devra être défini et mis en place.

L'INTÉGRATION DE LA MAÎTRISE DE LA QUALITÉ DANS LE MANAGEMENT STRATÉGIQUE ET DANS LE DEVELOPPEMENT DE L'OFFRE[1]

Guy Cuvècle fait part de sa réflexion sur la nature stratégique de la problématique qualité, dresse un inventaire de la montée des périls, propose une

---

1. Intervention de Guy-Alain Cuvècle et Éric Morel lors de la réunion Afplane du 17 décembre 2001.

distinction entre risques mineurs et risques majeurs et démontre l'importance des aspects psychologiques et du rôle du management dans la maîtrise du risque qualité. Éric Morel prend deux exemples de projets chez Schneider Electric pour mettre en perspective les propos de Guy Cuvècle et effectuer un retour d'expérience sur la maîtrise de la qualité intégrée au management stratégique de l'entreprise.

« *Dans le domaine de la qualité, la réalité ne confirme pas toujours les faits ni les intentions.* » Guy Cuvècle dresse un état des lieux de la problématique qualité. « *Depuis 15 ans, les démarches de certification effectuées ont eu une forte valeur ajoutée. Par exemple, en terme de qualité, les produits ont aujourd'hui environ 10 fois moins de défauts.* » Par ailleurs, on peut noter que les certifications ont évolué, « *l'ISO 9000-2000 prenant beaucoup plus en compte les notions de processus, d'indicateurs de pilotage* ». De nombreux dirigeants font part d'une certaine déception car ils attendaient des démarches de certification un avantage concurrentiel, qu'ils n'ont pas obtenu. De plus, dans les unités anciennement certifiées, il s'agit de trouver de nouvelles approches pour continuer à améliorer la qualité (exemple : la démarche Six Sigma). Par ailleurs, malgré tous les progrès effectués, « *aujourd'hui, aucune entreprise n'est à l'abri d'un sinistre significatif sur la qualité de son offre* ». « *Il y a dans la gestion de la qualité un aspect stratégique, qui ne va pas de soi, car jusqu'à présent, on a fait la promotion de démarches d'organisation avec comme idée sous-jacente : "quand on a amélioré l'organisation, on n'a plus de problème stratégique"* ». Mais la gestion de la qualité revêt réellement un caractère stratégique.

En premier lieu, il s'agit de tenir compte du facteur temps : « *la qualité, c'est faire un peu de progrès, partout, tous les jours, pendant très longtemps* ». Par conséquent, l'horizon temporel est à 10 ans et l'aspect concurrentiel trouve son évidence à long terme. En outre, il y a « *un aspect caché* » dans la performance des fonctions qualité et il serait important aujourd'hui de réaliser des audits de la fonction qualité. L'objectif est bien d'évaluer la performance des fonctions qualité et la position concurrentielle détenue.

En second lieu, il s'agit également de tenir compte de la sanction du marché. La qualité se définissant comme la satisfaction du client, on ne peut pas « sursatisfaire » un client. « *Il ne faut donc pas parler de maîtrise de la qualité et d'avantage concurrentiel mais de non-maîtrise et de handicap concurrentiel.* » La qualité est par ailleurs une « *condition de légitimité sur un marché* ».

Quels sont les principaux facteurs de risque, en tant qu'éléments contextuels, auxquels sont confrontées les entreprises ? On peut citer en premier lieu la complexification de l'offre et l'empilage des systèmes. À laquelle s'ajoute un autre facteur qui est la complexification des organisations concrétisée par les structures matricielles et l'externalisation des fonctions (induisant un accroissement des risques aux interfaces créées par les structures matricielles et l'externalisation). On peut également identifier comme facteurs de risque importants la pression concurrentielle conduisant à l'enrichissement de l'offre en terme de fonctionnalités (qui nécessite un arbitrage entre ajout de fonctionnalités et coûts) et la sollicitation accrue des technologies (qui entraîne une diminution des marges de sécurité) ; l'accélération du temps due à la contraction des cycles de développement et la réduction des cycles d'apprentissage ; enfin, l'exigence accrue des clients et le recours juridique.

Ces facteurs contribuent à une augmentation du niveau de risques affectant les entreprises et exigent une vigilance accrue de la part des comités de direction.

Risques mineurs et risques majeurs

La Qualité ne distingue pas les risques en fonction de leur ampleur. Les risques ou défauts semblent tous du même registre. « *Pour essayer de caractériser les choses, on peut raisonner selon deux axes classiques : la gravité du défaut pour un client et la fréquence d'occurrence de ce défaut.* » Il est alors possible de construire une matrice et d'identifier l'ampleur des risques encourus (figure 4).

Gravité des défauts pour le client

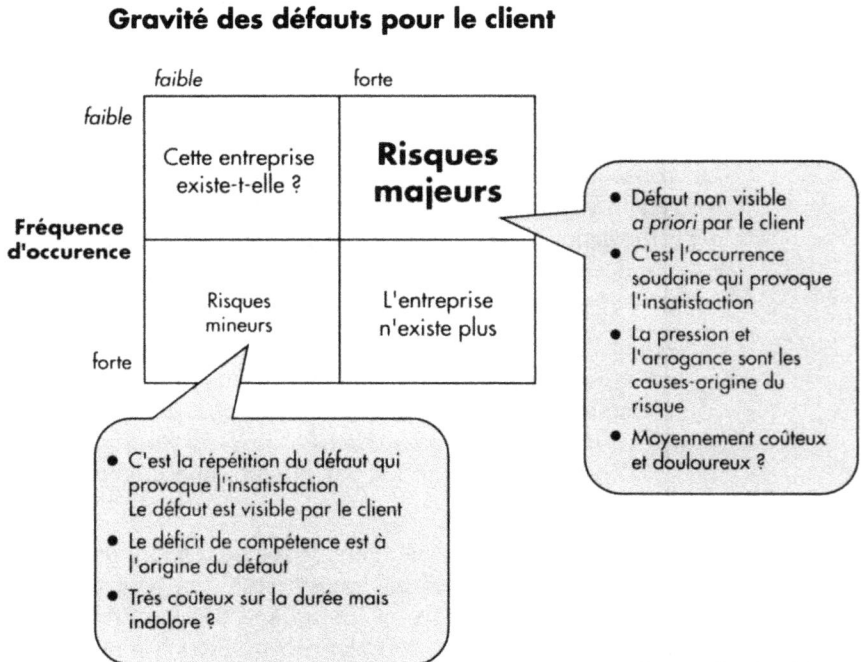

Source : Guy Cuvècle, 2001.

Figure 4. Matrice d'analyse des risques qualité

Les risques mineurs sont plutôt associés à la production et à l'utilisation des produits. En terme de caractéristiques, le défaut est visible par le client, l'insatisfaction est provoquée par la répétition du défaut, le déficit de compétence est à l'origine du défaut et cela semble très coûteux sur la durée et plutôt indolore.

Les risques majeurs sont plutôt associés à la conception. En terme de caractéristiques, le défaut est *a priori* non visible par le client, l'insatisfaction est provoquée par une occurrence soudaine, la pression et l'arrogance (source de négligence) sont les causes-origines du risque et cela semble moyennement coûteux et douloureux (sauf si cela porte atteinte à la légitimité).

Par conséquent, la manière de maîtriser un risque mineur est très différente de celle utilisée pour maîtriser un risque majeur. Pour « *renforcer la cuirasse* » et mieux maîtriser les risques majeurs, Guy Cuvècle propose quelques pistes : entretenir l'utilisation de la boîte à outils Qualité, investir dans la compréhension des facteurs psychologiques et les intégrer, et également intégrer la qualité dans le management. Il insiste également sur la compréhension des facteurs psychologiques et notamment les jeux d'acteur, les jeux de pouvoir, les profils mentaux et les métaprogrammes des acteurs, etc. « *Cette composante humaine devient de plus en plus déterminante si on veut descendre en taux de défauts et il faut aller au-delà de la simple logique.* » Il s'agit de « *manager les talents des hommes en restant attentifs à leurs comportements* ».

Guy Cuvècle conclut sur le rôle de la fonction Qualité qui évolue du contrôle vers le management et la stratégie. La fonction Qualité doit acquérir un statut supplémentaire dans l'organisation. Quand on parle d'intégrer la Qualité dans le management, « *c'est le manager qui montre le chemin* ». Le manager a comme rôles et responsabilités l'entretien de la vigilance collective (surtout pour les risques majeurs) et la gestion positive du risque, l'arbitrage entre la fierté d'appartenance et l'arrogance, la focalisation sur les fondamentaux d'une organisation (et laisser les détails à ses subordonnés), le travail en amont des processus, la communication positive sans effet négatif, la promotion et la construction de l'entreprise apprenante (de qui apprend-on ?) et le « *vrai rôle de la fonction Qualité* ».

Deux exemples de projet chez Schneider Electric

Éric Morel prend deux exemples de projets chez Schneider Electric pour mettre en perspective les propos de Guy Cuvècle et effectuer un retour d'expérience sur la maîtrise de la qualité intégrée au management stratégique de l'entreprise.

• Le premier projet est un projet classique de renouvellement d'offre sur la période 1996-2000. Le CA renouvelé était de 700 M€ et le projet visait une augmentation de chiffre d'affaires en 5 ans pour atteindre 1 MM€. L'ambition de l'entreprise était de devenir leader mondial sur cette ligne de produits. Le marché des tableaux électriques était très fractionné et changer de continent nécessitait d'apprendre les caractéristiques des produits sur des marchés peu connus. Il est important de noter qu'il s'agissait « *davantage d'une offre système plutôt qu'une offre produit consistant à prendre de la valeur aux intermédiaires metteurs en œuvre* ». Il y avait plusieurs extensions fonctionnelles. Par ailleurs la place de leader européen était menacée et l'état d'esprit a été un facteur déclenchant pour faire autrement.

• Le second projet est un projet d'innovation de 2000 à 2001. Il consiste à transformer tous les produits de la société en éléments de systèmes d'information et en prestataires de services. Il s'agit d'un projet au niveau du groupe et « *c'est une des rares opportunités stratégiques permettant de changer le positionnement de Schneider* ». Ce projet impacte toute l'offre, 20 centres de développement, 1 000 acteurs (de la conception aux ventes) et rend nécessaire l'adaptation de l'organisation.

Il était indispensable d'intégrer la maîtrise de la qualité au management stratégique de l'entreprise dans ces deux projets. Dans les deux cas, il y avait des exigences qualité très forte sur l'offre elle-même, sur la tenue du délai, des coûts, du niveau de différenciation, sur la mise sur le marché, avec un niveau de grande complexité. Dans les deux projets, il y avait « *des facteurs de risques graves très en amont, difficiles à détecter et des temps de correction d'erreurs éventuelles très longs* ». Il pouvait s'agir soit d'une erreur de positionnement stratégique, d'une mauvaise évaluation des mouvements concurrentiels, méconnaissance des éléments de perception locale des offres. Enfin, dans les deux situations, les conséquences potentielles étaient très lourdes (CA, image, etc.).

Le premier projet : renouvellement d'offre

Dans le premier projet, l'équipe responsable devant le comité de direction, était constituée d'un ingénieur chargé de vérifier que dans la phase de préparation et du prédéveloppement du projet l'offre était bien architecturée, le choix des technologies bien fait, etc. Un gestionnaire était également présent pour s'assurer de la rentabilité du projet. Un *marketer* s'assurait de la prise en compte des besoins et attentes du client. « *Par conséquent, on était dans une dynamique de la réduction des risques.* » Par ailleurs, contrairement à la démarche classique « dites-moi qu'il n'y a pas de risques », « *l'équipe a pris le risque de dire : dans ce projet, il y a des risques énormes... Mais si on ne fait pas le projet, il y a des risques encore plus forts ! On avait intérêt à jouer carte sur table, identifier et maîtriser au fur et à mesure les risques.* »

Le deuxième projet : une action innovante

▷ Il faut un regard sur le projet et ses risques majeurs et une démarche de la direction générale quant au management de ces risques majeurs.

Le projet d'innovation était tout aussi délicat car, s'agissant d'innovation majeure et d'une démarche itérative, l'incertitude technologique, financière et commerciale rendait le projet très risqué. « *À travers les enjeux, la taille des répercussions possibles, il était indispensable d'intégrer la Qualité dans le management stratégique. Cela veut dire qu'il faut un regard sur le projet et ses risques majeurs et une démarche de la direction générale quant au management de ces risques majeurs.* »

Les quatre étapes de la démarche

Les projets ont suivi une démarche comprenant quatre étapes :

1. Une analyse des risques stratégiques.
2. Un plan de couverture de ces risques.
3. Un plan de mesure d'occurrence.
4. Un suivi régulier des actions de couverture et une mise à jour de l'analyse.

Les risques principaux qui relèvent d'un suivi de la part de la direction générale sont les suivants : l'élaboration d'une mauvaise stratégie (vision trop statique), la modification du paysage concurrentiel, la modification des chaînes d'acteurs et de décision et l'influence de la nouvelle offre sur la chaîne d'acteurs (évaluation prévisionnelle des comportements sociologiques des acteurs). Citons également la modification du portefeuille d'activités de l'entreprise, l'adaptation des moyens aux enjeux, l'existence et la qualité des accès au marché, l'évolution des normes et réglementations et enfin l'erreur d'orientations technologiques.

Analyse stratégique et analyse des risques

Éric Morel tire de ces deux projets différents enseignements. Il ne faut pas confondre un processus d'analyse stratégique avec un processus d'analyse des risques projet qui se fait dans l'équipe projet au quotidien. L'analyse stratégique est effectuée avec des managers de haut niveau et des dirigeants ne faisant pas partie de l'équipe projet et « *n'étant pas au courant des détails* ». Par ailleurs, il est nécessaire d'inclure dans le groupe d'analyse des impertinents et des libertaires (antiparadigme) pour que « *le groupe ne soit pas constitué que de profils conventionnels et pour ne pas passer à côté de l'essentiel* ». Il faut aussi inclure des personnes extérieures à l'entreprise (anti-aveuglement) car « *notamment, en situation de leader, il y a une certaine suffisance qui s'installe et cela permet d'introduire une certaine objectivité dans la démarche. Les meilleurs que nous avons trouvés sont les clients car ils ont tout intérêt à ce que notre démarche réussisse. On ne l'a pas fait au début mais on a amené progressivement les clients dans ce type de démarche. Le plus dur c'est de convaincre le groupe d'analyse d'inclure des clients.* »

Après expérience, les clients apprécient la démarche, ils apportent beaucoup, un dialogue s'instaure et dans le cadre d'un processus d'innovation, la démarche commerciale est totalement différente. » Au final, cette démarche nécessite beaucoup d'écoute et d'efforts d'animation. « *La qualité de l'analyse dépend de l'objectivité et de l'écoute.* »

▷ **La qualité de l'analyse dépend de l'objectivité et de l'écoute.**

Il y a en outre de nombreux pièges à éviter dont le fait d'avoir un groupe d'analyse ne maîtrisant pas le périmètre impacté par le projet (concurrence, accès au marché, architecture d'offre, options technologiques...) ou de penser que c'est un outil de plus et dérouler la démarche sans conviction. Il s'agit également d'éviter de cultiver le politiquement correct, de manquer de lucidité sur l'appréciation de ses propres forces (« arrogance du leader »), de « *prendre l'analyse des risques stratégiques comme alibi au renoncement* », de se tromper dans l'appréciation des impacts du projet sur l'acquis (par exemple : le jeu des acteurs du marché).

Au final, beaucoup de pièges sont d'ordre humain, culturel ou managérial. « *Très peu sont techniques ou économiques et c'est assez déroutant.* » Le manager doit donc dépasser ses compétences techniques et de gestionnaire.

Après l'analyse, il est important de faire partager l'analyse, accepter les résultats et faire un suivi régulier des actions de couverture des risques (les principales actions ont un porteur attitré). Ces plans de couverture de risques stratégiques sont intégrés au plan de conduite du projet. Il est nécessaire également de faire une surveillance régulière du risque d'occurrence des risques, de faire une réactualisation à chaque changement de phase du projet (d'autant plus que le projet dure pendant plusieurs années), de se doter d'une fonction qualité capable de porter ce processus et au final de faire un reporting régulier à la direction générale.

Une analyse des risques stratégiques « *n'est pas l'outil de pilotage du projet mais un élément de pilotage et cela a permis d'amener la direction générale à déblayer le terrain des équipes et ouvrir la voie de la réussite commerciale. Les risques détectés ont été traités et anticipés* ».

▷ **Une analyse des risques stratégiques fait peser sur le manager, le groupe d'analyse, et pas seulement le chef de projet, les chances de réussir.**

Elle met en évidence le rôle du manager et fait peser sur le manager, le groupe d'analyse, et pas seulement le chef de projet, les chances de réussir. Selon Éric Morel : « *Aujourd'hui, si je redémarrais un projet d'une telle complexité, je ne me poserais pas les questions du besoin d'une telle démarche. C'est un outil indispensable de maîtrise de la complexité qui permet d'éviter la tentation de simplifier la complexité (en suivant un nombre réduit de paramètres) et les problèmes que cela engendre.* »

LES RISQUES ET L'AUDIT DANS L'ENTREPRISE : L'EXPÉRIENCE DE FRANCE TÉLÉCOM[1]

Marc Chambault s'intéresse aux risques vécus par l'entreprise et dresse un bilan du nouveau positionnement du métier de l'audit et de l'émergence du *corporate gouvernance* ou gouvernement d'entreprise et des Comités d'audit. Il témoigne de l'expérience de France Télécom quant à la construction et l'utilisation d'un outil de gestion des risques : la cartographie des risques. La fonction d'audit chez France Télécom s'est récemment enrichie d'une fonction de contrôle des risques car « *les fonctions de l'audit doivent faire face à toutes les problématiques du risque* ». Pour résoudre le problème de l'étendue de la thématique du risque, il faut donc examiner celle-ci sous différents angles : stratégie, audit, et contrôle de gestion et analyser également les interfaces entre ces fonctions.

Les entreprises évoluent dans un univers de risques qui change en permanence et elles doivent s'adapter : concurrence, technologies, réglementations et régulation, attentes des clients et des actionnaires, e-business, etc. La thèse soutenue par Marc Chambault est que l'écart entre la complexité des risques et les compétences en *risk management* détenues par les entreprises crée de l'incertitude qui pèse sur la création de valeur. France Télécom, au vu de sa croissance, apparaît comme un exemple intéressant. L'entreprise est en effet confrontée à un échantillon très large et très varié de problématiques.

Les risques vécus par l'entreprise

Une enquête réalisée en 1998 par Ernst & Young[2] sur un large panel d'entreprises européennes met en évidence le besoin d'une forte sensibilisation des managers à la culture des risques : un tiers des entreprises européennes ne disposaient pas d'approches structurées pour maîtriser les risques. Trois entreprises françaises sur quatre ne pensaient pas à mettre en place une infrastructure formalisée de maîtrise des risques. 45 % des entreprises françaises n'avaient pas assigné de responsabilités en terme de management des risques.

Parallèlement à ce constat, près de la moitié des entreprises avaient connu des cas de fraude (dont 7 % de cas extrêmement graves).

« *Si le sujet était toutefois jugé important, il restait à l'époque très théorique avec peu de mise en œuvre concrète.* » Face aux entreprises européennes, les exemples de mise en œuvre des entreprises françaises s'avéraient d'ailleurs, en plus, peu probants. Quelques espoirs de changement étaient cependant perceptibles comme l'attestent les initiatives de certaines entreprises françai-

---

1. Intervention de Marc Chambault lors de la réunion Afplane du 26 février 2001.
2. *Revue de l'audit*, avril 1998.

ses pour limiter les risques (exemple : la gestion des filiales éloignées). De plus, « *un bon contrôle interne est un bon tremplin pour la délégation et la décentralisation* ». Enfin, les entreprises commençaient à percevoir le besoin d'une plus grande transparence devant les actionnaires au vu de l'émergence du gouvernement d'entreprise.

> ▶ **L'éthique a une influence sur le comportement des organisations en matière de traitement des risques.**

En deux ans les choses ont néanmoins changé. Ainsi, en 2000, une étude menée conjointement par l'Afplane, la DFCG et Ernst & Young sur un large panel d'entreprises françaises, témoigne de certaines évolutions importantes. Parmi les facteurs qui expliquent ce changement quant à la gestion des risques, il faut insister sur la nécessité affirmée par une majorité d'entreprises de se doter d'un comportement « éthique ». L'éthique a une influence sur le comportement des organisations en matière de traitement des risques.

Par ailleurs, au cours des trois dernières années, 37 % des organisations interrogées ont vécu l'expérience d'une crise[1] liée à la non-maîtrise d'un risque. Or, 79 % de ces entreprises confrontées à ces crises, ont admis qu'un dispositif de maîtrise des risques aurait pu atténuer les effets de la crise. L'enquête révèle enfin un manque évident de performance du processus de maîtrise des risques : 40 % des dirigeants interrogés jugent leur processus comme étant peu fiable ou pas fiable du tout.

Cette étude confirme l'importance des risques « classiques » perçus par les dirigeants interrogés : risques liés au marché, à la concurrence et à la responsabilité des dirigeants. Mais elle révèle aussi l'apparition de nouveaux risques mal perçus et/ou mal mesurés les années précédentes comme la réputation ou l'image d'une société, les risques liées à la gestion des ressources humaines, les risques liées à la gestion et à la sécurité de l'information, ainsi que la maîtrise des nouvelles technologies. La prise de conscience de la nécessité de « gérer les risques » est réelle : 29 % des organisations ont clairement défini les rôles et responsabilités de chacun en terme de gestion des risques[2].

Par ailleurs, l'enquête fournit des réponses à d'autres questions. À quel niveau de l'organisation les risques sont-ils évalués ? L'intérêt de l'étude est de révéler l'apparition d'autres entités ou fonctions que la direction générale ou les directions opérationnelles : Comité des risques, audit interne et Comité d'audit sont également capables d'évaluer les risques. Quelles initiatives avez-vous pris pour maîtriser les risques ? Au-delà des initiatives classiques (renégociation des contrats d'assurance, communication vers les fournisseurs/ prestataires, etc.), de nouvelles solutions émergent : création d'un Comité des

---

1. Crise RH : grand conflit social, abus de bien social ; crise financière : de trésorerie liée au taux de change ; crise de développement d'activités, etc.
2. Sachant qu'il existe une certaine disparité en fonction de la taille des entreprises : 46 % pour les entreprises de plus de 5 milliards de FF de CA et 25 % pour celles de moins de 5 milliards de FF de CA.

risques ou département de gestion des risques ou développement d'une cartographie des risques.

Il semble donc clair qu'une conscience du risque se développe dans les entreprises françaises. Si l'existence d'une « culture » du risque en terme de sensibilisation de l'ensemble du personnel à la gestion des risques est nécessaire, cette prise de conscience peut être accélérée par une analyse interne sur la répartition des fonctions, sur celles-ci en terme de processus et activités : « *on peut s'apercevoir que ce sont les processus transverses, c'est-à-dire à cheval sur plusieurs fonctions, qui sont sources des risques les plus importants* ».

> **Ce sont les processus transverses, c'est-à-dire à cheval sur plusieurs fonctions, qui sont sources des risques les plus importants.**

Il convient surtout de mettre en avant, dans le cadre du gouvernement d'entreprise, l'existence d'une fonction très complémentaire à l'audit interne et en amont (chargée de « photographier » périodiquement et régulièrement l'état des risques, et à la limite être en veille sur ceux qui n'apparaissent pas encore) : *le business risk management*. Cette fonction a comme objet de détecter les risques, de mettre en place avec les managers le contrôle interne, de veiller à l'opérationnalisation des processus et activités de l'entreprise, sources de création de valeur de l'entreprise.

Le positionnement du métier de l'audit

La redéfinition de l'audit en entreprise

L'IIA a redéfini ce qu'est aujourd'hui l'audit dans les entreprises. L'audit a été longtemps affilié aux fonctions comptables et financières en terme notamment de maîtrise de conformité des procédures. L'audit a cependant fortement évolué et a récemment fait l'objet d'un repositionnement affirmé. Selon une définition récente[1] de l'Institut international de l'audit interne basé à New York (IIA) : « *L'audit interne est une activité indépendante et objective qui donne à une organisation une assurance sur le degré de maîtrise de ses opérations, lui apporte ses conseils pour les améliorer et contribue à créer de la valeur ajoutée. Il aide cette organisation à atteindre ses objectifs en évaluant, par une approche systématique et méthodique, ses processus de management des risques, de contrôle et de gouvernement d'entreprise, et en faisant des propositions pour renforcer leur efficacité.* »

L'audit se positionne donc de manière extrêmement claire sur la chaîne des risques : l'audit se définit toujours comme une activité indépendante et objective, mais va au-delà de la validation de la conformité pour « apporter des conseils » et surtout évaluer les processus de management des risques. « *Cette définition marque une évolution forte du contrôle interne traditionnel vers*

---

1. Traduite par IFACI.

la prise de conscience des risques, de la prévention plutôt que la détection a posteriori. »

Cette évolution de l'audit est confirmée dans les faits. « *Cette projection en avant du rôle de l'auditeur en face des risques* » a été vécue par Marc Chambault au travers des expériences menées par les entreprises françaises membres de l'IFACI. Par exemple, l'élaboration des plans d'audit annuels ou pluriannuels s'appuie de plus en plus sur les risques comme fils conducteurs.

Les thèmes de mission d'audit

Les chiffres de France Télécom illustrent parfaitement le fait que l'Audit interne ne se cantonne plus aux périmètres comptables et financiers. L'audit interne de France Télécom traite environ 120 thèmes de missions par an qui nécessitent 500 interventions (constat terrain) dans tous les domaines de l'entreprise : commercial, technique, financier, gestion d'information, sécurité, etc. Sur l'ensemble de ces missions, la part de l'audit consacrée aux thématiques financières et comptables ne représente plus que 24 % en 2000 (pour environ 85 % il y a 5 ans) et les thématiques comptables plus précisément 5 %. Les autres thématiques sont liées aux trésoreries, trésoreries internationales, aux risques de produits dérivés, aux risques de taux de change, etc.

L'audit s'intéresse aussi aux risques liés au système de gestion et au fonctionnement du contrôle de gestion dans les unités et filiales (12 % des missions). Deux exemples : vérifier que le système d'objectifs est vertueux par rapport à la stratégie du Groupe ou s'assurer que les méthodologies d'élaboration des *business plans* sont correctement appliquées.

Marc Chambault insiste sur le fait que 11 % des missions sont désormais dédiées aux ressources humaines. Les missions s'articulent autour de thèmes centraux tels que le mécanisme de redéploiement des compétences ou les systèmes de rémunération du personnel dans le groupe : comment fonctionne la machine à redéployer ? Comment sont détectées les compétences ? Comment les compétences détectées étaient-elles injectées dans le circuit de formation ? Comment étaient organisés les circuits les plus courts reliant métiers et métiers cibles ? Comment était organisé le système de rémunération pour être vertueux dans cette optique de redéploiement ?

D'autres missions ont porté sur la facturation et le recouvrement, notamment des nouveaux produits et services. L'essor d'Internet a ainsi rendu nécessaire de valider de nouveaux modes de facturation avec des reversements très complexes.

Enfin, 11 % des missions ont porté sur le système d'information pour vérifier non seulement qu'il était fiable mais surtout qu'il s'inscrivait dans le processus de changement de France Télécom, et qu'il permettait d'optimiser les différentes maîtrises d'ouvrage et d'examiner les effets de l'articulation avec les maîtrises d'œuvre sur la constitution de base de données nécessaires au développement de nouveaux produits.

L'audit traite, en plus de ses axes forts de changements bien entendu, des thèmes de conformité classiques, comme les achats : 5 % des missions servent à vérifier la bonne conformité des appels d'offres, du jeu de la concurrence et l'optimisation économique des achats.

En plus de ces missions d'audit, Marc Chambault tient à constater, comme pour d'autres organisations ayant des filiales, le recours croissant à l'utilisation d'outils d'autoévaluation (check-lists, guides, points de contrôle...). « *Ces outils permettent aux patrons de filiales, aux responsables d'unité d'apprécier eux-mêmes les points clés du contrôle interne et donc les risques qu'ils prennent dans certains processus avant tout travail de l'audit.* » Cela a comme avantage de simplifier le travail de l'audit mais aussi de sensibiliser les dirigeants à la culture du risque.

L'essor du gouvernement d'entreprise

Le gouvernement d'entreprise s'étend certes de manière inégale en Europe mais tous les pays représentés dans l'indice Stoxx 50 ont mené des réflexions et ont eu droit à des rapports et des recommandations : rapports Viennot I et II en France, Turnbull, Hampd, Greebury ou encore Cadbury au Royaume-Uni, etc.

Les Anglo-Saxons avaient engagé les premiers cette réflexion sur le gouvernement d'entreprise puisque, dès 1992, les entreprises cotées devaient intégrer dans leur rapport d'activité la performance de leur contrôle interne. Le gouvernement d'entreprise s'exerce au travers de Comités d'audit – *Audit Commitees* – qui sont mandatés pour vérifier quelles suites ont été données aux faiblesses relevées par les rapports d'audit et l'état du contrôle interne. Le Comité d'audit vérifie l'adéquation des programmes d'audit aux risques encourus par l'entreprise. Le Comité d'audit s'assure de la qualité, de l'indépendance et des qualités morales de l'audit interne.

En France, selon Marc Chambault, le rapport Viennot encadre principalement les risques comptables et financiers – mais certaines entreprises françaises se sont progressivement engagées dans une voie proche des démarches anglo-saxonnes. On constate ainsi une progression notable dans la création de ces comités en France (figure 5) : si les entreprises du CAC 40 ont été pionnières, plusieurs dizaines de comités ont été enregistrés dans des entreprises du SBF 120 et 250.

Nombre de comités Pourcentage	CAC 40	SBF 120 hors CAC 40	SBF 250 hors SBF 120	Total SBF 250
1996	21 53 %	23 29 %	–	–
1997	26 65 %	27 34 %	11 8 %	64 26 %
1998	29 73 %	37 46 %	11 8 %	77 31 %
1999	33 83 %	42 53 %	17 13 %	92 37 %

Source : M. Chambault, France Télécom, 2001.

Figure 5. Nombre de Comités d'audit créés en France

Marc Chambault note à ce sujet que « *les réflexions menées au sujet du Comité d'audit arrivent à maturité et se traduisent par une régulation naturelle* ». Pour illustrer le fait que certaines entreprises sont allées au-delà des recommandations du rapport Viennot, le Comité d'audit de France Télécom, créé en 1999 et composé d'administrateurs du Conseil d'Administration, examine les processus et méthodologies du système de contrôle global de l'entreprise visant à couvrir les risques rencontrés. Le Comité d'audit de France Télécom a un objectif clairement défini : établir une cartographie des risques afin d'obtenir une vision globale des risques internes et externes auxquels est confrontée l'entreprise. Pour se faire, le Comité d'audit auditionne certaines fonctions (exemple : la direction des achats) et traite de certains thèmes transverses (exemple : le prix de transfert).

La cartographie des risques chez France Télécom

Marc Chambault tient à préciser qu'il ne s'agit que d'un modèle de cartographie des risques et que « *chaque entreprise doit investir – même si c'est un travail assez lourd – dans la définition de sa propre cartographie* ». Il s'agit de réaliser une bonne photographie globale des risques de la société : l'identification, l'évaluation et le traitement des risques n'est plus alors un exercice réservé à des spécialistes mais concerne toute l'entreprise. Toutefois, l'audit interne joue un rôle moteur pour sortir de l'information de ceux qui savent où sont les risques, ne serait-ce qu'au travers des missions d'audit réalisées. D'un point de vue pratique, « *il est important de bien poser les problèmes pour pouvoir mettre sur une carte les différents risques et leur pondération* ». Car il y a bien évidemment une difficulté majeure quant à l'immense diversité de risque : comment comparer les risques ?

Confronté à ce problème, France Télécom s'est appuyé sur sa démarche de modèle d'entreprise. L'activité de l'entreprise fait l'objet d'une modélisation spécifique et détaillée et son fonctionnement est décrit en terme de processus et activités, utilisée pour son contrôle de gestion stratégique et opérationnel. « *On a essayé de voir si le risque ne pouvait pas être un quatrième paramètre à associer à une activité, complémentaire aux paramètres de qualité, coût et délai.* »

Pour éviter de se perdre dans la multitude de processus, France Télécom les a regroupés pour élaborer la cartographie du Groupe en une vingtaine de macroprocessus en distinguant les processus support, les processus cœur de métier et les processus stratégiques (figure 6).

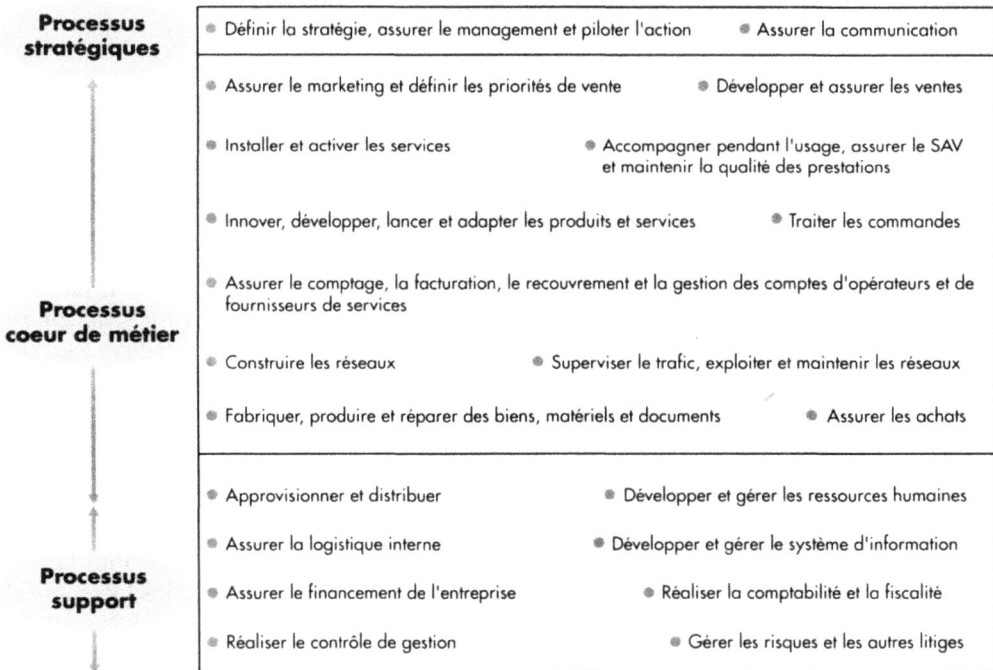

Processus stratégiques	• Définir la stratégie, assurer le management et piloter l'action • Assurer la communication
	• Assurer le marketing et définir les priorités de vente • Développer et assurer les ventes
	• Installer et activer les services • Accompagner pendant l'usage, assurer le SAV et maintenir la qualité des prestations
	• Innover, développer, lancer et adapter les produits et services • Traiter les commandes
Processus cœur de métier	• Assurer le comptage, la facturation, le recouvrement et la gestion des comptes d'opérateurs et de fournisseurs de services
	• Construire les réseaux • Superviser le trafic, exploiter et maintenir les réseaux
	• Fabriquer, produire et réparer des biens, matériels et documents • Assurer les achats
Processus support	• Approvisionner et distribuer • Développer et gérer les ressources humaines
	• Assurer la logistique interne • Développer et gérer le système d'information
	• Assurer le financement de l'entreprise • Réaliser la comptabilité et la fiscalité
	• Réaliser le contrôle de gestion • Gérer les risques et les autres litiges

Source : M. Chambault, direction de l'audit et du contrôle des risques, France Télécom, 2001.

Figure 6. *Le modèle d'entreprise*

La définition du risque admise chez France Télécom est la suivante : « *un risque se définit comme tout événement, action ou inaction de nature à empêcher une organisation d'atteindre ses objectifs* ». Pour pouvoir comparer et faire un *mapping* pertinent des risques (figure 7), il convient de les évaluer en fonction de leur probabilité (faible, modéré ou élevé) et de l'impact (faible, modéré, ou élevé) que pourrait avoir le risque s'il se matérialisait. Un risque serait défini comme majeur s'il associe une probabilité élevée de survenir et/ou un impact élevé.

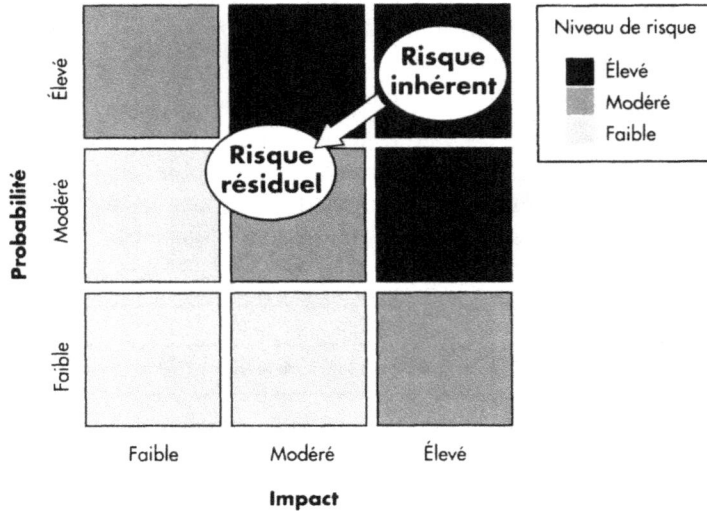

Source : M. Chambault, direction de l'audit et du contrôle des risques, France Télécom, 2001.

Figure 7. La cartographie des risques

France Télécom a décidé également de qualifier certains risques d'inacceptable. Un risque inacceptable est « *un risque qui, quelle que soit l'évaluation retenue pour le risque inhérent (probabilité/impact) présente un caractère inacceptable en regard de la sécurité des biens et des personnes ou de la survie de l'entreprise et pour lequel, quel que soit le niveau de risque résiduel obtenu tous les efforts seront faits pour les réduire au maximum* ». L'exemple type est celui des accidents du travail qui, compte tenu des contrôles mis en place, n'ont pas été évalués en tant que risque élevé mais sont néanmoins jugés inacceptables. Il est important de confronter le risque inhérent à un risque résiduel, c'est-à-dire la part du risque qui n'a pu être traitée après les contrôles et actions appropriées (figure 7). Par facteurs de probabilité, l'entreprise distingue les facteurs externes (situation de marché, réglementation, actions des concurrents, etc.), les facteurs internes (culture du personnel, système d'information, complexité des processus, etc.) et les contrôles internes (lorsqu'ils sont connus, mesure dans laquelle les contrôles mis en place minimisent le risque inhérent pour obtenir un risque résiduel plus faible). Par facteurs d'impact, France Télécom a retenu quatre critères : la perte financière[1], l'atteinte à l'image, la perte de parts de marché et le non-respect des lois et réglementations.

Marc Chambault conclut en précisant que la mise en place du *Business risk management* et d'une cartographie des risques est un moyen précieux pour recentrer le contrôle de gestion et reconsidérer les tableaux de bord existants.

---

1. Pour refléter les activités permanentes ou invariants des métiers, le critère de chiffre d'affaires a été retenu plutôt que celui de capitalisation boursière.

Chapitre **9**

La culture du risque dans l'entreprise[1]

Ce chapitre traite de la culture du risque. Louis Tuvée, consultant et membre de l'Afplane, a coordonné l'ensemble du chapitre en se donnant comme objectif de *« rechercher au-delà des facteurs de risques du domaine de l'expertise, une notion plus globale qui permette par la suite d'appliquer un raisonnement général apte à guider les entreprises dans leur management du risque, quels que soient le domaine d'application ou les circonstances »*.

Dans une première partie, Louis Tuvée développe l'hypothèse de l'existence d'une culture du risque définie ainsi : *« une entreprise a une culture du risque quand ses collaborateurs prennent des risques ou plus globalement reconnaissent et managent le risque dans toute décision et en toute circonstance sans avoir besoin d'y être directement incités »*. Il examine les multiples intérêts à encourager le développement d'une intelligence du risque dans l'entreprise.

Dans une deuxième partie, Louis Tuvée confronte cette hypothèse à l'avis d'experts qui abordent tous le risque dans leurs fonctions mais selon des approches diverses et complémentaires. Ces experts ont répondu à différentes questions dont notamment leur réaction face à la notion de culture du risque, les différences en terme de risque entre les grands groupes et les PME, ou encore les pratiques et moyens pour reconnaître une culture du risque, la construire, la changer, l'entretenir, ou la transmettre.

La troisième partie est consacrée à une intervention, animée par Louis Tuvée, de Jean-Louis Joyeux et Jean-Louis Berchet lors d'une réunion Afplane. Cette intervention est consacrée au risque et à la culture du risque dans l'innovation au travers de deux projets exemplaires présentés par Jean-Louis Joyeux et Jean-Louis Berchet, au sein respectivement de Schneider Electric et du Groupe Berchet.

LA CULTURE DU RISQUE[2]

Pourquoi et comment parler de culture du risque ? Le but n'est certes pas de céder à l'aveu d'impuissance et au sentiment de fatalité contenus dans

---

1. Chapitre intégralement coordonné par Louis Tuvée.
2. Partie rédigée par Louis Tuvée.

l'expression « *C'est culturel* » qui coupe court à toute tentative d'analyse objective et de volonté d'explication. On ne peut nier les caractères subjectif et implicite du sujet et la complexité inhérente à la polysémie de chacun des termes « Culture » et « Risque » et, *a fortiori*, de leur combinatoire. L'équivoque du concept même de risque est entretenue par certaines locutions populaires : « Dans le doute, abstiens-toi », « Qui ne risque rien n'a rien », « Un bon tien, etc. »

▶ **Une réflexion globale doit rejeter la dichotomie traditionnelle entre risques purs et risques spéculatifs.**

La tentative repose sur la volonté de parler du Risque et non des risques. Notre objectif est de rechercher, au-delà des facteurs de risques du domaine de l'expertise, une notion plus globale qui permette par la suite d'appliquer un raisonnement général apte à guider les entreprises dans leur management du risque, quels que soient le domaine d'application ou les circonstances. Cette recherche suppose, en particulier, un dépassement du « territoire » actuel du risque dans la réflexion et l'organisation des entreprises. Celui-ci est encore fortement marqué par la connotation historique assurantielle et financière du *risk management* dans le premier cas et des placements boursiers dans le second. Une réflexion globale doit aussi rejeter la dichotomie traditionnelle – certes en évolution – entre risques purs et risques spéculatifs.

Cet essai est encouragé par le raisonnement analogique avec d'autres concepts et domaines de progrès de l'entreprise tels que la qualité et l'innovation pour lesquels la culture d'une entreprise a souvent été retenue comme le facteur différenciateur des plus performants. Une pratique réussie suppose la familiarisation avec le « phénomène » qui passe par un niveau conceptuel pour aborder ensuite le plan opérationnel.

La culture du risque suppose une acculturation sur chacune des composantes et sur l'ensemble, suivie d'une recherche de méthodes d'intégration – existantes ou à inventer – de cette culture à la conduite des entreprises. Nous inspirant de la démarche expérimentale et fondant notre intuition sur une série d'observations, nous ferons dans un premier temps l'hypothèse de l'existence d'une culture du risque. Cette hypothèse sera confrontée dans une deuxième partie, sous la forme d'interviews, à l'avis d'experts qui abordent tous le risque dans leurs fonctions mais selon des approches diverses et complémentaires.

Le risque et l'entreprise

Si le risque est aux origines historique et étymologique de l'entreprise et s'il justifie la rémunération de l'actionnaire, il devient de plus en plus une notion clé dans notre économie d'environnement que l'on qualifie parfois aussi d'économie du risque. S'il a toujours existé (risque financier, risque client, risque technologique, risque-pays...), sa nature, ses conséquences et sa maîtrise posent des problèmes nouveaux aux dirigeants. En particulier, la mondialisation et les nouvelles technologies comme Internet qui nous relient et nous lient, amplifient les phénomènes et les accélèrent.

Au risque d'entreprise inhérent à la prise de décision, à la gestion courante, aux choix stratégiques, vient s'ajouter et souvent se combiner un environnement à risque, lui-même marqué par l'importance de l'immatériel et la difficulté grandissante de définir les frontières de l'entreprise. La responsabilité juridique, morale, voire sociale de l'entreprise dépasse en fait les limites de sa maîtrise réelle.

À la responsabilité dans l'espace vient s'ajouter, selon le principe de précaution, une responsabilité dans le temps. Cette nouvelle valeur sociologique de sécurité, voire de risque zéro peut à son tour modifier l'attitude des dirigeants et de leurs collaborateurs vis-à-vis du risque en général et modifier leur comportement décisionnel.

Le risque, une valeur émergente

À l'exclusion, bien entendu, de la revue *Risques* qui intègre le développement de la culture du risque au cœur de sa mission et hors des domaines de la finance et de l'assurance, le risque est, jusqu'à une époque récente, peu ou pas cité comme thème dans les ouvrages voire les encyclopédies de management.

Or, depuis quelque temps, la synchronicité et la diversité des initiatives font du risque et de la notion explicite ou implicite de culture du risque, un sujet de réflexion et de débat qui dépasse les frontières de l'entreprise pour devenir un sujet grand public. Nous pouvons citer par exemple *Les Échos*, sa série spéciale sur le Management des risques et l'organisation de rencontres sur le thème, l'émission *Le Gai Savoir* de Frantz Olivier Giesberg sur le thème « Faut-il avoir peur de l'avenir ? », le livre de chronique contemporaine de François Reynaert intitulé *Nos années vache folle*, une émission *Thema* sur Arte, une table ronde de l'Université d'été du MEDEF consacrée à s'interroger sur le Risque comme valeur d'entreprise, ou encore Michelle Rivasi, députée PS à l'émission *Mots croisés* du 24 septembre 2001 : « *En France, nous n'avons pas de culture du risque* » (*sic*).

Cet intérêt soudain pour un domaine, réservé jusqu'ici aux experts, constitue l'un des éléments de *L'Esprit du Temps*, lui-même fondateur d'une culture.

Le risque : notion et tension

« *Danger éventuel plus ou moins prévisible* » (*Le Robert*), « *chance of loss* » (M. Lenz), « *mystère de la vie* » (P. Bernstein), « *virtuel et anticipation* » (F. Ewald), la notion de risque paraît difficilement saisissable. Si les définitions et les interprétations sont nombreuses et variées, chacun s'accorde à

▶ Chacun s'accorde à reconnaître dans le risque l'incertitude liée elle-même au futur, temps dans lequel le risque se révélera.

reconnaître dans le risque l'incertitude liée elle-même au futur, temps dans lequel le risque se révélera. Du pari de Pascal à la théorie des jeux, le spectre épistémologique du risque est très large mais nous restons toujours aussi démunis devant le choix et l'engagement pour le courir ou le prendre.

Intuition ou équation, la prise de risque se heurtera toujours à la dualité de notre psychologie dont « une partie est planificatrice et l'autre jouisseuse », dualité qui provoque un combat intérieur entre propension et aversion au risque. Si la notion de risque paraît partagée, son appréciation est affaire de perception individuelle, elle-même fonction des circonstances et des perspectives, sans oublier la diversité des grilles de lecture induite par la formation, la fonction, l'expérience, la mémoire et le raisonnement analogique.

Culture : de la communauté de pensée à la communauté de pratique

La culture de tout Groupe est un ensemble de croyances, d'habitudes, de pratiques. C'est aussi une façon de voir et de se « représenter » partagée en vivant et en travaillant ensemble. Cette communauté de pensée aboutit à une communauté de pratique faite d'un ensemble d'hypothèses que l'on accepte sans (trop) les remettre en cause dans la décision et l'action. Tous les auteurs s'accordent sur les deux notions d'ensemble et de partage comme constitutives de la culture. Ils vont jusqu'à la qualifier de « logique implicite », faite de « *réponses apprises* » (E. Schein). Les « utilités » de la culture sont diverses : de l'adhésion à une meilleure compréhension et action sur l'environnement, et au-delà même une amélioration de l'implication.

Ce phénomène culturel, outre son apport dans la décision et l'action, construit la culture d'entreprise proprement dit dans le sens d'identité et de personnalité qui se manifeste à l'interne par le sentiment d'appartenance et à l'externe par l'image. Les acteurs de cette culture sont à la fois des créateurs et des propriétaires ; ils se sentent dépositaires de ces valeurs et mandatés à la pérenniser. Cependant, si la culture renforce la cohésion à l'interne et l'identité à l'externe, elle risque aussi de se transformer en « paradigme culturel » ou « prêt à penser » et à agir.

Ce « code génétique » qu'est la culture peut limiter la sensibilité et la réactivité aux évolutions de l'environnement, aux changements de nature des défis et des types de compétences et conduites permettant de les relever, en un mot, la culture peut aussi retarder l'évolution de l'entreprise... et constituer un risque. Les bienfaits et les méfaits de la culture sont en eux-mêmes une preuve de son importance pour l'entreprise.

Comme beaucoup d'autres concepts porteurs de performance voire d'excellence de l'entreprise, la culture d'entreprise a été tour à tour sanctifiée et sacrifiée en oscillant dans les discours, souvent incantatoires, sur la culture et le changement de culture entre magie et mode. Cependant, malgré ces vicissitudes, la culture d'entreprise n'en demeure pas moins une réalité révélée dans certains événements de la vie d'une entreprise comme les difficultés d'insertion de nouveaux collaborateurs ou l'échec d'alliances ou de fusions-acquisitions. La culture apparaît avant tout comme un « terrain » sur lequel prennent ou ne prennent pas certaines greffes internes ou externes de changement. Implicite, faite d'inné et d'acquis, subjectivité objectivée, la culture doit cependant être sinon définie, du moins formalisée, pour pouvoir être reconnue, entretenue, développée.

Une définition de la culture du risque

Les différentes facettes

C'est dans cet esprit que l'on peut tenter de définir une culture du risque par ses différentes facettes enrichie des points de vue de responsables d'entreprise (ce sera le but de nos entretiens). Une entreprise a une culture du risque quand ses collaborateurs prennent des risques ou plus globalement reconnaissent et managent le risque dans toute décision et en toute circonstance sans avoir besoin d'y être directement incités. La culture du risque permettrait à un groupe constitué autour d'objectifs et de valeurs partagées de construire son entendement du risque à la fois comme problématique et comme phénomène humain. La culture du risque devrait être structurée par un ensemble de pratiques et de méthodes et être entretenue par l'expérience et le retour d'expérience. Elle devrait savoir entretenir un équilibre par nature instable entre confort et inconfort pour ne pas « risquer » de transformer l'incertitude en certitudes et l'aspect positif et dynamique du réflexe en routines collectives.

À quoi servira cette culture du risque dans l'entreprise ? Comme pour d'autres domaines, la culture du risque permettra d'obtenir, sur le plan humain, une attitude collective aboutissant à une homogénéité des comportements qui dépassent les fonctions spécialisées. Cette attitude collective complète les méthodes et procédures, développe la collaboration, assure l'équilibre entre autonomie et pilotage et améliore la réactivité. Dans le cas particulier du risque, la culture pourra développer à la fois la vigilance et la volonté, en reconnaissant le risque ou « la dimension risque », dans toute opportunité ou menace et plus généralement, dans toute prise de décision. Elle pourra être considérée comme une compétence permettant de mieux le maîtriser en tempérant cette volonté de maîtrise par une reconnaissance de son irréductibilité totale.

La culture du risque : un « concept gris »

La culture du risque peut aussi s'appréhender dans ce que les managers japonais qualifient de « concept gris », zone d'autonomie et de responsabilité des acteurs les plus proches de l'action. Cette zone complète les procédures partiellement rigides et le plus souvent construites sur des cas à forte probabilité pour traiter l'occasionnel, l'imprévisible avec la réactivité souhaitable. Ce concept n'est pas éloigné des notions anglo-saxonnes d'*assertivness* et d'*empowerment*. Il nous rappelle les grandeurs et servitudes de la délégation qui réunit en son temps tous les suffrages mais souffrit de la timidité avec laquelle on aborda son corollaire : le droit à l'erreur.

> La culture du risque peut se renforcer en évitant de faire perdurer la dichotomie entre risque pur (subi) et risque spéculatif (choisi).

La culture du risque se mesurera à l'aune du climat, des comportements, des processus de l'entreprise vis-à-vis de ce droit à l'erreur. Sans cette réalité, la culture du risque n'existera que dans certains rapports d'études rapidement classés ou ne vivra que dans l'ordre du jour d'une convention. Elle nous paraît avoir pour fondement la reconnaissance et l'acceptation de l'existence de la présence du risque et de son ambivalence aux trois niveaux du management : (réflexion, décision, action), sous chaque décision et son contraire (changer ou ne pas changer, innover ou ne pas innover, etc.), dans les opportunités à saisir et les menaces à contrer ou encore dans l'ordre et dans le désordre.

La culture du risque peut se renforcer en évitant de faire perdurer la dichotomie entre risque pur (subi) et risque spéculatif (choisi) car tout processus décisionnel est un mélange entre maîtrise et non-maîtrise, de la réflexion à l'action, du principe de rationalité limitée d'Herbert Simon à la notion d'écologie de l'action selon laquelle rien ne se passe selon les plans ou encore toute la différence entre le *in vitro* et le *in vivo*.

L'opposition entre risque et non-risque demeure théorique car le plus souvent une stratégie, une décision, une orientation ne sont pas une alternative entre risque et non-risque mais un choix, optimisé, entre plusieurs types ou plusieurs niveaux de risque.

La culture comme intelligence du risque

Les apports des autres disciplines

L'intelligence du risque peut aussi se nourrir d'un certain nombre de recherches et d'écrits centraux comme le livre de Bernstein sur l'histoire du risque, *Against the gods*, mais aussi d'un balayage plus large d'« éclaireurs » du phénomène : de la théorie des jeux à la psychologie cognitive ou à l'éthologie humaine, sans négliger des travaux fondateurs comme ceux d'Henri Laborit sur le comportement humain face à la menace (agressivité – fuite – inhibition), de T. Hall sur la dimension cachée ou de James Reason sur l'erreur humaine.

La culture du risque ne peut se limiter à une vision instrumentaliste et techniciste et doit admettre la centralité des facteurs humains. Cependant, les démarches méthodologiques des experts peuvent, au-delà de leur technicité, enseigner et renseigner les non-experts sur les étapes incontournables de l'identification, de la mesure et de la maîtrise du risque et les principes irremplaçables de l'anticipation et de la prévention.

Comme dans d'autres domaines, la culture ne peut refuser les apports complémentaires d'autres disciplines comme la prospective qui, dans sa méthode et son esprit d'éclairage et de construction du futur, peut être l'une des composantes structurantes de la culture du risque. Citons notamment les grilles de choix comme la matrice « probabilité/impact » qui peut permettre de mieux visualiser et mieux communiquer sur les risques de l'entreprise, la différenciation entre probable et plausible chère à la prospective qui peut affiner la conscience du risque ou la méthode des scénarios car, comme l'exprime le grand spécialiste de la discipline qu'est Peter Schwartz, « *les scénarios appliqués à la gestion des risques ont le mérite d'éclairer les décideurs sur leurs propres perceptions des risques* ».

Une certaine créativité méthodologique peut utilement compléter la structuration de la pensée sur le risque. La transposition de grilles d'analyse du type « attraits-atouts » au seul domaine du risque ou bien encore l'établissement d'un portefeuille de risques comparable au portefeuille d'activités constitueraient des éléments d'appréciation qui, prenant comme dénominateur commun et unique le risque, permettraient de rassembler, dans une même vision, les différents types de risques, du risque technologique au risque marché. Cette vision d'ensemble fournirait sans nul doute un élément de sensibilisation des différentes fonctions au risque et développerait la transversalité de la conscience et de la culture du risque dans l'entreprise.

Savoir-faire et savoir-être

La construction d'une culture du risque permettrait de franchir le niveau des connaissances (le savoir) pour initialiser et établir des compétences (le savoir-faire) et aboutir à une réelle capacité (l'application de ces savoir-faire quels que soient les circonstances et contextes). Puisque le savoir, dit-on, mène à la sagesse, gageons qu'il en sera de même pour le Risque et formons le vœu que cette « culture du risque » apporte aux responsables d'entreprise à titre individuel et collectif, une forme de sagesse. Sagesse qui saura repousser avec la même détermination les excès opposés d'une volonté dominatrice visant à l'élimination du risque et le fatalisme paralysant devant son irréductabilité et sa connaissance partielle.

La gestion du risque, à l'image d'autres talents de la direction d'entreprise est, au-delà d'une compétence technique, une qualité humaine, et au-delà d'un savoir-faire, un savoir-être. Cette dimension humaine constitue la force motrice qui transformera l'attitude en comportement. Dans le domaine considéré, cette force sera la résultante d'une vision positivée du risque comme expression de notre liberté, pour reprendre une citation de Keynes[1] et d'un climat de confiance, confiance valorisée par Francis Fukuyama et Alain Peyrefitte comme « trait culturel » explicatif du développement historique et économique des nations. Liberté et confiance : peut-on imaginer meilleurs termes pour conclure – temporairement – sur la culture du risque ?

> **La gestion du risque est, au-delà d'une compétence technique, une qualité humaine, et au-delà d'un savoir-faire, un savoir-être.**

RISQUE ET CULTURE DU RISQUE DANS L'INNOVATION : ILLUSTRATION DES GROUPES SCHNEIDER ELECTRIC ET BERCHET[2]

Le risque à l'origine étymologique et historique de l'entreprise devient une notion clé dans l'économie de ce début de millénaire où les objectifs d'innovation et de changement internes se combinent à l'incertitude et à la complexité de l'environnement. Au-delà de la réduction des risques, objectif global du management du risque jusqu'à nos jours, la prise de risque devient une compétence managériale à favoriser et à reconnaître. La culture du risque devient alors un constituant important de la culture d'entreprise. Dépassant l'expertise et les risques spécifiques cette attitude/aptitude partagée marque l'ensemble des décisions, de la stratégie à l'innovation produit. Quelle est la sensibilisation des dirigeants à cette notion ? Comment définir, reconnaître, valoriser cette culture du risque ? Quelle pratique et quels moyens – de la formation au leadership – pour la construire, la faire vivre, la transmettre, la changer ?

Jean-Louis Joyeux et Jean-Louis Berchet, au sein respectivement de Schneider Electric et du Groupe Berchet, répondent à ces questions et présentent deux projets exemplaires en terme de gestion du risque et de la culture du risque dans l'innovation.

Risques et culture du risque

Dans un groupe, quand parle-t-on du risque ? Est-ce dans les grandes occasions ou au quotidien ?

---

1. « Puisque l'essentiel ne peut se traduire en probabilité, nous ne sommes pas prisonniers de l'avenir. L'incertitude nous libère, elle signifie que nous pouvons changer le monde. »
2. Intervention de Jean-Louis Berchet et Jean-Louis Joyeux, animée par Louis Tuvée lors de la réunion Afplane du 24 septembre 2001.

Jean-Louis Joyeux – Dans un grand groupe, le risque est évoqué de deux façons. Soit de manière structurée et normée pour les risques liés au client, à l'innovation, à l'acquisition, etc., soit évoqué pour les risques flous pour lesquels il n'existe pas de méthodes (exemple : les accidents, la retraite et la perte de compétences, etc.).

Jean-Louis Berchet – On parle surtout du risque quand on vient de vivre une tuile. On ne vit pas avec le risque tous les jours, mais dès qu'on a eu des problèmes importants, on a constamment le risque à côté de soi, surtout au niveau du management. Sur nos 4 ou 5 sites, on a eu des accidents, et c'est le président qui est mis en avant, voire inculpé. On produit 15 millions de pièces de jouets par an. Il y a la non-qualité et des produits – non dangereux – qui peuvent lasser ou ne pas être conformes à ce que désire l'acheteur. Dans ce cas, la DGCCRF peut intervenir (ex. : un produit de cosmétologie, les fournisseurs oublient d'indiquer la date de péremption et il existe un risque majeur de passer en correctionnel). On a créé la cellule « Risque » reliée à la qualité qui s'occupe de tous ces niveaux de risques. En PME, on n'arrive pas à intégrer les accidents que vivent les autres mais on est en risque permanent (client, marchés, monnaies). Aujourd'hui, nous gérons des risques, mais nous n'étions pas préparés à cela.

Pensez-vous qu'il y a une grande différence en terme de risques, entre un grand groupe international et une importante PME ?

J.-L. J. – On est devant une multitude de choses qu'aucun manager n'est capable dans le groupe d'appréhender dans sa totalité. Je ne sais pas s'il existe une courroie de transmission du risque : les risques sont gérés à leur niveau.

J.-L. B. – Dans un grand Groupe, les ennuis, après une prise de risque mal appréhendée, me semblent plus faciles à gommer que dans les PME. Nos partenaires, banquier, voire fournisseurs ou personnel, n'aiment pas les trop grandes prises de risque. On est en situation de faiblesse car on nous pardonnera moins de choses.

Si la culture du risque existe, comment la reconnaît-on ?

J.-L. J. – On la voit par le bas à travers les produits, les offres, la relation avec les clients, et par le haut avec l'attitude et le discours du management vers les actionnaires et le personnel. Il faut faire attention à la cohérence entre les deux discours car l'un induit l'autre.

J.-L. B. – On la reconnaît à la réussite et à la longévité d'une entreprise mais on ne peut pas non plus tout contrôler. Il faut avant tout accepter le droit à l'erreur.

Si cette culture du risque existe, c'est une compétence, un atout stratégique, ou une valeur ?

J.-L. J. – La prise de risque est avant tout culturelle. On est sur des cycles d'innovation de 10 ans. Suite à une innovation, le temps passe et puis il y a à nouveau un bouillonnement d'idées et des compétences sont créées puis entretenues. On parle bien d'un comportement culturel où les choses se cristallisent et puis un besoin d'innovation émerge.

J.-L. B. – Pour moi, c'est les trois. En France, il y a trente ans, il y avait 700 fabricants de jouets, il en reste trente aujourd'hui et sur les trente il y en a déjà 10 ou 15 regroupés. Certains n'ont pas pris de risques et réalisent toujours le même volume d'activité. Sans prise de risque, je n'aurais pas un groupe de 1 000 personnes, 1,2 milliard de CA dont 50 % à l'export. La prise de risque calculée, via l'innovation est une compétence, un atout concurrentiel et les clients commencent à le reconnaître comme une valeur.

Sur la notion de risque, on a un cycle annuel pour les projets même si certains mettent plus d'un an. Cela développe l'intelligence collective dans l'entreprise ; une vision partagée, une prise de risque en commun développent la créativité.

Quelles pratiques, quels moyens pour créer, changer, entretenir et transmettre cette culture du risque ? Les leviers habituels affectant « la culture » au sens large d'une organisation sont : le recrutement, la formation, l'organisation elle-même, le leadership (et la valeur d'exemple), le système de contrôle et de suivi et le système de reconnaissance. Sur quels leviers peut-on agir par rapport à la culture du risque ?

J.-L. J. – Il n'y a pas de recettes. La confiance et le droit à l'erreur sont importants.

J.-L. B. – Le recrutement est important : un chasseur de têtes peut détecter quelqu'un avec les compétences recherchées et surtout le goût du risque. Je fais une distinction entre la culture du risque et le goût du risque. Il n'y a pas de recettes, il faut une vision partagée, un droit à l'erreur contrôlé et surtout, chaque chef d'entreprise a sa manière d'agir.

Pensez-vous qu'il y a des différences quant à la perception et la prise de risque en terme d'âge, de sexe, de zone géographique, d'obtention ou non de diplôme ? En créativité, on recommande de réunir des personnes aux structures mentales des stratégies cognitives différentes.

J.-L. J. – Au niveau des âges, je ne vois pas de réelle différence mais il y a quand même, dans un grand Groupe, une certaine tendance avec l'âge à fonctionnariser le poste. Je n'ai pas l'expérience de femme décideur dans le Groupe, mais celles que je connais auront tendance à être un peu moins conservatrices mais prendre des risques plus mesurés.

Sur les pays, c'est évident (exemple les PVD sont beaucoup plus « preneurs de risque » via l'innovation car ils n'ont pas de passé), la prise de risque et la réceptivité à l'innovation est différente.

J.-L. B. – On ne peut pas émettre de relation entre l'âge et la prise de risque : certains prendront des risques jusqu'à la fin de leur vie. Il est plus facile pour une personne avec de l'expérience de prendre des risques. Les femmes prennent autant de risques, mais ceux-ci m'apparaissent plus calculés et raisonnés.

La culture du risque est différente en termes de produits et d'innovation dans certains pays (exemple : l'Angleterre a une culture nationale plutôt « classique »). Je ne vois pas de différence au niveau des diplômés ou non en termes de prise de risques.

Peut-on détecter des réfractaires à la prise de risque ?

J.-L. J. – Oui. Suite aux procédures de certification ISO, les procédures mises en place ont été contraignantes.

J.-L. B. – Les réfractaires au risque, c'est d'abord le contrôleur de gestion, le directeur financier souvent, et surtout les banquiers. Il faut leur échapper avec un bon projet : c'est un « nouveau produit qui a fait ses preuves »...

Culture du risque et gestion de projets innovants : deux exemples

Pouvez-vous présenter un projet d'innovation comportant une prise de risque ?

J.-L. J. – Notre projet a trait à un nouveau produit de contacteur-disjoncteur qui va être commercialisé l'an prochain. Notre entreprise est présente sur quatre grands marchés : bâtiment, industrie, infrastructure, énergie.

J.-L. B. – On a lancé l'an dernier une poupée intelligente et communicante basée sur des technologies que nous ne maîtrisions pas jusqu'alors : systèmes électro-aimant et reconnaissance à distance. C'est un très beau succès commercial, qui nous permet une reconnaissance européenne mais ce projet comportait une prise de risque très importante.

À quels types de risque avez-vous été confrontés ? Comment les avez-vous abordés ? Est-ce que la culture du risque peut être une grille d'analyse face à un projet innovant notamment de rupture ?

J.-L. J. – Notre produit s'adresse à l'industrie, principalement tournée vers les automatismes, assurés par différents produits. On s'est reposé la question de notre métier et de ce que l'on fabriquait. On a regroupé dans le même produit, différents organes de puissance, disjoncteur, contacteurs, etc., mais aussi intégré du contrôle. D'un produit 100 % électromécanique, on est passé à 50 % d'électromécanique.

Le risque du projet était de faire quelque chose qu'on n'avait jamais fait en intégrant de l'électronique. Par ailleurs, pourquoi prendre ce risque alors que les concurrents amélioraient l'existant, les marges étaient très confortables, le marché était plutôt satisfait et n'incitait pas à l'innovation et le délai de développement et de mise au point était long. On avait une activité mature de 1 milliard d'euros de CA avec une marge confortable, une position de leader avec 25 % de parts de marché mondial et une croissance de 6 % par an depuis 10 ans.

Ces facteurs n'incitaient pas à la prise de risque mais notre objectif a été de changer les règles du jeu pour maintenir notre écart avec les concurrents en utilisant les nouvelles technologies et répondre aux attentes des automatismes industriels. Le comportement de l'entreprise a été d'investir lourdement (350 MF) malgré un retour relativement long (5 à 7 ans) en fonction de l'acceptation par le marché. Plusieurs facteurs ont incité l'entreprise à agir : certaines activités internes n'ont pas su prendre des virages technologiques et ont perdu des parts de marché ; la concurrence commençait à porter sur les prix ; les copies asiatiques ont rattrapé leur retard de qualité.

Comment avons-nous surmonté les risques ? Nous avons bâti un scénario prospectif avec des marketers pays (les pays donnent leurs accords pour investir) et un plan d'offre à deux coups : consolider l'existant et lancer le projet d'innovation (ce qui augmente le coût total de l'opération). Le management a donné le feu vert sous contraintes d'une transparence et d'un reporting hebdomadaire des problèmes rencontrés. Il faut insister sur la notion de transparence qui est fondamentale dans la prise de risque. Par ailleurs, les technologies ont été partiellement intégrées pendant plusieurs années dans des produits existants. De longs délais de développement avaient été envisagés dès le départ. Si choc culturel il y a, il va intervenir à la sortie du produit car l'équipe projet est constituée autour d'un objectif et les changements concernent d'abord cette équipe.

J.-L. B. – On a rencontré les mêmes problèmes mais dans un laps de temps plus court. Notre objectif était, dans un métier de la poupée de base à marge nulle, de reconstituer nos marges sur ce segment. On a facilement convaincu de l'importance de ce projet. Il faut une transparence totale (reporting tous les 15 jours) d'autant que nous externalisons quasi complètement la production. Nous sommes restés modestes jusqu'à la fin, c'est-à-dire le référencement et la livraison. Au niveau de notre société, cela a été un choc culturel : on a changé de braquet en passant d'un fabricant de jouets banalisés (maîtrisant les technologies de plastique : soufflé, injecté, thermoformé, etc.) et à un fabricant intégrant des nouvelles technologies. On a considérablement allongé notre chaîne de savoir-faire et créé une réelle différenciation par rapport à nos concurrents. Le montant de l'investissement est très inférieur dans l'absolu par rapport au projet de Schneider mais conséquent pour l'entreprise d'autant qu'un échec aurait été dommageable en terme d'image.

Est-ce qu'un projet peut modifier ou développer la culture du risque ?

J.-L. J. – On est perçu comme une entreprise peu innovante. Il y a eu l'adhésion rapide des grands pays aux projets innovants, preuve d'une envie d'innovation et d'une volonté de différenciation.

J.-L. B. – Ça donne surtout confiance et ça invite à beaucoup innover. Le personnel s'est senti fier d'utiliser de nouvelles technologies et on est devenu une entreprise apprenante. On ne fait plus les jouets de la même façon.

Est-ce qu'il y a une différence en terme de culture entre ceux qui ont vécu le projet et les autres ?

J.-L. J. – C'est clair et c'est au management de régler ces problèmes-là en redistribuant les cartes et impliquant d'autres acteurs dans d'autres projets.

J.-L. B. – Un succès de ce type permet d'améliorer la qualité du recrutement.

Si demain, je crée une école du Management des risques, quels seraient les grands thèmes du cursus ?

J.-L. J. – Je mettrais en tête l'écoute car le mal dans nos grandes entreprises c'est le déficit d'écoute de par le besoin de décisions rapides, or il y a tellement de choses à entendre dans une entreprise. Et je leur apprendrais à élargir l'espace et le temps : regarder plus loin et autrement.

J.-L. B. – Je leur enseignerais la vie, le monde, une ouverture d'esprit à cultiver leur créativité, l'humanisme, le travail en collectivité, un certain nombre de valeurs.

Quelles questions poseriez-vous pour identifier de bons candidats ?

J.-L. J. – Quels sont les grands projets de vie que vous avez menés et comment les avez-vous préparés ?

J.-L. B. – Est-ce que pour une infime partie, vous seriez prêt à partager ce risque avec moi ?

Prenez un risque ! Si vous deviez choisir entre ces deux devises : « qui ne risque rien, n'a rien... » et « dans le doute, abstiens-toi... », quel serait votre camp ?

J.-L. J. – La chance appartient à ceux qui savent la saisir...

J.-L. B. – Qui ne risque rien, n'a rien...

Comment identifiez-vous les risques projet (hors produit ou process) ?

J.-L. J. – On travaille à différents niveaux. Suite à une étude prospective, on réalise des scénarios d'offre. Ensuite, on fait des tests de concepts auprès de clients, puis des tests en situation chez les clients.

J.-L. B. – On possède une société qui teste systématiquement auprès de consommateurs nos produits sur un grand nombre de critères. Nous tirons les conséquences de ces tests. Chaque projet est de l'ordre de 3-4 millions, on peut se tromper mais pas trop souvent.

Les réflexions sur les échecs ne sont-elles pas aussi intéressantes à mener ?

J.-L. J. – Si on conserve l'équipe ayant connu l'échec, c'est très bénéfique car, celle-ci ne recommencera jamais la même erreur. On est souvent malheureusement trop dans une approche échec-sanction.

J.-L. B. – On identifie très bien les échecs et on sait en tirer les leçons... mais si on passait autant de temps à inoculer dans nos équipes le virus du succès, on serait plus performant. Il faut consacrer du temps à identifier les recettes du succès.

Louis Tuvée conclut sur l'idée que « *les "risqueurs" ou ceux qui ont la culture du risque sont capables d'accepter plus facilement la prise de décision en rationalité limitée* ». Jean-Louis Berchet insiste sur le fait que « *le risque est le corollaire de la liberté et cela n'a pas de prix* ». Jean-Louis Joyeux relève la nécessité « *d'une part de rêve pour prendre un risque, sinon l'entreprise n'existe plus* ».

ÉCHANGES SUR LE THÈME DE LA CULTURE DU RISQUE[1]

Les entretiens ont été réalisés par Louis Tuvée au cours du second semestre de l'année 2001. Ces entretiens étaient semi-dirigés. Louis Tuvée tient à remercier les personnes interviewées pour la qualité de leur accueil, la richesse de leurs commentaires et leur bienveillance pour le rapporteur de leurs propos.

Les personnes interviewées devaient notamment répondre aux questions suivantes. Comment réagissez-vous à la notion de culture du risque ? Dans une entreprise où et quand parle-t-on du risque ? Quelles sont les différences en terme de risque entre les grands groupes et les PME ? Si la culture du risque existe, comment la reconnaît-on ? Classez-vous la culture du risque dans les compétences, les atouts concurrentiels, les valeurs ? Quelles pratiques, quels moyens pour la construire, la changer, l'entretenir, la transmettre ? La prise de risque est-elle datée (âge, génération), sexuée ou typée ? Si demain, je décide de créer une école du Management du risque et que je vous nomme directeur des Études, quel serait l'enseignement à mettre en place et quelles questions poseriez-vous aux candidats dans l'entretien de sélection ?

---

1. Entretiens effectués par Louis Tuvée auprès de Alain Richard, Jean-Claude Barbou des Places, Nicolas Waldmann et Olivier Sorba.

Alain Richard, directeur de missions chez RIGHT ARJ Management Consultants

« *L'expression "culture du risque" ne m'est pas familière mais je l'associe-rais volontiers à deux autres notions : la sécurité et le courage.* » La culture du risque, c'est la culture de l'Entreprise dans le sens d'une entreprise à forte culture. « *Il faut, en effet, avoir une culture forte, des racines pour prendre des risques* » pour soi ou par délégation.

« *Le risque, on en parle peu. Je suis étonné dans mes missions auprès de directions d'entreprises, combien je dois pousser les gens par rapport au risque.* » Mais « *à l'intérieur des entreprises, la prise de risque repose prin-cipalement sur la confrontation* ». La prise de risque est, bien entendu, fonc-tion du niveau de responsabilité et du risque que l'on peut prendre à son niveau. « *Nous travaillons de plus en plus avec nos équipes sur la notion de courage, de quoi est fait le courage ? On constate peu de confrontation, souvent de l'affrontement, le plus souvent de l'acceptation.* » Or, c'est de l'interne que vient la volonté d'influencer l'environnement. Cette volonté renvoie à qui je suis, l'individu et l'entreprise, l'identité... la culture. Cette capacité de confrontation s'émousse avec le temps, « *il y a une grande facilité à rentrer dans le moule* ».

Quant à la différence entre grand Groupe et PME, les PME sont plus centrées sur le risque car elles se sentent plus vulnérables, ont moins d'inertie, la prise de décision est plus rapide. Dans la sensibilité et la culture du risque, la variable temps est importante, « *la conscience du risque sera d'autant plus forte que l'impact sera rapide et fort* ». Nous avons été marqués par les approches de planification stratégique et les méthodes de contrôle de gestion qui pensaient réduire l'incertitude et l'aléa et la « *culture du grand manager, celui qui fait ce qu'il faut* ».

Comment identifier la culture du risque ? « *La culture du risque s'identifie principalement dans les processus de décision* » ou comment se prennent réellement les décisions dans l'entreprise considérée. Une différence se mani-feste aussi selon la stabilité ou l'instabilité de l'environnement et l'adéquation de la réponse de l'organisation plus ou moins flexible et évolutive.

> Le leadership, l'exemplarité sont essentiels car il s'agit plus d'une réponse émotion-nelle qu'intellec-tuelle.

Pour moi, le risque n'est pas une valeur, peut être un avantage concurrentiel. « *La valeur, c'est le courage.* » En ce qui concerne le management, « *je suis de plus en plus attaché aux réactions de bon sens* » et « *la valeur de base c'est l'impertinence* ». Si l'organisation partage et nourrit cette valeur, elle apparaîtra dans tous les domaines : recrutement, formation, management, etc. La prise de risque, c'est un « *comportement précis* », premièrement du mana-gement, deuxièmement de l'organisation. « *Le leadership, l'exemplarité sont essentiels car il s'agit plus d'une réponse émotionnelle qu'intellectuelle* ».

La prise de risque est-elle fonction de l'âge ou du sexe ? L'âge non, la géné- ration vraisemblablement. Par ailleurs, « *le regard que peuvent porter les femmes sur les situations peut enrichir la réflexion* ». On peut surtout recon- naître la culture du risque « *au travers des comportements* » et « *le risque se situe dans le passage à l'acte* ».

Les risques sont contingents et en conséquence les qualités du manager ne sont pas universelles. « *On peut parfaitement savoir redresser une entreprise et être incapable de la reconstruire.* »

Dans une école du Management du risque, les objectifs pédagogiques seraient l'affirmation de soi, le développement personnel, et la confrontation à d'autres cultures. Sans oublier les arts, la création. « *Il n'existe pas de plus grand risque que celui de l'expression artistique.* » Au final, il s'agirait de casser les schémas de pensée. En ce qui concerne les candidats, la sélection devrait viser à mettre en évidence les façons dont le candidat a pu « vivre et exprimer l'impertinence », comment il se situe par rapport à des modèles et en particulier « *sa conscience d'entrer dans un modèle donc sa capacité à le remettre en cause et à prendre ses distances par rapport au modèle* ». Je serai à l'écoute du comment il a pu mener sa vie et en particulier passer les étapes critiques de l'enfance à l'adolescence et de l'adolescence à l'adulte.

Je voudrais insister sur un point qui me paraît fondamental « *la dynamique paradoxale du risque et de la sécurité* ». La force motrice de « la prise de risque provient en fait d'un besoin de sécurité ». La culture du risque, c'est de ne pas vouloir dépendre des événements ou des choix d'un tiers, situation qui donne un sentiment d'insécurité. C'est un sentiment partagé par tous les créateurs d'entreprise qui prennent « leurs risques ».

Jean-Claude Barbou des Places, président de Vigicredit

La culture du Risque est avant tout « *une démarche d'évangélisation* ». La majorité des responsables est insuffisamment sensibilisée aux risques, « *on laisse faire les choses* » alors que « *ne pas gérer le risque client est une faute de gestion* ».

Le risque client est un élément fondamental de la stratégie commerciale puis- que « *la performance réelle sera fonction de la solvabilité du client* ». Lors- que le client demande un crédit, accepter de le couvrir ou de l'externaliser est une donnée du *business*. La décision doit être prise compte tenu de la marge dégagée. On n'a pas – ou peu – l'idée de ce problème à la sortie de l'école où l'on parle pourtant de rentabilité dont « *l'argent dehors* » constitue pourtant un des éléments importants.

Il y a par ailleurs des métiers plus sensibles que d'autres comme le BTP avec ses garanties spécifiques ou bien encore l'industrie du carton-papier. Égale- ment, l'activité à l'international fait davantage prendre conscience des risques (risque-pays, risque de change) mais aussi en raison d'une moindre connaissance et de manque de proximité du client.

La préoccupation du risque est davantage un phénomène occasionnel qu'une « culture » permanente. Les PME-PMI sont cependant plus sensibles car le patrimoine souvent familial est engagé et les moyens limités donnent ce sentiment permanent de risque. Dans les grands groupes, ce n'est pas « son propre argent » : la responsabilité existe mais elle est plus collective et encadrée par des procédures. Cependant, « *le budget limité ou important consacré au renseignement n'est pas plus efficace dans un cas que dans l'autre* ». La « *chaîne du risque* », plus courte dans les PME, entraîne une réactivité plus grande de la part de celles-ci.

Avant tout « *la culture du risque n'est pas une affaire d'organisation, c'est une affaire de personnes* ». Soit vous avez « *cette dimension de gestion du risque* », soit vous ne l'avez pas. De plus, « *ça part de quelqu'un* ». Malheureusement, souvent seul l'accident subi donne un repère et le sentiment que ça n'arrive pas qu'aux autres. « *La culture serait de pouvoir introduire ce sentiment de manière préventive et proactive.* »

« *Le risque ou le management du risque est pour moi* – a contrario – *une valeur car celui qui ne prend pas la dimension du risque dans son activité est un incompétent.* » La vigilance et la prévention devraient faire partie de la responsabilité et l'objet de poursuites en cas de manquement important avéré. Celui qui n'a rien fait doit être sanctionné au niveau de « *la faute professionnelle grave* ».

En ce qui concerne la pratique, « *ce qui compte c'est l'expérience des autres* ». Il faut « *savoir rester modeste, faire preuve d'humilité, échanger, avoir une attitude d'ouverture* ». Si l'on veut, « *on peut anticiper* ». « *La participation est fondamentale* » et doit être soutenue et animée par l'exemplarité. « *Si le sujet n'est pas considéré dans l'ensemble de l'entreprise, il a peu de chance d'être correctement traité là où le risque prend naissance.* » La hiérarchie doit être ferme car le laxisme est lui-même porteur de risque. Le système de reconnaissance doit confirmer cette volonté et cette détermination.

La prise de risque est-elle fonction du sexe ? « *Je ne sais pas, quoique les femmes ont plus d'intuition et l'intuition est un talent essentiel dans la culture du risque.* » Avant tout, l'expérience et l'âge comptent énormément.

Par ailleurs, en dehors des potentiels et des compétences individuelles, « *il y a quand même des méthodes* » et on peut apprendre le B.A. BA pour identifier, mesurer et gérer les risques. Il convient d'ajouter à cela quelque goût pour la pédagogie et le conseil car nous avons une fonction de spécialiste et de consultant interne. L'enseignement doit prendre en compte que le risque en lui-même est trop abstrait (voir les campagnes de la Prévention routière qui illustrent le risque pour ses conséquences). Les cours doivent faire appel aux cas, aux comptes rendus d'expériences pour « *faire toucher du doigt les dégâts humains, matériels, financiers, etc* ».

▶ **Ceux qui géraient bien le risque étaient des gens qui avaient une grande ouverture d'esprit, qui étaient humbles et qui avaient envie de connaître et d'apprendre en permanence.**

Mon expérience m'a appris que « *ceux qui géraient bien le risque étaient des gens qui avaient une grande ouverture d'esprit, qui étaient humbles et qui avaient envie de connaître et d'apprendre en permanence* ». En conséquence, je rechercherai ces mêmes dispositions chez les candidats à l'école du Management du risque. J'ajouterai que « *le risque peut transformer la personnalité* ». Une fois l'expérience vécue, on n'a plus la même certitude et l'événement devant les yeux, vous n'êtes plus le même. La personnalité des candidats doit donc être solide et revêtir le caractère d'un décideur « *car il faut que la décision soit prise par un* ». Sans oublier que « *deux valeurs sous-tendent la culture du risque : le respect et la confiance* ».

Nicolas Waldmann, directeur général de Kroll « The Risk Consulting Company »

À l'origine, la mission de Kroll était d'être une « *risk mitigation company* » (*mitigation* = réduction). La culture du risque, « *c'est ce que je vis tous les jours* ». Notre groupe de conseil s'intéresse au niveau mondial à cinq types de risques. Nous agissons à deux niveaux, à titre préventif en fournissant des informations, à titre curatif pour traiter un problème spécifique.

Il est vrai que la culture du risque est différente suivant les clients. On peut noter des différences suivant les zones Europe-France-USA. Dans les sociétés européennes, il y a une véritable culture du risque dans les grands groupes. Cette culture reste « *diffuse* » avec un « *caractère opportuniste* ». Il n'existe pas de véritable réflexe de précaution et l'attitude serait plutôt, face à une opportunité, de dire : « pourquoi pas ? »

On peut donc parler de culture du risque au cas par cas : elle demeure « *contingente à une situation* ». Cette culture apparaît davantage en situation de crise : « *au quotidien, il s'agit plus de veille* » que de « *présence de cette culture dans la prise de décision* ». Ceci est regrettable car « *c'est au calme qu'il faut prendre le temps de la réflexion et de la préparation* ». Pour un bon management du risque, « *il faut être préparé* ». J'ajouterai qu'il existe des différences suivant les secteurs, certains secteurs comme l'agroalimentaire ou l'industrie pharmaceutique sont plus sensibles et plus impliqués.

Par ailleurs, la culture du risque n'est pas seulement un atout concurrentiel, c'est un « *atout général, presque une valeur et même une "valeur fondamentale" puisque l'entreprise a une responsabilité* ». Le risque ne provient pas seulement de la concurrence mais réside aussi dans tous les facteurs d'environnement.

Il n'existe pas un risque mais des risques qu'il faut « *savoir hiérarchiser et anticiper* » : « *il faut avoir des phares à longue portée* ». Pour avoir accès à la culture du risque, « *il faut connaître les expertises* » et savoir les mobiliser dans un projet.

« *Le management concret du risque suppose deux éléments indissociables : la formation des personnes et la mise en place de procédures.* » La transmission de la culture et son partage dans l'entreprise supposent un « *véritable leadership* » complété par « *un entourage qui équilibre* » les attitudes individuelles par rapport au risque et les compétences. Le système de reconnaissance est tout à fait fondamental. Il faut à la fois « *reconnaître le droit à l'erreur et coacher la personne* ». La difficulté vient du fait que « *la décision appartient à une personne physique et la responsabilité est celle d'une personne morale* ». Au final, « *l'organisation doit fournir le système* ».

« *Typée ou datée ? Je ne crois pas. La culture du risque est fortement liée à la personnalité du dirigeant, de la société et, bien entendu, à l'initiative individuelle.* » Un autodidacte ou un créateur d'entreprise seront peut-être plus conscients du risque car « *vivant dans une insécurité permanente* ». Le diplômé n'a pas toujours acquis cette culture. « *La culture du risque est davantage liée à la personnalité intrinsèque des individus, à leurs parcours personnels, à leur éducation, etc.* » « *Oui, il existe des handicaps* », mais aussi des « *organisations qui inhibent* ». C'est aussi une attitude personnelle, un comportement dans la vie : « *il y a des gens qui ne sont jamais en découvert à la banque et d'autres...* ».

Sur le fait de privilégier une gestion individuelle ou collective du risque, la question est avant tout d'« *identifier la bonne personne* » par projet, par fonction, par secteur d'activité et mettre en plus des « *garde-fous* ». On évitera celui ou celle qui a toujours peur « *que le ciel lui tombe sur la tête* ». En fait, l'individuel et le collectif sont indissociables. C'est « *l'initiative d'un responsable validée par un groupe* ».

Le risque est une notion relative. Le risque d'ouvrir une filiale sera fonction de la taille du groupe. « *Certains risques et leurs conséquences n'apparaissent même pas au bilan, d'autres sont catastrophiques. Il est nécessaire d'avoir la perspective d'ensemble, la vision et la sensibilité au local et le général.* » Le risque, « *il faut savoir le prendre, le suivre et savoir arrêter* ».

Ainsi, dans notre métier, il faut être capable de concevoir le système, coordonner de nombreuses ressources et permettre d'externaliser certains risques ou certaines compétences. Nous sommes des maîtres d'œuvre et la performance repose en grande partie sur « *l'identification des compétences* ». Notre mission est de valider ou d'invalider les orientations stratégiques par l'analyse concurrentielle et de mettre en place un système de veille dans l'esprit du *knowledge management* en combinant informations internes et informations externes. La finalité est « *de mettre en évidence les enjeux* ».

De nos jours, on peut réellement parler de « *risque informationnel* ». L'information doit porter sur l'ensemble de l'environnement : réglementation, partenaires, concurrents, etc. On s'intéresse aux entités morales, aux personnes, aux comportements, et la dimension culturelle est importante notamment dans la validation des partenaires (*due diligence*). Un aspect particulier est notre activité de *litigation support* (soutien d'action judiciaire). L'information vise à réduire la responsabilité de notre client et les conséquences de l'action sur l'image voire la déstabilisation. Notre investigation vise à « *mieux comprendre l'adversaire, quelle est sa logique ? À qui l'on a affaire. L'aspect historique est aussi à prendre en compte.* » Il faut « *étudier le parcours* » par exemple la culture et les antécédents de la société candidate vis-à-vis du partenariat. Nous nous appliquons à nous-mêmes cette rigueur, en vérifiant par exemple, lors du recrutement pour notre groupe, le CV des candidats et leurs antécédents. Au-delà de la méthodologie technique, il existe une méthodologie d'expérience : savoir « *découvrir et reconnaître les signes révélateurs* ». Par exemple le système de sécurité (au sens organisationnel) dans une société russe candidate au partenariat.

Quant à une école du Management du risque, on n'a jamais eu cette formation et on ne l'aborde pas dans l'enseignement supérieur. Or, il serait utile d'apprendre à chercher les facteurs de risque et ses sources. Cet enseignement est indissociable de celui du processus de gestion et des méthodes d'organisation sans oublier la dimension des ressources humaines. Il faut appréhender à « *valider en permanence* » l'information, l'environnement, le partenaire... L'enseignement devra développer une sensibilité à la rapidité, à l'accélération actuelle des phénomènes. Par exemple, suivre l'évolution politique est un travail permanent (ce qui n'a pas toujours été nécessaire) ou encore « *le risque-pays [qui], dans certaines régions, évolue quotidiennement* ».

Olivier Sorba, directeur du *risk management* chez Lagardère

« *La connotation "facteur humain" de l'expression culture du risque me rend méfiant.* » En effet, « le risque est relatif à la situation de la personne qui le subit. Le risque n'est pas affaire d'instinct mais de conscience. » Et « *nous percevons les risques que nous avons décidé de percevoir* ». Par conséquent, « *il faut être très sensible à l'individu. On doit bien faire comprendre qu'on est tous là pour faire des choses ensemble et que le plan sera compromis par des facteurs inattendus, hors de la maîtrise des acteurs.* » En ce qui concerne le domaine propre au *risk management*, il faut « *prévoir l'imprévisible important* » – ce qui est prévisible et bénin fait partie de la gestion courante. On s'intéresse donc à ce qui est grave et rare et ce qui dépasse la visibilité d'une seule personne.

S'il y a culture, c'est à la base « *savoir qu'on ne sait pas* » et « *faire en sorte que l'organisation y réponde* ». Toutefois, « *je n'adhère pas à la notion d'aversion au risque. Je rappelle ce que j'ai dit auparavant de la relativité du risque. C'est toute la différence entre une stratégie de restructuration pour une direction et la perte d'emploi pour un collaborateur. »*

Dans le domaine financier par exemple, il faut faire prendre conscience que les choses bougent et que cela nécessite un regard différent voir « *le regard de Cassandre* ». Il y aura toujours, à côté des scénarios étudiés, un scénario imprévu et même s'il y a des méthodes pour rendre compte de ce phénomène, il faut comprendre que la prise de risque elle-même dépendra toujours de « *l'appétit pour le risque* » qui sera différent suivant les entreprises, les dirigeants, les individus.

> « La culture du risque c'est de ne jamais croire que la ligne sera droite car elle sera courbe. »

« *La culture du risque c'est de ne jamais croire que la ligne sera droite car elle sera courbe.* » En conséquence, les écarts par rapport aux prévisions ne seront pas interprétés et gérés comme des anomalies mais comme le cours normal des choses. Il existe des progrès méthodologiques, en particulier dans le domaine financier, qui peuvent être transposés dans d'autres problématiques du risque comme par exemple la théorie des options réelles. « *Par exemple, je ne sais pas si je veux investir en Amérique latine mais je sais qu'un investissement et une tête de pont en Espagne me positionnera favorablement si je décide par la suite de cet investissement* ». Un problème demeure, comment le formaliser ?

Dans le cas particulier du *risk manager*, son intervention sur le management du risque se situe « *en dehors du propos, du projet, plus globalement de l'objet social de l'entreprise* ». La plus-value du *risk management* est ailleurs et réside dans l'étude des facteurs d'environnement connus et inconnus qui pourraient contrarier ou fragiliser les orientations stratégiques et les décisions importantes.

Ce qui a changé c'est « *l'acceptabilité sociale* » du risque. L'accident du travail, la perte de valeur boursière, la non-transparence lors de transaction ne sont plus admis. Il y a, pour tout type de décision et d'action, une forte attente de « *légitimité* ». « *On subit cette pression dans l'entreprise. Les valeurs changent, les attentes changent.* » Concrètement on a un certain nombre de choses qui « *deviennent des risques* ». La responsabilité de l'entreprise est engagée vis-à-vis de différents publics : collaborateurs, actionnaires, clients, pouvoirs publics, etc.

En terme de culture du risque, « *la question est la suivante : l'organisation est-elle capable de s'adapter et de faire face à cette "responsabilité collective"* ». Chacun a son point de vue sur le risque, en fonction de la formation, de l'histoire personnelle, etc. Cependant, on s'achemine lentement vers « une jauge commune » (par exemple dans le domaine financier en ce qui concerne les taux d'intérêt). « *Quelle que soit la méthode de* risk management*, on doit – c'est ce que nous nous efforçons de faire dans le groupe Largardère – respecter un principe, "faire la lumière", c'est-à-dire, faire l'effort de rassembler les bonnes questions. On se doit d'être précis. On fait appel au* *concours de quelqu'un qui connaît le sujet. Un expert qui permettra de formuler les bonnes questions. »*

« *Notre action passe toujours par le management.* » En ce qui concerne les collaborateurs, « *notre apport principal est de leur fournir un retour sur leur position par rapport à tel ou tel problème, tel ou tel risque. Il est important qu'ils puissent se situer dans l'entreprise, par rapport aux concurrents, par rapport aux meilleures pratiques, etc.* »

En matière de risque et de culture du risque, « *je voudrais insister sur le fait que certaines attitudes et comportements simples de prévention ne coûtent pas cher. Limiter quelques risques courants n'est pas onéreux, il suffit de les identifier.* » « *Il est simple de couper le courant en partant* » et ce réflexe peut inspirer en partie la culture du risque.

« *Je suis réfractaire au fait d'admettre que le comportement vis-à-vis du risque serait daté ou sexué, etc. Dans ce dernier cas, je pense cependant, que les femmes ont certainement une autre approche du risque qui peut enrichir la culture et la réflexion.* » Par ailleurs, « *je reconnais très volontiers qu'il existe dans certains groupes – et je le vis – une « vraie culture du risque industriel* » ». Cette culture dépasse même l'entreprise pour faire évoluer le secteur et l'environnement de celui-ci. Il existe certainement d'autres différences, par exemple, entre le management anglo-saxon et une approche « plus latine » du management du risque. Quant à savoir si un individu ou un groupe est plus apte à manager le risque, je pense « *qu'il doit y avoir un décideur* » et « *il faut quelqu'un qui mette en garde* ».

▷ En *risk management*, « s'il l'on ne s'occupe que d'assurance, on ne cherche que là où il y a de la lumière ».

En *risk management* « *si l'on ne s'occupe que d'assurance, on ne cherche que là où il y a de la lumière* ». On doit donc dépasser la simple logique de l'assurance et ne pas partir des solutions mais s'intéresser aussi aux problèmes où il n'y a apparemment pas de réponse. Le « *risk management a, avant tout, un rôle pédagogique* » de questionnement et de sensibilisation. « *Les réponses sont souvent à l'extérieur, il faut savoir chercher partout.* » Même les risques listés et connus doivent être régulièrement revisités comme des risques encore à découvrir car « *ce qui peut changer, ce sont les conséquences* ».

Il faut revenir sur le fait que le *risk management* doit se focaliser sur ce qui est rare et grave. Pour ce qui est fréquent mais pas grave, l'action n'est pas gouvernée par le caractère variable mais par le fait que le problème est répétitif. Il s'agit alors d'un problème de gestion.

Sur ce qu'il faut enseigner, je pense qu'il faut bien faire comprendre que notre métier est fonctionnel et qu'en conséquence, « *on a le devoir d'être concret* ». Il faudrait mettre en avant la communication, car « *nous sommes des multicartes, nous parlons au DRH, au directeur financier, etc.* », apprendre à « *ne pas être prisonnier de représentations* », car, « *tant qu'un paradigme n'est pas invalidé, le risque peut être dissimulé* ». Il faudrait également

« *sensibiliser les étudiants aux nouveaux risques* », comme par exemple, celui de l'externalisation et surtout celui du fournisseur unique dans le cas d'un partenariat dans un projet d'ampleur qui requiert des investissements importants. Le fournisseur unique devient un passage obligé qui comporte des risques. Autre exemple, les flux tendus, qui constituent un facteur de risque par perte d'un certain nombre de redondances.

En ce qui concerne l'école du Management du risque, il serait hasardeux de recruter une personne qui aurait, à titre individuel, une forme trop aiguë d'aversion au risque. Bien faire comprendre « *qu'il n'y a pas à être pour ou contre le risque* », mais que le management du risque consiste à « *prendre des risques proportionnés à ce que l'organisation peut supporter* ». L'enseignement devrait porter de façon équilibrée sur les techniques de base de la gestion du risque et sur une vue d'ensemble de l'entreprise. La nature des problèmes abordés et la fréquentation permanente du risque porteront à rechercher des « *candidats optimistes* ».

Le risque du stratège

L'ouvrage n'aurait évidemment pas été complet sans une prise en compte du risque du point de vue du management stratégique et du point de vue du stratège qu'est nécessairement tout dirigeant ou haut responsable d'une entreprise.

Dans une première partie, Michel Berger, consultant en management stratégique et vice-président de l'Apflane, traite du risque pour le stratège. Il rappelle que « *les pratiques stratégiques des entreprises sont variées, et que dans ce domaine comme dans d'autres, il n'y a pas de modèle universel ni de pensée unique* ». Partant de ce constat, Michel Berger décrit sept natures de risques pris par le décideur stratège.

Dans le prolongement du travail conceptuel de Michel Berger, Jacques Lesourne, en tant que chercheur, a abordé lors d'une réunion Afplane, la relation entre le stratège et le risque. Il recense huit risques principaux auxquels est confronté le stratège dont, notamment, le risque technologique, le risque de se tromper sur l'évolution du marché ou encore le risque des fausses complémentarités dans le cadre de fusions ou d'acquisitions. Cette deuxième partie est complétée par le témoignage de Muriel Fontugne sur le vécu des entreprises du point de vue du *Risk management* et par celui de Cédric Orban sur la prise de décision stratégique chez Usinor et l'identification des risques et les moyens mis en œuvre pour les contrer et les réduire.

La question des risques stratégiques renvoie à celle tout aussi délicate de l'articulation entre prospective, stratégie et veille. Dans une troisième partie, lors d'une réunion Afplane, Jacques Arcade présente des concepts et des bases de raisonnement issus de la pratique prospective pour éclairer les problématiques de la gestion des risques en s'intéressant aux risques stratégiques générés par l'articulation prospective-stratégie. Il traite notamment des défauts d'anticipation, des usages stratégiques des anticipations, et du besoin pour l'entreprise d'agrandir ses marges de manœuvre. Pascal Perin fait écho aux propos de Jacques Arcade au travers d'expériences vécues dans le secteur des Télécommunications en général et chez France Télécom en particulier.

LES RISQUES PRIS PAR LE STRATÈGE[1]

Les risques pris par le dirigeant dans ses décisions ou ses choix à caractère stratégique comprennent aussi les risques spécifiques dus au processus de décision qu'il pratique, consciemment ou non, et aux pratiques stratégiques de l'entreprise qu'il manage. Ces risques s'ajoutent et se combinent aux menaces et aux risques d'activité liés aux marchés, aux confrontations concurrentielles, aux jeux des acteurs, aux ruptures technologiques, aux phénomènes économiques et financiers, aux conflits humains et sociaux, etc., qui sont qualifiés ordinairement d'opportunités-menaces dans l'analyse stratégique.

Les pratiques stratégiques des entreprises sont variées, et dans ce domaine comme dans d'autres, il n'y a pas de modèle universel ni de pensée unique. Le développement qui suit, sans prétention d'exhaustivité, s'appuie sur des principes de base, postulats de bon sens découlant de l'expérience, et décrit sept natures de risques pris par le décideur stratège.

Les choix stratégiques principaux

> ▷ **Une bonne stratégie est celle qui permet d'atteindre au moment *ad hoc* les buts que l'on s'est fixés.**

Si on retient la définition du processus stratégique comme un processus de décision déterminant les voies et les moyens pour atteindre les buts et objectifs généraux, on peut dire qu'une bonne stratégie est celle qui permet d'atteindre au moment *ad hoc*, les buts que l'on s'est fixés. Les risques du stratège sont d'abord dans la définition de ce que doit être la mission de l'entreprise et dans la perception qu'a le décideur des finalités et buts poursuivis par l'entreprise. On n'insistera jamais assez sur l'importance essentielle de se référer à des finalités clairement exprimées par rapport aux partenaires significatifs de l'entreprise (actionnaires investisseurs, managers, salariés, clients, fournisseurs, pouvoirs publics...), à condition d'assumer les contradictions que les interactions entre ces finalités révèlent.

Le dirigeant doit se mettre en mesure d'apprécier la pertinence et l'actualisation de son champ d'initiatives stratégiques. Chacun agit en fonction de la représentation qu'il se fait *a priori* de son champ d'initiatives, de ses possibles et de ses impossibles et de la vision qui concrétise sa perception des buts. De plus, et par analogie avec l'art militaire, le stratège « risque de se tromper » de champ de bataille du fait d'une erreur de discernement dans les critères de segmentation stratégique et dans la définition des champs d'activité couverts par les DAS (domaines d'activité stratégique). Une segmentation non pertinente amènerait à engager des efforts avec une efficacité performance/coûts dispersante et affaiblie, par rapport aux buts de la stratégie.

---

1. Partie rédigée par Michel Berger

Toujours au niveau du concept de stratégie, un risque basique est la non-optimisation de l'allocation des moyens et ressources sur tel ou tel projet..., ou bien le fait que ces ressources ne soient pas disponibles au moment adéquat. Il ne suffit pas d'agir dans un champ d'activité pertinent, le résultat s'obtient aussi par une approche systémique de la combinaison des leviers d'action prévus pour atteindre les buts, et ce, en dépit des découpages organisationnels (artificiels) en place dans l'entreprise. Le management et l'organisation doivent ajuster les champs de pouvoir et les flux d'information aux périmètres des DAS et/ou des segments stratégiques.

L'analyse de l'organisation

Un postulat de plus en plus évoqué dans les entreprises est qu'il est probablement plus efficace de rendre agile et réactif le système « organisation-management » qu'on pilote, plutôt que de « courir après son ombre » en voulant trop réduire la complexité et l'incertitude dues aux facteurs et aux acteurs externes à l'entreprise, sur lesquels on a de fait peu de prise. Il est illusoire de vouloir tout prévoir à l'avance et réduire totalement les incertitudes pour anticiper les configurations d'organisation idéales et il est peut-être plus facile de mettre en place des processus de décision et de management qui permettront de réagir en tout état de cause. Le choix et la formation des responsables contribuent à prévenir ces risques.

> ▶ **Une autre nature de risque pour le décideur est de surestimer la capacité d'adaptation et de réactivité de l'organisation, et donc d'affaiblir la faisabilité opérationnelle de la stratégie envisagée.**

Une autre nature de risque pour le décideur est alors de surestimer (plus rarement de sous-estimer) la capacité d'adaptation et de réactivité de l'organisation, et donc d'affaiblir la faisabilité opérationnelle de la stratégie envisagée. L'éloignement du terrain rend myope et un certain niveau de concertation intelligente préalable (*up-down* et *bottom-up*) peut y remédier. L'organisation des processus de communication interne peut assurer ce risque en acceptant et en favorisant de façon non exclusive les relations hiérarchiques.

Le facteur temps

Le facteur temps est lui-même un facteur critique dans le processus stratégique, qu'il s'agisse du moment ou bien de la date d'un événement, d'une durée, d'un délai, ou bien des intensités de vitesse, d'accélération. Une appréciation défaillante de ce facteur temps est à l'origine d'échecs de choix stratégiques pourtant qualitativement pertinents. Le risque est amplifié par les différentes perceptions du temps en interne (selon les fonctions, les projets, les divisions, etc.) et en externe avec les différents tiers et partenaires (les fournisseurs, les clients, les pouvoirs publics, etc.).

Un des risques observés est aussi de privilégier excessivement le court terme, comme « l'arbre qui cache la forêt », sous la pression du bruit des phénomènes hypermédiatisés ou sous l'influence de collaborateurs ayant un champ de vision partiel et dont les préoccupations normales sont dans l'immédiat. L'influence des actionnaires et des médias boursiers exerce en permanence une grande pression favorable à ce risque de « court-termisation ». Un stratège doit s'entraîner à conjuguer court et long terme en fonction des finalités de l'entreprise et des objectifs généraux du conseil d'administration ; encore faut-il que leur expression soit claire et connue. Le stratège doit aussi comprendre que l'horizon temps du risque de sa décision est celui de la possibilité de réajustement de la stratégie.

La prise de décision

Toujours au niveau des principes basiques, on sait par expérience que la qualité d'une décision est très dépendante des raisonnements qui construisent le processus de décision et des informations ou renseignements qui nourrissent ce processus. Les risques viennent alors de l'utilisation de modèles ou de logiques de décision qui ne sont plus pertinents (parce que dépassés, excessivement macroscopiques, trop réducteurs, partiels et non systémiques, non applicables dans la décision à prendre...) et de systèmes d'information (veille, bases de données...) non fiables, non actualisés, non ajustés.

Si l'analyse stratégique dispose d'un important arsenal de méthodologies et d'outils éprouvés, il est vital de savoir discerner ceux qui sont appropriés à la décision envisagée, puis de valider les modèles et les informations envisagés ce qui suppose un certain degré d'expérience et ce qui implique que le management s'exerce dans le contexte d'une culture stratégique affirmée. Il faut en particulier affiner les méthodes de calcul des coûts et des marges spécifiques à chaque objet de décision ou de choix (DAS, segment...) et surtout maîtriser la connaissance intime des mécanismes de formation des résultats, en relation avec les variables d'action et en fonction du temps. Les évaluations de rentabilité prévisionnelle donnent généralement lieu à des débats tendus entre les acteurs concernés.

Dans les quantifications nécessaires au fonctionnement des modèles, il ne faut pas sous-estimer l'importance des patrimoines et des productions intangibles et immatériels, ce qui suppose un certain entraînement à la quantification du qualitatif.

L'anticipation

On constate aussi le risque de non-évaluation... des risques émanant des décisions possibles, et surtout les risques des erreurs d'anticipation. Un choix stratégique est élaboré en principe pour s'appliquer au futur, et l'utilisation mécanicienne ou fataliste de modèles de prévision, excessivement influencés par le passé, est souvent à l'origine de décisions décalées. Ce risque d'une anticipation défaillante ne se vérifie qu'ensuite, quand il est trop tard ; le principe de précaution doit s'appliquer dans un contexte d'incertitudes où les jeux d'acteurs sont plutôt libres.

La pratique de méthodes prospectives – « une ardente obligation » – selon Jean Massé, Commissaire au Plan, l'utilisation d'hypothèses et de scénarios, ou encore la mise en évidence de stratégies alternatives obligent le décideur à une gymnastique mentale de remises en cause et de confrontations successives, qui doit réduire finalement le niveau de risque. Le stratège doit mentalement faire un effort pour se prémunir de l'euphorie naturelle spontanée qui gagne les esprits dans les réflexions prévisionnelles et qui fait transformer trop facilement les hypothèses en certitudes.

La mise en œuvre

Les dirigeants savent très bien qu'en pratique les difficultés du processus de management stratégique se situent principalement dans la mise en œuvre opérationnelle de la stratégie décidée, plus que dans la conception intellectuelle et que dans les réflexions qui précèdent la décision. Ce risque conduit à des fréquents écarts entre ce qui se fait et ce qu'on a pensé qu'il fallait faire : ce n'est pas un risque intellectuel. Le passage à l'action stratégique se révèle complexe et implique généralement un grand nombre d'acteurs qui interagissent : cette dynamique combinatoire génère des risques, parmi lesquels on peut citer, sans prétention d'exhaustivité :

– Un non-alignement des objectifs dérivés, individuels et collectifs, des différents niveaux de la structure de l'organisation, avec la stratégie générale de l'entreprise. La défaillance la plus visible est dans l'articulation liant le budget annuel et le plan à moyen terme ou le plan stratégique. Une plus grande formalisation, mais non excessive, des *outputs* du processus stratégique, une planification glissante, une souplesse des découpages organisationnels... contribuent à minimiser ces risques. Rappelons qu'une coordination ne peut être efficace que si elle est spontanée dans la durée et si un minimum d'organisation s'impose.
– Un manque de cohérence et un manque de convergence relatifs entre structure, management, stratégie et culture est souvent à l'origine de dysfonctionnements. Il y a perméabilité réciproque entre ces 4 éléments.
– Un défaut de vision systémique des actions de communication interne et externe : la communication (sous toutes ses formes) se révèle en effet un levier majeur de la mise en œuvre d'une stratégie, car elle est utile et nécessaire pour obtenir des acteurs qu'ils agissent dans un sens favorable aux applications voulues ; elle complète les effets de la puissance et de la dépendance pour obtenir les comportements attendus. Cette communication, adaptée par définition à chaque acteur concerné, n'est pas qu'informationnelle. On doit alors veiller à une grande cohérence en se préservant,

en tant que de besoin, des risques de confidentialité. Ce programme de communications sélectives s'appuie sur l'analyse stratégique préalable (les jeux d'acteurs en particulier) et sur les concertations qui ont alimenté le processus stratégique. Le dirigeant stratège doit s'assurer du contrôle politique permanent de ces actions de communication.

– Les erreurs humaines dans l'exécution des tâches prévues, surtout quand elles coexistent avec les faiblesses des dispositifs de mesure de performances ou de contrôle. Ces dispositifs doivent être conçus, entre autres, pour apprécier les tolérances admissibles des dérives. Les erreurs banales de gestion, qu'on peut rarement éliminer *a priori* (mais qu'il faut gérer en temps réel ou au pire corriger en évitant de les répéter), sont aussi à l'origine de dérives constatées.

L'ingénierie du processus stratégique

> Le processus stratégique, permanent, itératif et transverse, doit s'appuyer sur des concertations appropriées, même si le stratège décideur fonctionne « seul ».

Évoquons enfin les risques dus à l'ingénierie du processus stratégique. Ces modalités de management et d'organisation du processus d'analyses, de synthèses, de décisions, de conduite de l'action, influencent presque mécaniquement les performances obtenues, surtout dans des organisations décentralisées de grande dimension.

Le processus stratégique, permanent, itératif et transverse, doit s'appuyer sur des concertations appropriées, même si le stratège décideur fonctionne « seul » dans certaines circonstances. Dans toute organisation décentralisée, la concertation n'est efficace qu'entre des responsables convenablement formés, informés et surtout mobilisés. Les excès de cloisonnement organisationnel, les jeux de pouvoir, les rumeurs ou désinformations,... sont souvent des obstacles au bon fonctionnement du processus stratégique.

Là, comme dans d'autres domaines, des procédures appliquées intelligemment sont un moyen de réduire les risques. Sans tomber dans les excès de la planification administrative rigide, il est probable que les entreprises qui ont maintenu des pratiques de planification « éclairée » sont celles qui génèrent le moins de surprises dans leurs promesses de performances.

En conclusion, le risque du stratège doit être pris au sérieux. Non assurable, ce risque peut être réduit, sans disparaître totalement, par des modes de pensée et des comportements managériaux améliorés et aussi par l'emploi de procédures et d'outils relevant de la culture stratégique et de la préparation des décisions. S'il n'y a pas de recette miracle, les pratiques combinées de perfectionnement et d'entraînement en veille ou en intelligence économique, en réflexion prospective, en *risk management*, en benchmarking... et surtout en analyse stratégique s'imposent sans restriction au dirigeant pour choisir et mettre en œuvre avec succès les voies et les moyens de réaliser sa vision stratégique.

LE STRATÈGE ET LE RISQUE[1]

Dans le prolongement de l'analyse effectuée par Michel Berger, Jacques Lesourne recense et examine les huit principaux risques du stratège, Muriel Fontugne développe les points de contact entre *risk management* et stratégie et Cédric Orban présente la prise de décision stratégique chez Usinor, les méthodes d'identification des risques et les moyens mis en œuvre pour les contrer et les réduire.

Les huit principaux risques du stratège

Quel est le risque fondamental pour le stratège ? Selon Jacques Lesourne, bien qu'elle soit réductrice, il convient d'adhérer à la représentation classique du stratège comme « *personnage, tantôt réel tantôt mythique, chargé de proposer une stratégie au président* ». En ce qui concerne la stratégie, « *c'est chercher à modifier l'environnement d'une entreprise si possible de manière irréversible ou empêcher qu'il y ait une modification irréversible de l'environnement au détriment de l'entreprise* ». Sur la base de ces définitions, il y a un risque fondamental pour le stratège : le mauvais conseil. Pratiquement, soit on conseille quelque chose qui se révèle défavorable, soit on ne conseille pas quelque chose qui eût été favorable. Au-delà de ce risque fondamental, Jacques Lesourne recense et examine les huit principaux risques du stratège.

Le risque technologique

Ce risque correspond au fait « *de n'avoir pas vu si des développements technologiques sont susceptibles de modifier le cœur de métier d'une entreprise et de privilégier ainsi l'essor d'entreprises concurrentes* ». Il est important de noter qu'en règle générale le risque technologique est prévisible mais il faut beaucoup de temps pour le surmonter. On peut se tromper fortement sur la vitesse et sur l'ampleur du risque (à la fin du XIXᵉ siècle, l'aveuglement de l'État français qui privilégie la marine à voile au détriment de la marine à vapeur ; Kodak et l'essor des technologies numériques qui remettent en cause ses compétences en chimie).

Le risque de se tromper sur l'évolution du marché

> « Il faut faire attention aux problèmes des marchés de niche qui deviennent de masse. »

Il est possible de citer plusieurs phénomènes. « *Il faut faire attention aux problèmes des marchés de niche qui deviennent de masse.* » À l'ère industrielle, le cas classique est celui de certaines entreprises qui, face à l'apparition de techniques de production de masse, ont cru se protéger en se

---

1. Intervention de Jacques Lesourne, Muriel Fontugne et Cédric Orban lors de la réunion Afplane du 2 mai 2001.

spécialisant sur une clientèle haut de gamme. Or la production de masse n'a pas que la baisse des coûts comme avantage : elle peut engendrer également une augmentation de la qualité. Ce qui a comme conséquence de faciliter la mise hors circuit de ces entreprises spécialisées.

Ensuite, « *il faut faire attention à la vitesse : beaucoup d'erreurs stratégiques sont dues à la vitesse en sous ou surestimant la durée. Les exponentielles de croissance sont pernicieuses pour les stratèges car elles ne durent jamais jusqu'à l'infini compte tenu de la vitesse de leur croissance et qu'à certaines périodes plus les croissances sont fortes plus il y a des chances qu'il y ait des retournements dans le taux de croissance.* » L'expérience de la nouvelle économie est à cet égard intéressante. Les « *nouvelles règles de management* », acceptant notamment l'absence de rentabilité immédiate dans l'optique d'un leadership futur, n'ont pas duré longtemps. « *Il y aura certes de brillants survivants mais aussi un cimetière de cadavres. Relier à la notion d'exponentielle, projeter à 5-6 ans des taux de croissance supérieurs à 20-30 % par an, revient à obtenir des chiffres faramineux et il faut sérieusement s'interroger sur la crédibilité de ces chiffres.* »

Enfin, il est important de ne pas se tromper de nature de technologie. Dans l'exemple du commerce électronique, la technologie dépasse largement le cadre des logiciels et concerne la manière d'atteindre et connaître la clientèle, encaisser la facture, gérer la logistique de livraison, etc. « *Ces technologies, qui ne sont pas évidentes, nécessitent un temps relativement long pour qu'elles soient maîtrisées par les entreprises et assimilées par la clientèle.* » Les entreprises qui bénéficient déjà d'une expérience de ces technologies pourront sans doute profiter de cet avantage concurrentiel mais les plans trop optimistes risquent d'entraîner des déconvenues sérieuses : « *attention aux entreprises qui, pour être rentables, doivent être leader mondial* ».

Le risque des fausses complémentarités

« *De la fausse complémentarité à la brocante, il n'y a qu'un pas !* » Ce risque s'explique notamment lors des opérations de rapprochement, qu'il s'agisse de fusion, d'acquisition, ou d'alliances. Il est d'autant plus important que le phénomène de concentration actuel concerne de nombreux secteurs et va même au-delà en redéfinissant les champs sectoriels (exemple : informatique-média-divertissement). « *Il existe des complémentarités qui sont vraies et d'autres qui sont trop faibles pour justifier certaines opérations et ces fausses complémentarités peuvent expliquer en partie certains échecs.* »

Jacques Lesourne rappelle que les complémentarités existent souvent sur le plan commercial, sur le plan de la recherche et un peu moins sur le plan financier. Il est important de juger de la réalité de ces complémentarités pour éviter des erreurs stratégiques (ex. : Invensis qui a racheté un grand nombre d'entreprises pour devenir un acteur mondial du marché de l'automatisme et dont la valeur boursière a chuté fortement).

Le risque d'incompatibilité des cultures d'entreprise

Ce risque est clairement difficile à juger pour le stratège. Jacques Lesourne traite d'abord des fausses incompatibilités culturelles. « A priori, *on peut avoir l'impression que certaines cultures peuvent êtres incompatibles. Certaines entreprises résistent à des OPA et on peut croire que c'est pour des raisons culturelles. A posteriori, on peut s'apercevoir parfois que c'était en raison de l'augmentation de leur prime de départ que les dirigeants ont maintenu le mythe ou le mirage de l'incompatibilité culturelle.* »

Mais il y a bien évidemment des cas de réelle incompatibilité (ex. : l'entreprise à la culture recherche/innovation et l'entreprise à la culture exploitation commerciale et/ou production auront probablement des hiérarchies de métiers radicalement différentes) et « *une problématique du stratège est d'évaluer les chances que ces cultures deviennent compatibles et que les équipes de direction ne quittent pas leur entreprise le lendemain de la fusion* ».

Pratiquement, la question importante à se poser est : quel choix stratégique prend-on après le rapprochement entre la méthode douce et la méthode forte ? Soit on redessine l'organigramme et restructure au lendemain de l'opération (ex. : ABB) soit on temporise pour recréer une culture commune. « *Il n'est pas toujours facile pour le stratège de choisir parmi le continuum de solutions entre ces deux voies extrêmes.* »

Le risque culturel lié au risque-pays

▷ **Il faut insister également sur le problème qu'ont les entreprises à s'adapter à la culture des entreprises d'un autre pays et qui se révèle tout aussi ardu à gérer.**

Les risques-pays sont connus et importants. Mais il faut insister également sur le problème qu'ont les entreprises à s'adapter à la culture des entreprises d'un autre pays et qui se révèle tout aussi ardu à gérer (ex. : les entreprises françaises ont longtemps connu beaucoup de difficultés pour vivre en Allemagne).

Le risque de la sous-estimation du mouvement des autres acteurs

Jacques Lesourne témoigne d'analyses stratégiques des jeux d'acteurs souvent insuffisantes car elles insistent sur les acteurs clés et omettent les groupes moyens souvent porteurs de changement et capables de développement. L'expérience montre ainsi qu'il y a toujours des acteurs oubliés. À ce sujet, la prospective permet d'établir des scénarios intégrant ces acteurs.

Le risque de « la mode »

« *Le milieu des affaires est un milieu de modes. Ces modes ne sont pas forcément "creuses" : chaque mode ajoute quelque chose à ce qu'on savait avant même si parfois elle fait oublier ce qu'on savait avant.* » Jacques Lesourne insiste notamment sur la mode de l'effet de taille : « *il est très gratifiant pour un dirigeant d'être dans une entreprise dont la taille et les effectifs augmentent. La croissance offre en plus des perspectives de carrière plus importantes* » et estime qu'on a tendance à surestimer l'effet de taille. Or la taille, aujourd'hui, ce n'est plus uniquement la taille de l'usine. « *Au-delà d'un certain nombre de personnes c'est contre-productif. Quand le directeur ne connaît pas tout le monde, les risques sociaux commencent à naître et il n'est pas très bon que des unités de production aient des effectifs trop larges.* » Le problème de taille peut aussi se produire pour les marques.

En revanche, la taille a des avantages pour la recherche et développement « *à condition que celle-ci ne soit pas bureaucratisée* ». L'autre intérêt de la taille est financier : « *manger des gros poissons est plus dur* ». Mais, cet avantage n'est réel que s'il y a une cohérence « naturelle » à cette taille et une véritable homogénéité. « *Si une entreprise "branchée" sur la taille devient trop hétérogène, les analystes financiers auront envie de la « découper » et tirer profit en la vendant par appartements.* » La taille protège contre les OPA si deux choses sont assurées : le maintien de la rentabilité d'autant que « *dans la fusion on surpaye généralement l'entreprise achetée et il faut s'assurer d'une synergie qui va compenser le supplément de coûts* » et une certaine logique de développement tel que les analystes – surtout ceux qui influencent la Bourse – « valorisent » cette fusion. Le stratège doit se prémunir ou rester vigilent face aux tendances ou modes dominantes.

Les risques institutionnels

Les risques institutionnels sont des risques qui ne sont pas directement de la vie des affaires auxquels sont confrontés les stratèges (exemple : EDF dans Montedison contré par un décret du gouvernement italien ; les risques de certaines opérations stratégiques vis-à-vis de la commission de Bruxelles). La question à se poser est la suivante : existe-t-il des risques institutionnels dans l'espace Union européenne-Amérique du Nord ?

Jacques Lesourne conclut son intervention sur le fait que cette liste de risques exige une stratégie : « *le risque majeur du stratège c'est que son entreprise n'adopte aucune stratégie* ». Par stratégie, Jacques Lesourne entend « *prendre des décisions adaptées aux circonstances mais avec une certaine idée de ce que l'on cherche à faire dans le moyen et long terme* ». La prospective joue un rôle à différents moments dont, notamment, la veille technologique, l'évaluation du taux de croissance des marchés, et l'estimation des jeux d'acteurs.

Risk management et stratégie

Muriel Fontugne livre un témoignage sur le vécu des entreprises du point de vue du *risk management* et développe notamment les points de contact entre *risk management* et stratégie. La gestion de risque se définit comme l'évaluation la plus précise possible du couple rentabilité/risque d'une activité ou d'une entreprise et la mise en place de l'organisation et de l'infrastructure nécessaire pour obtenir ou maintenir ce ratio rentabilité/risque. Le *risk management* couvre les différentes activités et s'adresse aux acteurs internes mais aussi aux différentes parties prenantes de l'entreprise. Le *risk management* intervient de manière prospective à court et moyen terme et de manière préventive ou curative dans le présent. Il vise à identifier et anticiper les événements, actions ou inactions susceptibles d'impacter la mise en œuvre de la stratégie dans un horizon donné, à définir les options de traitement et s'assurer qu'une option optimale est choisie. Il faut aussi s'assurer de la mise en œuvre de cette option et contrôler l'efficacité de la solution retenue par rapport aux attentes.

Les options de traitement en matière de gestion de risques visent à augmenter, maintenir ou diminuer la prise de risques. Pour se faire, deux types d'approche existent. On peut soit transformer l'organisation, changer les comportements, mettre en place des procédures pour faciliter la prise de conscience, etc., soit transférer les risques à des tiers plus aptes par leur technicité, qualité, ou surface financière, à gérer les risques et tirer un profit au niveau sociétal.

L'approche dépend des objectifs fixés : soit il existe une volonté d'identifier les risques majeurs pour valider une stratégie ou s'assurer de sa mise en œuvre soit il y a un besoin d'une vision plus minutieuse pour s'assurer de l'efficience opérationnelle. Dans le premier cas, il faut procéder par étapes :

- quel est le modèle économique de l'entreprise et quel est son environnement ?
- quel est son horizon temporel ?
- quelles sont les unités de mesure : temps d'impact et probabilité de survenance d'événement/action/inaction ?
- quel est l'univers de risque pertinent permettant d'établir un référentiel de base pour les interviews des acteurs de l'entreprise et l'identification des risques ?

Il s'agit ensuite d'élaborer des scénarios qui permettent d'analyser des situation de cumul, de corrélation, de compensation, ou de cas extrêmes. Des modèles mathématiques peuvent être utilisés. Pour élaborer ces scénarios, il faut s'intéresser au passé de l'industrie et du pays, à des tendances et aux différents environnements économique, sociologique, judiciaire, etc. À cet égard, l'intérêt majeur des prospectivistes repose dans leur capacité à élaborer des scénarios moins consensuels et plus originaux en terme d'évolution du futur.

Muriel Fontugne prend l'exemple de l'UMTS : « *Si l'UMTS est considérée par les spécialistes comme la norme du futur pour la transmission de données, si on suppose que cette hypothèse est bonne et si on ne juge pas de la durée de validité de cette norme, comment les Risk managers peuvent-ils intervenir dans l'entreprise ?* »

Les conseils en *risk management* ont l'habitude de caractériser les risques de nature stratégique, opérationnelle, financière, etc. Les questions à se poser sont les suivantes : est-ce que les risques principaux sont identifiés et traités ? Si non, pourquoi ? En matière de risques stratégiques, quelle sera la concurrence entre les moyens de réception des données (téléphone mobile, assistants personnels, bornes d'accès) ? Est-ce que la marque est suffisamment forte pour attirer les clients ou tellement forte que le moindre incident risque d'être préjudiciable en terme de perte de parts de marché ? Comment seront gérés les partenariats ? Quelle est la capacité à se procurer du contenu et quel est le contenu qui va inciter les clients à acheter ou s'équiper ?

Au niveau des risques opérationnels, est-il possible de recruter des experts techniques ? Quel est le niveau de performance des fournisseurs (quantité et qualité des équipements disponibles) ? Quelle incidence aurait un retard de mise sur le marché et quel serait l'impact d'un concurrent qui prendrait une position de leader ? Quels sont les risques en cas de litiges ? Quels risques pour la santé publique (antennes, terminaux, etc.) ? Quels impacts auraient les pressions des environnementalistes ? Quelles seront les difficultés pour trouver les financements permettant d'acheter des licences, mettre à jour les réseaux ou réaliser la maintenance ? Comment contrôler les coûts et simuler les effets de décisions tarifaires ?

▷ **Risk management, stratégie et prospective ont de nombreux champs de recoupement.**

Muriel Fontugne conclut son intervention sur l'idée que « risk management, *stratégie et prospective ont de nombreux champs de recoupement tant sur les méthodes que sur la nécessité d'identifier des risques majeurs et construire des scénarios* ».

L'exemple d'Usinor

Cédric Orban présente la prise de décision stratégique chez Usinor[1], les méthodes d'identification des risques et les moyens mis en œuvre pour les contrer et les réduire. La démarche stratégique est assumée par la direction générale (DG) et les 22 Unités opérationnelles (UO) dans un esprit de décentralisation et selon un processus itératif. Les responsabilités stratégiques de

---

1. En 2000 Usinor représente 15,7 milliards d'euros de CA et 760 millions d'euros de résultat net. Usinor est leader européen sur les segments de marché privilégiés, a des implantations en Europe, Amérique du Nord, Amérique du Sud et Asie. Usinor compte 65 000 personnes et est organisée en 22 Unités opérationnelles. Usinor affiche clairement la volonté de prise de leadership mondial avec un objectif de RCE de 10 à 12 %.

la DG sont les suivantes : définir les missions du Groupe et ses objectifs stratégiques ; gérer le portefeuille d'activités et l'allocation de ressources ; s'assurer de la pertinence des stratégies des UO ; susciter ou rechercher des alliances ou des développements de partenariats et identifier les implications des ruptures de l'environnement sur le Groupe.

Les responsabilités stratégiques des UO sont de proposer des axes stratégiques dans le cadre défini par la DG et de décliner ces axes en objectifs et moyens. Le cycle de management stratégique est donc itératif (figure 1) et s'articule en deux étapes successives : les plans stratégiques à 5 ans et les projections chiffrées à 3 ans et le budget annuel.

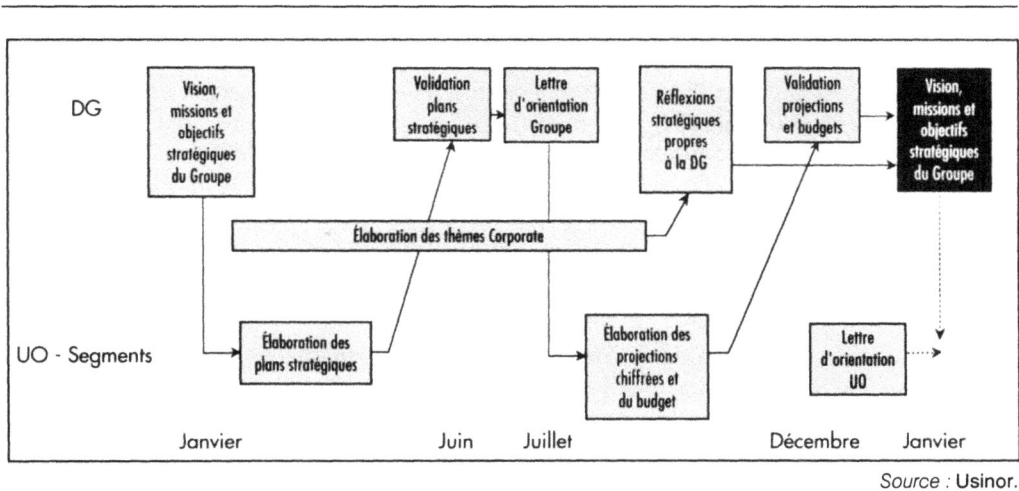

Source : Usinor.

Figure 1. Le cycle de management stratégique chez Usinor

Quels sont les rôles des acteurs principaux ?

Si la DG pilote le Groupe en analysant et décidant des axes stratégiques, les responsables des UO proposent les axes stratégiques et mettent en œuvre les stratégies retenues. Le directeur de la stratégie pilote la démarche globale, assiste la DG dans ses réflexions *Corporate*, identifie les arbitrages/synergies entre les UO et les segments et propose une méthode de prise en charge.

Comment réduire les risques ?

« *Bien gérer les risques, c'est d'abord avoir un bon processus* ! » Au-delà du processus mis en place, Cédric Orban rappelle l'importance de la compétence de l'équipe élargie (département Stratégie plus les 22 stratèges des UO) et du nombre élevé d'acteurs à impliquer (exemple : 500 à 1 000 personnes

impliquées au minimum à 5-10 jours temps plein dans la réflexion et conception de la stratégie des UO). Il s'agit également de bien gérer les idées (notamment de rupture) et les initiatives individuelles notamment dans les
implications auprès des investisseurs (2-3 personnes à temps plein). L'implication de la DG (25 % du temps sur les questions purement stratégiques) est
elle aussi essentielle. Concrètement, avant de lancer une étude stratégique,
un cahier des charges est défini par l'instance qui décidera des conclusions
de l'étude.

- En terme de contenu, la Direction de la stratégie demande aux responsables
  des UO de présenter des alternatives au scénario de base (en construisant
  notamment un scénario de rupture), d'identifier les enjeux et formaliser les
  scénarios sous forme de *business plans*.
- En terme d'analyse stratégique, des diagnostics internes et externes sont
  réalisés. Des approches micro et macroéconomiques sont utilisées de
  manière complémentaire, pour effectuer des prévisions en terme d'évolution de marché. Par ailleurs, trois domaines de veille ont été définis. Des
  experts se réunissent régulièrement pour réfléchir sur différents points
  « *plus ou moins proches du core business* » : l'offre produits/services des
  concurrents (exemple : l'identification d'une rupture technologique potentielle), les ruptures technologiques des matériaux concurrents à l'acier ou
  encore l'alliance et les partenariats d'acteurs complémentaires qui peuvent
  être source d'avantage compétitif.

Dans le cadre de différents scénarios, les analyses sont faites dans le cadre
de la théorie des jeux (ex. : l'analyse du jeu d'alliance avec et entre les quatre
principaux acteurs du marché qui permet de comprendre les avantages et
inconvénients du plan d'action et l'angle d'attaque le plus pertinent).

Cédric Orban conclut sur l'importance, au niveau des plans d'actions, d'une
bonne utilisation des méthodes de calcul (ex. : la rentabilité d'un projet), des
marchés-test (ex. : la Pologne pour les marchés de l'Est), des options quant
aux modalités d'action permettant d'atteindre les objectifs fixés, et des outils
intégrés de gestion (ex. : la Balanced Scorecard).

ARTICULATION PROSPECTIVE, STRATÉGIE, VEILLE. VERS UNE NOUVELLE APPROCHE DU RISQUE STRATÉGIQUE[1]

Quels sont les risques associés à l'articulation prospective-stratégie ? Jacques
Arcade présente les différents types de risques liés aux défauts d'anticipation,
aux usage stratégiques de ces anticipations et aux manques de marge de

---

1. Intervention de Jacques Arcade et Pascal Perin lors de la réunion du 9 octobre 2001.

manœuvre qui peuvent en résulter. Pascal Perin fait écho aux propos de Jacques Arcade au travers des expériences vécues par France Télécom au sein du secteur des TMT (Technologies-Média-Télécommunications) et confirme le fait que la réflexion prospective s'articule de plus en plus étroitement avec la démarche stratégique.

Jacques Arcade présente des concepts et des bases de raisonnement issus de la pratique prospective pour éclairer les problématiques de la gestion des risques. Les risques stratégiques générés par l'articulation prospective-stratégie peuvent être liés :

- *aux défauts d'anticipation* : dans quelle mesure a-t-on les bons outils d'observation du futur ? Quels sont les risques encourus lorsque ces outils ne conviennent pas à la complexité de ce futur ?
- *aux usages stratégiques de ces anticipations* : au-delà de la qualité des anticipations, quels usages stratégiques en fait-on ? Que se passe-t-il après l'établissement de scénarios ? Comment éviter que « *la montagne prospective n'accouche d'une souris stratégique ?* »
- *aux manques de marges de manœuvre* : comment éviter d'être trop dépendant des contraintes auxquelles l'entreprise est soumise et comment se doter de marges de manœuvre pour y remédier ?

Risques liés aux défauts d'anticipation

En ce qui concerne les défauts d'anticipation, « *on a trop souvent tendance à faire un amalgame entre la dimension exploratoire de la prospective et la dimension stratégique* » ou plus concrètement entre les scénarios exploratoires et les scénarios normatifs. Dans le cas des scénarios exploratoires, il s'agit de « *baliser les contextes futurs* » (le fond de carte de la situation future) à partir de facteurs ou paramètres qui ne dépendent pas de notre capacité d'action. Les scénarios normatifs, pour leur part, portent « *sur les facteurs d'environnement qui dépendent de notre intervention et résultent de notre volonté* ». « *Faire l'amalgame pose un problème fondamental. Mais il ne s'agit pas pour autant de les considérer de manière isolée : il convient de distinguer et d'articuler ces deux types de scénarios.* »

Comment construire des scénarios exploratoires ? L'aspect exploratoire vise à anticiper les contextes et s'appuie sur une visualisation sous forme de scénarios ou « *d'images contrastées du futur* ». Cette visualisation repose sur des facteurs dont le degré d'incertitude est majeur. L'incertitude majeure se définit selon trois conditions : le facteur est incontournable, non maîtrisé et très incertain.

« *Pour construire des scénarios sur chacune de ces incertitudes, on va faire des conjectures, imaginer des situations hypothétiques permettant de se situer dans l'avenir [...], examiner le spectre des possibilités en réponse à chaque incertitude.* » Ces hypothèses vont être combinées entre elles, pour établir des profils d'hypothèses. « *Les scénarios correspondent donc en fait à des profils d'hypothèses sur des incertitudes majeures.* »

Le premier risque survient si on bâtit des scénarios sur des facteurs qui ne sont pas des incertitudes majeures. Soit les facteurs sont maîtrisés par l'entreprise et cela relève du domaine de la stratégie, soit il ne s'agit pas réellement d'incertitudes majeures et les facteurs retenus ne sont pas assez discriminants pour décrire l'avenir et cela donne des scénarios peu contrastés, voire relativement insipides, alors qu'« *un scénario doit être interpellant* ».

Élaboration de scénarios exploratoires

La méthodologie est la suivante. Il s'agit initialement de regrouper les incertitudes majeures qui ne sont pas forcément exhaustives (10-15 pour une étude prospective complexe) par thèmes, puis de construire, en utilisant l'analyse morphologique, des scénarios « thématiques » qui combinent les hypothèses traitant des incertitudes majeures associées au thème traité, pour au final agréger ces scénarios thématiques et obtenir des scénarios globaux. Par cette approche *bottom-up* en deux étapes de combinaisons successives, on se « *constitue des images du futur pertinentes par rapport à la question initiale, vraisemblables et cohérentes* ».

La présentation de ces scénarios se fera par contre de manière *top-down* en fonction du niveau de détail souhaité. « *La combinaison de ces scénarios correspond parfaitement à une lecture hypertextuelle de la réalité du futur : on peut par une cascade d'hypothèses, un peu comme un menu déroulant contextualisé, fouiller de façon contingente, circonstanciée tel ou tel élément de l'avenir.* »

Jacques Arcade rappelle à ce sujet que l'invention de l'hypertexte repose sur la possibilité de contrôler le foisonnement de la pensée et, permet de donner, de manière non linéaire, une « *vision buissonnante, contingente et fractale de la réalité* » correspondant bien aux situations complexes. Or, « *en faisant des scénarios simplistes, on n'a pas cette possibilité de rentrer dans le détail, au risque de ne pas voir l'essentiel de la réalité qui nous entoure, alors que le regard complexe est un passage obligé pour une compréhension opérante de la situation* ». Des scénarios « simples » peuvent être intéressants, mais ils seront par la suite difficilement actualisables et peu exploitables pour la décision stratégique.

Les scénarios exploratoires ne traduisent pas ce que sera notre futur, mais correspondent à des contours du futur vers lequel notre contexte actuel risque d'évoluer. Si on considère donc ces scénarios comme des « *attracteurs du futur* », on se trouve dans une approche de type chaos déterministe qui a comme conséquence de pouvoir mettre un scénario en perspective, sans pour autant préjuger ou prévoir son déroulement, ni son exact aboutissement. « *Il est donc illusoire de vouloir trop détailler les scénarios qui ne sont que des attracteurs* », d'autant que la position de l'entreprise n'est jamais bien connue dans le cadre de ces éventuels scénarios.

Par ailleurs, il est tout aussi illusoire de « *vouloir prévoir une trajectoire permettant de passer de la situation présente à la situation future* ». Si on essayait de prévoir des trajectoires, cela provoquerait « *une déperdition énorme des efforts consacrés à la veille* ». Le point clé de la veille sur les scénarios consiste à se demander à partir de quelle position initiale ou de quels événements majeurs l'entreprise sera plutôt « attirée » ou aura tendance à basculer vers tel scénario contextuel. Il convient donc, au travers de signaux faibles notamment, de « *repérer non pas la trajectoire ou les détails du scénario mais les bifurcations, les aiguillages qui mèneront à tel ou tel futur* ». Jacques Arcade insiste sur le fait que « *ne pas prendre ce point en compte, c'est détourner son attention de l'essentiel en terme d'anticipation pour la décision stratégique* ».

> Sans scénarios, on se trouve dans une approche incrémentale, de projection à partir du présent, dans un « cône des possibles peu innovants ».

Les scénarios servent de sources d'inspiration pour une action future. Sans scénarios, on se trouve dans une approche incrémentale, de projection à partir du présent, dans un « *cône des possibles peu innovants* ». Disposer de scénarios contrastés alerte sur des environnements encore inconnus et engendre réflexion et inspiration. Il faut toutefois prendre la précaution de rappeler l'existence d'actions en cours qui ont évidemment une incidence sur les actions futures.

Les scénarios servent aussi de critères à l'aune desquels on va évaluer la pertinence des actions actuelles et futures. Les scénarios sont des révélateurs des conséquences ou de l'adéquation des actions face à différents futurs. « *Même si certaines actions découlent d'un scénario particulier, l'erreur stratégique serait de ne confronter ces actions qu'avec ce seul scénario pour évaluer leur adéquation à l'environnement futur [...], ce qui engendrerait un risque de non-pertinence de ces actions au cas où ce scénario ne se réalise pas.* » Par ailleurs, « *l'environnement futur peut être classé en quatre types selon des niveaux d'incertitude croissante, de sorte que la posture stratégique ainsi que la démarche décisionnelle ne sont pas les mêmes en fonction de ces niveaux* ».

Dans un environnement de type *continu*, la prééminence des tendances l'emporte et il s'agit de décrire avec précision le scénario de cadrage, plutôt tendanciel. Dans un environnement de type *discontinu*, les ruptures sont possibles, et il s'agit d'établir des scénarios-attracteurs du futur, même si on ne peut pas dire raisonnablement quel scénario se réalisera (au mieux on a des scénarios contrastés vraisemblables et des probabilités d'occurrence) et quand auront lieu les ruptures. Dans un environnement de type *impondérable*, les scénarios ne sont pas des attracteurs possibles « *mais se trouvent au contour, à l'enveloppe des futurs possibles, de sorte que les futurs sont un mixage quelconque de ces scénarios* ». Il n'y a pas de probabilité d'occurrence sur l'un ou l'autre des scénarios établis. Les scénarios servent alors de balises d'un espace au sein duquel se situe une quasi-infinité de futurs possibles. Dans un environnement de type *indiscernable* (existence de bouleversements déconcertants), il est impossible de préfigurer l'avenir sous la forme de scénarios, car « *les facteurs d'incertitude eux-mêmes changent au cours du temps et la nature même des futurs se modifie* ». Il s'agit d'une situation qui se caractérise par ce que Mandelbrot qualifie de *wild randomness* ou d'incertitude presque totale. Selon Jaques Arcade, ce type d'environnement apparaît comme de plus en plus pertinent dans certains secteurs comme les télécoms.

> « Les facteurs d'incertitude eux-mêmes changent au cours du temps et la nature même des futurs se modifie. »

Postures stratégiques

Les postures stratégiques sont différentes en fonction des types d'environnement.

– Dans l'environnement *continu*, la posture stratégique consiste en un « *pari sur le scénario tendanciel* ». Ce pari est bien évidemment d'autant plus audacieux que ce scénario n'est pas fiable. Les actions stratégiques consistent en un faisceau d'actions déclinées en fonction du scénario (comme le préconise la planification stratégique classique).

– Dans un environnement *discontinu*, « *il faut chercher un compromis robuste au regard des différents scénarios* ». En terme de posture stratégique, prédire quel scénario se réalisera est un faux problème : au vu des futurs possibles, il s'agit de concevoir et d'évaluer les actions en prenant en compte la pluralité des scénarios. Dans cet environnement, « *il est important de déconnecter la réflexion prospective de la réflexion stratégique* » et d'éviter de tomber dans le piège qui consiste à choisir un scénario.

– Dans un environnement *impondérable*, il s'agit d'effectuer un verrouillage préventif face aux impondérables par une approche plutôt prudente au travers de méthodes empruntées à la théorie des jeux.

– Dans un environnement *indiscernable*, il faut passer à un niveau « *meta* », à un ordre de complexité supérieure et « *jouer des capacités d'apprentissage, des règles de conduite pour éviter les surprises* ». Il s'agit de développer de nouvelles compétences clés, permettant de déployer à bon escient des variantes possibles en fonction des environnements auxquels on sera brutalement confronté. Le tableau ci-dessous résume les points clés exposés précédemment.

Type d'environnement	Caractéristiques	Nature de la prévision	Posture stratégique
Continu	Prééminence des tendances	Décrire avec précision les tendances	Pari sur les scénarios tendanciels et planification stratégique
Discontinu	Ruptures possibles	Construire des scénarios contrastés et vraisemblables	Définir et évaluer l'action selon chaque scénario
Impondérable	Quasi-infinité de futurs possibles	Construire des scénarios « balises » ou repères	Prévention face aux impondérables et prudence (performance minimale)
Indiscernable	Champ mouvant de nature versatile des possibles	Pas de scénarios possibles	S'appuyer sur les capacités d'apprentissage et de réactivité et développer des compétences clés

Source : J. Arcade.

Figure 2. Synthèse conciliant type d'environnement, exercice prévisionnel et posture stratégique

« *Quel que soit le secteur, on est de moins en moins en environnement continu, de plus en plus en environnement discontinu, voire impondérable ou indiscernable.* » Pourtant, les entreprises continuent plus ou moins à « *appliquer des postures et réponses stratégiques propres à un environnement continu* ». Désormais, « *il n'est pas besoin de se fixer un scénario pour avoir une vision et prendre une position pertinente vis-à-vis de l'avenir* ». Il s'agit donc d'adopter les postures stratégiques appropriées au type d'environnement dans lequel on se trouve.

Chaque entreprise doit prendre en compte les exigences politico-stratégiques émises par leur direction notamment en termes d'ambition, d'exigences financières, etc. Peu de personnes ont une vue globale, intégrale de la façon selon laquelle toutes ces exigences se combinent et se révèlent compatibles ou non entre elles. Or, « *quand l'environnement change, l'étau des exigences se referme et l'entreprise est limitée par des contraintes de plus en plus prégnantes, voire elle se retrouve hors-jeu car elle n'est plus dans un domaine d'action possible* » et « *il est important de repérer les vraies espaces de manœuvre, les vraies latences définies comme les possibilités de se retourner en cas de difficulté* ». À ce sujet, si l'emprise des zéro (délais, stocks, etc.) satisfait à court terme la variable financière, « *l'entreprise s'aliène des possibilités de retournement à long terme* ». Par ailleurs, les contraintes peuvent se révéler culturelles et cognitives, et changer de paradigme permet de créer ou d'accélérer le changement.

Jacques Arcade conclut sur l'idée que le rôle de planificateur-stratège correspond à celui « *d'intégrateur d'exigences* ». Il s'agit bien de renvoyer au décideur la façon dont ses exigences interfèrent sur ce que l'entreprise est capable de faire, de repérer les limites, et d'aider le décideur à les dépasser en suscitant au sein de l'entreprise une « *proactivité raisonnée* », via un effort d'élargissement des marges de manœuvre.

L'expérience de France Télécom

Pascal Perin fait écho aux propos de Jacques Arcade au travers d'expériences vécues par France Télécom au sein du secteur des télécoms, ou plus largement des TMT (Technologies-Média-Télécommunications) qui illustre bien un contexte d'évolution majeure des fondamentaux d'une industrie.

L'activité a ainsi connu certaines *ruptures profondes en termes technico-économiques* : les réseaux de transport longue distance ont vu leur capacité exploser grâce aux progrès techniques et, dans le même temps, la valeur économique de ces réseaux s'est contractée tandis que celle de la boucle locale s'est sensiblement renforcée. Le secteur est par ailleurs passé *d'une économie de la rareté* (la valeur est déterminée par la plage horaire, la durée et la distance) *à une économie de « l'abondance »* (la valeur pour le client renvoie à l'accès à un réseau et à l'étendue des services offerts). Enfin, le secteur s'est *ouvert à la concurrence* (interne entre les opérateurs « historiques » et externe par les industries du contenu, celles des services aux entreprises et par de nouveaux acteurs, concurrents ou compétiteurs). Les acteurs historiques ont ainsi dû changer de paradigme, passant de la « neutralité du transporteur » à une attention plus forte, voire une implication, quant aux contextes dans lesquels les services sont délivrés.

Au vu des études de prospective effectuées dans le passé chez France Télécom, on observe trois périodes distinctes.

- *De la fin des années 70 au début des années 80*, la réflexion était de nature technologique en raison des progrès continus dans ce domaine et la problématique tournait autour des fonctionnalités offertes par les réseaux au marché final.
- *Dans les années 90*, il fallait réfléchir à des scénarios plus larges que ceux basés sur la technologie, en termes notamment de perspectives de développement des services de télécommunications et d'accès à l'information. Cette réflexion combinatoire environnement/secteur des télécoms s'est avérée beaucoup plus complexe, et a nécessité l'implication d'un plus grand nombre d'acteurs, plus différenciés. L'exercice a donné lieu à une exploitation en mode hypertextuel car le nombre de variables structurantes est passé d'une vingtaine à près de deux cents. France Télécom a développé un processus de diffusion/discussion des conclusions de ce travail au sein de l'entreprise en mettant l'exercice de prospective sur l'intranet du Groupe.
- *Aujourd'hui*, l'entreprise est engagée dans un travail différent correspondant à un type d'environnement « impondérable » voire « indiscernable », selon la typologie de Jacques Arcade. La réflexion porte sur les perspec-

tives et les modalités d'intégration du secteur des TMT dans l'économie globale au niveau français et européen. La posture stratégique de France Télécom vise à anticiper les marchés et à s'adapter en temps réel en fonction d'hypothèses sur l'évolution de l'environnement.

> Ne plus chercher uniquement à avoir une image du secteur à un horizon de 5 ou 10 ans mais s'appuyer sur un processus de prospective en continu, couplé avec celui de la planification stratégique.

Pascal Perin témoigne « *ne plus chercher uniquement à avoir une image du secteur à un horizon de 5 ou 10 ans mais s'appuyer sur un processus de prospective en continu, couplé avec celui de la planification stratégique. Le processus s'appuie sur une analyse permanente, actualisable, davantage partagée avec les Unités d'affaire du Groupe et permet de donner de la marge de manœuvre à l'ensemble de l'entreprise en favorisant la "mobilité stratégique" autant que l'anticipation.* » Concrètement, il s'agit de mettre en œuvre une activité de veille permanente, développer de l'intelligence économique sur l'ensemble des tendances et signaux faibles pour anticiper et aligner rapidement les choix stratégiques du Groupe.

En prenant l'exemple d'Internet, on ne peut que constater la complexification croissante du *business model* de ce secteur, basé sur plusieurs sources de revenus (abonnement, publicité, commerce en ligne...) et intégrant une variété croissante de services d'information ou de communication. Dans un tel contexte, les acteurs ajustent en permanence les solutions offertes, dans une démarche faite à la fois d'anticipation sur le marché et d'ajustement en réponse à l'évolution constante du marché et des usages. Pascal Perin précise, pour conclure, que, chez France Télécom, la réflexion prospective s'articule de plus en plus étroitement avec la démarche stratégique.

Conclusion[1]

Quelles conclusions pouvons-nous tirer de ce long voyage au cœur de la gestion des risques ? Quels enseignements devons nous retenir de ces témoignages, de ces opinions, des méthodes et concepts développés par les membres de l'Afplane lors des réunions Afplane et du colloque annuel ou exposés par les consultants d'Ernst & Young et les professeurs du Ceram ? Pour ne pas reprendre ce qui a été écrit précédemment, nous avons décidé de nous appuyer sur la synthèse « à chaud » effectuée par Michel Berger à la fin du colloque annuel :

> *« Nous avons évoqué toute cette journée des processus et des pratiques d'entreprise pour faire face aux événements qui menacent ou menaceraient la mise en œuvre de leurs choix stratégiques.*
> *Les entreprises affrontent des risques de plus en plus variés, plus ou moins prévisibles ou inédits ; les dirigeants et les stratèges y ajoutent les risques spécifiques inhérents à leur propre processus de décision et à leurs méthodes d'analyse.*
> *Notre colloque a su dégager les aspects constructifs de ce constat. Nous avons entendu dire que menaces et risques peuvent être traités en terme d'opportunités.*
> *Le management des risques n'est pas une préoccupation d'intellectuels, c'est une réalité opérationnelle et c'est l'intérêt de l'entreprise de l'aborder avec intelligence. »*

Revenons brièvement sur ces propos. Un risque n'est pas une fatalité même si, selon la formule consacrée, « le risque zéro n'existe pas ». Non seulement le risque *peut être géré*, avant, pendant et après sa survenance, mais, dans une perspective concurrentielle, il *est nécessaire de bien le gérer*. Si les exemples témoignent de différentes manières ou approches, différentes selon les natures de risques, les contextes ou les niveaux de l'entreprise, il est clair

---

1. Partie rédigée par Michel Berger et Franck Moreau.

▷ **Non seulement le risque peut être géré, avant, pendant et après sa survenance, mais, dans une perspective concurrentielle, il est nécessaire de bien le gérer.**

que toutes les entreprises ayant engagé une démarche de management des risques, ont tiré profit de celle-ci. Une approche globale de management des risques, couplée ou non avec une démarche plus classique de gestion de la qualité, serait-elle source d'avantage concurrentiel ? Les témoignages semblent aller dans ce sens.

Par ailleurs, Michel Berger souligne et interprète quatre pistes de réflexion.

1. *Le gouvernement d'entreprise et le management général doivent tenir compte des exigences et des attentes de toutes les parties prenantes. À ce niveau, nous voyons émerger, de façon sans doute irréversible, des stratégies dites de développement durable qui vont aider à prévenir des risques qualifiés d'éthiques, au-delà des seules lois de marchés et au-delà de la seule morale, mais avec ses propres institutions de notation.*

2. *De tous les débats se dégage une culture du risque (ou de la menace selon François Ewald) dans laquelle le management s'immerge de plus en plus. Cela implique du discernement et du bon sens, en étant souvent aidé par des experts. Cette culture du risque s'appuie sur des bases scientifiques, mais aussi sur des compétences et des talents humains, individuels et collectifs, sur des pratiques d'anticipation, de veille, d'innovation et sur des retours d'expérience. Cette culture admet le droit à l'erreur et ne nie pas la complexité des situations affrontées. Elle doit se manifester le plus en amont possible des projets. Cette culture ne se limite pas aux aspects juridiques. Elle valorise la confiance.*

3. *Nous observons une prise de conscience forte de la nécessité de placer la notion de risque au cœur du management stratégique. Les dispositifs d'audit, d'alerte, de pilotage par les risques, sont de plus en plus opérationnels et l'absence d'une référence stratégique conduit à une maîtrise déficiente des risques. L'Afplane se révèle un site favorable aux échanges de tous ceux qui, dans d'entreprise, contribuent à la gestion transverse des risques.*

4. *L'influence de l'opinion publique, la pression multimédia obligent les dirigeants à un entraînement continu à imaginer le pire et à l'anticipation d'une gestion de crise. L'image de l'entreprise et sa réputation sont des actifs immatériels à préserver ; la survie de l'entreprise est aussi un objectif permanent. Le management du risque a une dimension politique essentielle par rapport à tous les acteurs internes et/ou externes.*

▷ **Le risque est effectivement polymorphe. Le risque est à la fois menaces et opportunités.**

Le risque est effectivement polymorphe. Le risque est à la fois menaces et opportunités. Concrètement les managers visent simultanément à prendre des risques et en réduire d'autres. S'appuyant sur le passé et la prévision pour limiter la résurgence de risques connus, ils font également appel à la prospective pour anticiper les risques inconnus. Nous devons surtout retenir que la gestion des risques dépasse largement une mode managériale. Elle n'est pas spécifique à un type d'organisation et va au-delà du cadre d'une fonction dans l'organisation. Au vu des témoignages, elle implique toute l'entreprise (direction générale, managers, employés), toutes les fonctions (stratégiques, ressources humaines, finance, etc.) et concerne toutes les entreprises.

L'essor de la gestion des risques a eu pour effet d'introduire (ou réintroduire) le risque dans la conception et la définition de l'entreprise. De plus en plus, le risque apparaît comme un *élément intégré* mais aussi un *facteur intégrateur* de toutes les composantes de l'entreprise. Le risque, généré par la complexité des situations, peut donc paradoxalement devenir une unité d'analyse permettant de traiter intelligemment cette complexité et de faciliter le travail quotidien des hommes de l'entreprise. Dès lors, en s'appuyant notamment sur une culture du risque, on peut d'ores et déjà imaginer que les entreprises pionnières et leurs dirigeants, sauront dépasser le *management des risques* pour un mode de *management par les risques*, facteur d'avantage concurrentiel.

Bibliographie indicative

ALLÈGRE C., « Principe de précaution, piège à c... », *L'Express*, 2000.

ANDRÉ C., *Start-up année 0*, Village mondial-Les Échos, 2000.

BERNASCONI M. et MONSTED M., *Les start-up high-tech*, Dunod, Paris, 2000.

BIRLEY S. et MUZYKA D., *Guide de la création d'entreprise*, L'Art d'Entreprendre-Les Échos, 1998.

BLAIS R. et TOULOUSE J.-M., *Entrepreneurship technologique*, Les Éditions de la Fondation de l'entrepreneurship, 1992.

CEPR – Centre européen de prévention des risques.
Site http ://www.cepr.tm.fr/fr/index.asp

CPA, *L'entreprise et le vivant. Questions de dirigeants*, Village mondial, 2001.

GODARD O., *Le principe de précaution dans la conduite des affaires humaines*, MSH-INRA Éditions, Paris, 1997.

GOUGEON P., *Risk manager et gestion des risques dans l'entreprise*, Encyclopédie de Gestion, Economica, Paris, 1997.

JULIEN P.-A. et MARCHESNAY M., *L'Entrepreneuriat*, Economica, Paris, 1996.

KERVERN G.-Y., *Éléments fondamentaux des cindyniques*, Economica, Paris, 1995.

LAGADEC P., *Ruptures créatrices*, Éditions d'Organisation-Les Échos, 2000.

LE BRETON D., *Passions du risque,* Métailié, coll. « Sciences humaines », Paris, 2000.

LE MOIGNE J.-L., *La modélisations des systèmes complexes*, Dunod, Paris, 1990.

MARCH J.G., *Décisions et organisations*, Éditions d'Organisation, Paris, 1991.

MORIN E., *La méthode*, t. 1, 2 et 3, Le Seuil, Paris, 1977, 1980, 1986.

NESHEIM J., *High-tech start up*, Free Press, NY, 2000.

REIX R., *Systèmes d'information et management des organisations*, 2e édition, Vuibert Gestion, 1998.

SANTI M., *L'analyse des risques d'un business plan*, L'Art de la Gestion des risques-Les Échos, 2000.

SIMON H.A., *The New Science of Management Decision*, Harper and Row, NY, 1960.

VIDAL P., *Contribution à la théorie des Systèmes d'information organisationnels. De l'automatisation analytique à l'ingénierie des processus de décision en situation complexe*, thèse de doctorat en Sciences de gestion, université d'Aix-Marseille-III, 2000.

Index des auteurs cités

Index

A

Accident, 2, 5, 68, 106, 127, 128, 135, 150, 164, 173, 181, 185.
Acquisition, 13, 23, 24, 25, 96, 130, 134, 144, 169, 173, 189, 196.
Actionnaires, 1, 2, 11, 25, 38, 51, 81, 83, 85, 92, 127, 130, 137, 139, 140, 157, 158, 173, 185, 190, 192.
Agence de notation, 92, 94.
Aléas, 3, 19, 58, 128, 130.
Alliances, 10, 80, 169, 196, 201.
Appréciation du risque, 32.
Approche du risque par le classement, 27, 30.
Approche par la typologie des crises, 31.
Approche qualitative ou multicritère, 30.
Audit, XIII, 2, 97, 126, 133, 136, 138, 151, 157, 158, 159, 160, 161, 162, 163, 164, 212.

B

Business risk management, 133, 159, 164.

C

Cartographie des risques, 1, 47, 60, 62, 123, 124, 133, 134, 136, 147, 157, 159, 162, 164.
Cartographie des risques informatiques, 109, 121, 123, 124, 126.
Chefs de projets, 45, 95.
Choix organisationnels, 13, 100, 133.

Choix technologiques, 7, 8, 9, 17, 18, 19, 20.
Cindyniques, XIV, 2, 65, 66, 67, 68, 70, 215.
Comité d'audit, 60, 87, 134, 158, 161, 162.
Comité des risques, 100, 101, 102, 103, 137, 140, 158, 159.
Communication, 22, 24, 25, 52, 53, 55, 56, 57, 64, 65, 68, 69, 70, 71, 73, 77, 78, 82, 83, 84, 86, 87, 90, 93, 111, 124, 130, 140, 147, 153, 158, 186, 191, 193, 194, 209.
Conseil d'administration, XX, 3, 81, 83, 85, 106, 137, 138, 140, 162, 192.
Création d'entreprise, 7, 8, 215.
Crise éthique, XX, 65, 73, 75, 77.
Crise financière, 31, 32, 34, 158.
Crises, 3, 31, 33, 37, 44, 65, 66, 69, 70, 72, 73, 74, 158.
Crises d'éthique, 74, 76.
Croissance, 8, 12, 17, 19, 22, 25, 26, 28, 32, 34, 75, 99, 100, 105, 106, 110, 157, 176, 196, 198.
Culture du risque, XI, XX, 161, 165, 166, 167, 169, 170, 171, 172, 173, 174, 175, 176, 178, 179, 180, 181, 182, 183, 184, 185, 186, 212, 213.

D

Dangers, 3.
Décision, 4, 5, 8, 9, 10, 11, 17, 23, 29, 42, 44, 47, 52, 53, 54, 55, 58, 60, 70,

Médias, XX, 2, 57, 65, 69, 73, 74, 76, 77, 93, 192.
Meilleures pratiques, IV, 44, 135, 146, 186.
Menaces, XX, 2, 3, 5, 6, 170, 190, 211, 212.
Mesurer, 32, 39, 42, 43, 94, 130, 134, 142, 143, 181.
Mise en œuvre opérationnelle de la stratégie, 193.
Mode de développement, 7, 8, 13, 14, 15, 16, 17, 18, 20, 22.
Modélisation du risque, 30, 52.
Modélisation économique des projets, 130, 131.

O

Occurrence, 3, 10, 42, 43, 44, 45, 65, 114, 135, 152, 153, 155, 156, 205, 206.
Organisation cible, 133, 134, 138, 139, 146.

P

Parties prenantes, 3, 10, 11, 21, 42, 66, 70, 71, 79, 80, 81, 82, 84, 86, 88, 91, 92, 94, 119, 130, 133, 134, 135, 137, 138, 139, 140, 147, 199, 212.
Périls, 3, 133, 150.
Principes de précaution, 44.
Prise de décision, 2, 24, 43, 55, 81, 106, 109, 110, 111, 113, 114, 115, 116, 117, 119, 120, 129, 130, 132, 167, 178, 179, 182, 192.
Prise de risque, 12, 53, 55, 57, 59, 142, 146, 168, 172, 173, 174, 175, 176, 178, 179, 180, 181, 185, 199.
Processus de gestion globale des risques, 134, 148.
Processus stratégique, 163, 190, 191, 193, 194.
Profil de risque, 68, 133, 134, 135, 137, 139, 143.
Projet d'innovation, 11, 154, 155, 175, 176.
Projets innovants, 95, 104, 175, 176.
Projets internationaux, 27, 41, 45.

Projets longs et complexes, 95.
Projets stratégiques, 95.
Prospective, XIV, 105, 171, 189, 197, 198, 200, 202, 203, 208, 209, 212.

Q

Qualité, XIX, 2, 4, 10, 25, 28, 29, 32, 37, 42, 51, 78, 87, 88, 93, 94, 96, 109, 112, 113, 127, 128, 129, 130, 132, 133, 138, 145, 147, 150, 151, 152, 153, 154, 155, 156, 161, 163, 166, 172, 173, 176, 177, 178, 180, 192, 196, 199, 200, 203, 212.
Qualité stratégique, 109, 127, 129.

R

Rating, 27, 30, 31, 145.
Recrutement, 23, 25, 26, 47, 49, 53, 56, 57, 60, 62, 63, 64, 174, 177, 179, 184.
Réduire les risques, 16, 22, 62, 100, 104, 106, 139, 194, 201.
Réseaux d'acteurs, 66, 71, 72.
Risk Assessment, 95, 100, 102, 103.
Risk Assessment Commitee, XIV, 95, 100.
Risk management, XIII, XIV, XIX, 2, 3, 4, 44, 101, 138, 141, 142, 144, 146, 157, 166, 184, 185, 186, 189, 194, 195, 199, 200.
Risk manager, 1, 66, 142, 185, 200.
Risque client, 180.
Risque culturel, 197.
Risque économique, 27, 28, 81.
Risque éthique, 65, 77, 78, 87.
Risque global, 7, 8, 15, 16, 19, 22.
Risque inacceptable, 164.
Risque inhérent, 3.
Risque juridico-légal, 27, 28.
Risque-pays, 27, 28, 29, 30, 33, 34, 37, 39, 41, 44, 45, 166, 181, 184, 197.
Risque politique, 27, 28, 29, 30, 44.
Risque régional, 27, 28.
Risque résiduel, 3.
Risques inacceptables, 1.
Risques informatiques, 109, 121, 122, 123, 126.
Risques institutionnels, 198.

www.ingramcontent.com/pod-product-compliance
Lightning Source LLC
Chambersburg PA
CBHW082110220326
41598CB00066BA/6122